汉语言文学原典精读系列

顾问 贾植芳 王运熙 章培恒 裘锡圭

主编 陈思和 汪涌豪

史记精读

陈正宏 / 著

复旦大学出版社

总　序

任何一门学科都有其必须研读的经典,作为该学科全部知识的精华,它凝聚着历代人不间断的持续思考和深入探索。这种思考和探索就其发端而言通常极为艰苦,就其最终的指向而言又经常是极其宏大的,所以能进入到人们的生活,对读过并喜爱它的人们构成一种宝贵的经验;进而它还进入到文化,成为传统的一部分。又由于它所讨论的问题大多关涉天道万物之根本,社会人生的原始,且所用以探讨的方法极富智慧和原创的意味,对人的物我认知与反思觉解有深刻的启示作用和范式意义,所以它又被称为"原典"或"元典"。原者,源也;元者,始也、端也,两者的意思自来相通,故古人以"元犹原也,其义以随天地终始也",又说"故元者为万物之本,而人之元在焉",正道出了经典之构成人全部成熟思考与心智营造的基始特性。

汉语言文学这门学科自然也有自己的经典或原典。由传统的文史之学、词章之学的讲求,到近代以来西学影响下较纯粹严整的学科意识的确立,它一直在权衡和汰洗诸家之说,在书与人与世的激荡互应中寻找自己的知识边界。从来就是这样,对有志于这门学科的研究者来说,这些经过时间筛汰的经典是构成其全部学问的根柢,所谓入门正,立意高,全基于对这种根柢的掌握。就攻读汉语言文学专业的学生而言,虽然没有这样严格的要求,更不宜过分强调以究明一字或穷尽一义为终身的志业,但比较系统地了解这些经典的基本内容,深入研读其中重要的部分,做到目诵意会,心口相应,从而初步掌握本专业的核心知识以为自己精神整合和基础教养的本原,应该说是当然和必需的事情。

再说,汉语言文学学科有其特殊性。它所具有的社会功能许多时候并不是用职业培养一句话就可以概尽的。对大多数从学者而言,它是一种根本性和基础性的人文精神的培养。它以润物无声的方式渗透到人的日常生活,并从人立身行事的根本处体现出自己的价值。受它的滋养,学生日后在各自的领域内各取所需,经营成家,并不一定以汉语言文学的某部分专门知识安身立命,因此,它尤注意远离一切实用主义和技术主义的诱引,并不放弃对知觉对象的本质体认和根源性究问。那么,从哪里可以得到这种本质上的体认,并养成根源性究问的习惯呢?精读原典,细心领会,就是一条切实可行的路径。

然而,受历史条件和社会需求变化的影响,还有陈旧的教学观念的束缚,长期以来,我们只注重史迹的复现、概念的宣教和理论的灌输,一个中文系学生(其他文科专业的学生大抵同此)应该具备怎样的知识结构和基本教养,并未被当作重要的问题认真讨论过。课程设置上因人而来的随意,课程分布上梯次递进的失序,使这一学科科学完整的知识体系和结构位序至今还不能说已经成形,更不要说其自在性和特殊性的绾聚与凸现了。也就是说,它的课程安排在一定程度上是随机的偶合的,因此既不尽合理,带连着学科品性也难称自觉与独立。在这样情况下,要学生由点及面,由浅入深,形成对汉语言文学相关知识的完整认识几无可能。即使有大体上的认知,也终因缺乏作品或文本的支撑而显得肤泛不切,不够深入。

正是鉴于这种情况,三年前,我们开始在中文系本科教学中实施精读经典作品的课程改革。调整和压缩一些传统课程的课时,保证充足的时间,让学生在大学的前两年集中精力攻读一二十种经典原著。具体做法是选择其中重要的有特色的篇目,逐字逐句地细读,并力求见迩知远,举一反三,然后在三四年级,再及相关领域的史的了解和理论的训练。有些比较抽象艰深的知识和课程被作为选修课,甚至放在研究生阶段让学生修习。我们希望由这种"回到读书"的提倡,养成学生基本的专业教养。有感于脱离作品的叙述一直占据讲坛,而事实是,历史线索的了解和抽象义理的铺排都需要有大量的作品阅读做支撑,没有丰富的阅读经验,很难展开深入有效的学习,学生普遍认同了这样的教改,读书的积极性得到了很大的调动,有的就此形成了明确的专业兴趣与方向。在此基础上,我们进而再引导他们"回到感性",在经典阅读中丰富对人类情感与生存智慧的体验与把握,最终"回到理性"、"回到审美",养成清明完密的思辨能力,以及关心人类精神出路和整体命运的宽广心胸,关注一己情趣陶冶和人格修炼的审美眼光,由此事业成功,人生幸福。我们认为这样的教育理念,庶几比较切近"通识教育"和"全人教育"的本义。

现在,我们把集本系老中青三代教师之力编成的原典精读教材,分三辑、每辑十种成系列推出,意在总结过往的教学实践,求得更大更切实的提高。教材围绕汉语言文学专业所涉及的"中国古代文学"、"中国现当代文学"、"文艺学"、"汉语言文字学"、"语言学理论"、"比较文学"和"古典文献学"等七大学科点,选择三十种最具代表性的经典作品做精读,其中既有中国古代重要的文史哲著作,这些著作不仅构成整个中国文学的言说背景,本身就极富文学性,同时也包括国外有关语言学和文学理论方面的经典著作。如此涵括古今,兼纳中外,大概可以使中文学科的专业知识有典范可呈现,有标准可考究。

在具体的体例方面,教材不设题解,以避免预设的前见有可能影响学生自主的理解;也不作注释,不专注于单个字词、典故或本事的说明,而将之留给学生课前的预习。即使必须解释,也注意力避"仅标来历,未识手笔"的贫薄与单窘,而着重隐在意义的发微与衍伸意义的发明。也就是说,但凡知人论世,不只是为了获得经典的原义,还力求与作者"结心"和"对话"。为使这种发微与发明确凿不误,既力避乾嘉学者所反对的"因后世之空言,而疑古人之实事","后人所知,乃反详于古人"的主观空疏,又不取寸步不遗不明分际的单向格义,相反,在从个别处入手的同时,还强调从汇通处识取,注意引入不同文化、不同知识体系的思想观念和解说方法,以求收多边互镜之效。即使像文本批评意义上的"细读"(close reading),也依所精读作品性质的不同而适当地吸取。尤其强调对经典作品当代意义与价值的抉发,从而最大程度地体现阐幽发微,上挂下连,古今贯通,中外兼顾的特色。相信有这种与以往的各类作品选相区隔的文本精读做基础,再进而系统学习文学史、语言学史以及文学、美学理论等课程,能使本专业的学生避免以往空洞浮泛的知识隔膜,从而对理论整合下的历史与实际历史之间的矛盾有一份自己的理解,进而对历史本身有一种"同情之了解",并从内心深处产生浓郁而持久的"温情与敬意"。

如前所说,原典精读教材的编写目的,是为了给汉语言文学专业的学生提供一个基础教养的范本,它们应该是这个专业的学生知识准入的基本条件和底线。但是"应该"与"能够"从来是一对矛盾。如何使教材更准确简切地传达出经典的大旨,如何在教学过程中让学生真正得体新生命,得入新世界,是我们大费踌躇的问题。好在文学的本质永远存在于文学作品的影响过程中,学术的精神也永远存在于学术著作的解读当中。既如此,那么从原典出发,逐一精读,既沉潜往复,复从容含玩,应该不失为一种合理可行的思路。

我们期待基于这种思路的努力能得到丰厚的报偿,也真诚地欢迎任何为完善这一思路提出的建议与批评。

目 录

导　论	001
第一讲　殷本纪	017
第二讲　六国年表(节选)	045
第三讲　河渠书	069
第四讲　越王句践世家	093
第五讲　伯夷列传	125
第六讲　刺客列传	143
第七讲　刘敬叔孙通列传	183
第八讲　太史公自序	209
参考文献	253

导论

一

　　《史记》是公元前2世纪至前1世纪之际诞生的一部总字数达五十二万余字的中文巨著。它的作者,是西汉时期杰出的史学家和文学家司马迁。

　　司马迁于公元前145年抑或前135年,出生在一个名叫夏阳的地方①,其地位于九曲黄河那硕大的"几"字字心的右下侧,当今天的陕西韩城南部。不过大概还在少年时代,他就随父亲迁居到了距首都长安(今陕西西安)不远的茂陵——那是汉武帝生前为自己修建陵园而特设的一个新城镇——并从茂陵开始了他的仕宦生涯。

　　司马迁晚年曾自称:"仆少负不羁之才,长无乡曲之誉。"(《报任安书》)可见他天生是个不受羁绊的人。大约二十岁前后,他开始浪迹天涯,游历南北。不久他得到一个充任汉武帝低级侍卫"郎中"的任命,并在该职的任上,奉使远征西南的巴蜀等少数民族。而他最具有历史意义的仕途升迁,是在汉武帝的元封三年(前108),接替去世不久的父亲司马谈,担任主管天文历法、兼涉文书档案的太史令。

　　司马迁在太史令任上主持过修造新历法(后来称为《太初历》)的工作,但他最重视的,却是一项由他父亲草创、主要由他个人从事的非官方事业。这事业的最终成果,便是大约完成于征和二年(前91)的《太史公书》,也就是后来通称的《史记》。而此时的司马迁,已经在汉武帝的机要秘书、当时叫"中书令"的任上了。

---

① 有关司马迁的出生年代,本书第八讲《太史公自序》的讲解部分有更详细的解说,可参阅。此外,本篇导论以下有关司马迁生平的叙述,还参考了《汉书》卷六十二《司马迁传》(其中全文收录了司马迁晚年所作《报任安书》),和王国维《太史公行年考》、朱维铮《司马迁》的相关考述。《汉书·司马迁传》见中华书局1962年刊《汉书》标点本,第2707—2739页;《太史公行年考》载《观堂集林》卷十一,中华书局1959年影印本,第2册,第481—514页;《司马迁》载《十大史学家》第1—46页,上海古籍出版社,1989年。

不过《史记》的撰述,对司马迁而言,其实是经历了常人难以想象的困顿与危难的;而司马迁最终的死,或许也跟此书不无关联。

所谓困顿与危难,是指《史记》撰述到一半时发生了著名的李陵事件,司马迁因替出击匈奴兵败投降的将军李陵辩护,结果被汉武帝钦定下狱,判处死刑,最后以接受腐刑也就是割除生殖器为条件,被免一死,时在天汉四年(前97)。而司马迁之所以宁可屈辱地生,也不从容地死,据他后来在《报任安书》里的自述,完全是为了完成他未竟的事业——撰述《史记》。

《报任安书》是司马迁晚年写给曾任益州刺史的任安的一封回信,据考写信的时间,大约在征和二年(前91)的十一月,当时任安已经卷入汉武帝后期爆发的巫蛊案,被判死刑,行将处决。由于前此任安给司马迁写信,表达了希望老朋友"慎于接物"、以"推贤进士为务"的愿望①,而司马迁因故未能及时作复,这时考虑到朋友即将诀别,故特草此信,以表心迹。其中直接关涉当年他自己宁受腐刑而不就死的,是如下一段:

> 仆窃不逊,近自托于无能之辞,网罗天下放失旧闻,考之行事,稽其成败兴坏之理,凡百三十篇,亦欲以究天人之际,通古今之变,成一家之言。草创未就,适会此祸,惜其不成,是以就极刑而无愠色。

"百三十篇"指《史记》的总篇数,"此祸"即李陵事件,"极刑"自然是指腐刑。而也就是在这封《报任安书》里,司马迁再度提出了前贤因"发愤"而著述的说法,以暗示自己的撰述《史记》,与前者实有同样的内在缘由②。而直到二十世纪都非常流行的"人固有一死,死有重于泰山,或轻于鸿毛"一语,亦出自该信,其中表达的,显然是一位已经超越生死荣辱的哲人的深邃的人生思考。

---

① 任安给司马迁的原信已佚,这是根据《报任安书》的转述而获知的。
② 《报任安书》云:"古者富贵而名磨灭,不可胜记,唯倜傥非常之人称焉。盖西伯拘而演《周易》,仲尼厄而作《春秋》;屈原放逐,乃赋《离骚》;左丘失明,厥有《国语》;孙子膑脚,《兵法》修列;不韦迁蜀,世传《吕览》;韩非囚秦,《说难》、《孤愤》;《诗》三百篇,大抵贤圣发愤之所为作也。此人皆意有所郁结,不得通其道,故述往事,思来者。及如左丘明无目,孙子断足,终不可用,退论书策以舒其愤,思垂空文以自见。"按《史记·太史公自序》里也有类似的段落,详本书第八讲。

《报任安书》按常理推断,是应该送至任安所在牢狱的。但已被判处死刑的任安,是否有幸在临终前读到老友的这封回信,则不得而知。我们所知道的,只是司马迁写了《报任安书》以后,便神秘地失踪了。

由于东汉时期就有司马迁任中书令后"有怨言,下狱死"的传说①,联系《史记》的部分篇章曾被汉武帝抽阅,因其大怒而遭削除②,又《报任安书》暗示《史记》乃"发愤"之作,且其中颇有"怨"语等史实,研究者推测司马迁很可能在汉武帝的淫威下,死于非命。而我们看《汉书·司马迁传》,其中虽然不提司马迁的卒年和死因,而篇末班固的赞语里,却殿以"夫惟《大雅》'既明且哲,能保其身',难矣哉"一句,似乎话里还有不便明说的话语在,则上述的推测,恐怕不无道理③。

二

司马迁的卒年和死因虽不能确证,但他以生命写就的《史记》一书,却几经曲折,流传了下来。

这是一部从形式到内涵都具有独特面貌的巨著。其中叙写的,是上起传说中的黄帝时代,下讫汉武帝统治时期,以中国为中心,以当时的世界知识为背景的人类历史。

全书一百三十篇,按如下五种标明名称的体裁,依次分为五大部分,构成一个纵横交织、相互呼应的完整的历史叙述文本——

"本纪"十二篇:以天下时势变迁为依据,以史事编年为形式,顺次叙录历代传说或实际掌握国家最高权力者的事迹。起于谱系传说中上古帝王的

---

① 详《史记·太史公自序》之《集解》引东汉卫宏《汉旧仪注》。
② 参见本书第八讲《太史公自序》中十二本纪叙录部分的讲解。
③ 司马迁的卒年,迄今仍无定说。清王鸣盛以为当卒于昭帝时,见《十七史商榷》卷六;而王国维《太史公行年考》以为"史公卒年,绝不可考","然视为与武帝相终始,当无大误也"。按汉昭帝在位的年代当于公元前86—前74年,汉武帝则卒于其前的后元二年(前87)。

《五帝本纪》,终于记载作者当时天子汉武帝事迹的《今上本纪》[1]。

"表"十篇:综合传统的"历"与"谱",以表格的形式,按年月国别纵横谱系历史事件的出没与重要人物的浮沉。其中又按记载的详略,分为粗阔的世表(《三代世表》)、较精致的年表(如《十二诸侯年表》、《汉兴以来将相名臣年表》等)和颇严密的月表(《秦楚之际月表》)三类,而以年表为主。十表的排次顺序,与十二本纪大致相当,而所登录的事件与人物,要比本纪更多,也更概括。

"书"八篇:以专题的形式,系统地叙录一事的制度及其变迁。其中既有论礼乐制度的《礼书》和《乐书》,也有述天文、历法与宗教的《天官书》、《历书》与《封禅书》,还有记兵制、水利和经济的《兵书》[2]、《河渠书》、《平准书》。

"世家"三十篇:以编年、传记或二者结合的形式,叙写历史上各重要诸侯大姓的家族史;同时为表彰历史地位特殊的人物,也破例安排了《孔子世家》和《陈涉世家》这样的篇章。

"列传"七十篇:以传记的形式,传写古今各式独具代表性的人物、民族的事迹。按其性质,可分为以人为纲和以事为统两大类。以人为纲者中,又可按其传主的多寡,分为个人传记的"独传",和数人合为一篇的"合传"两种,前者如《孟尝君列传》、《司马相如列传》等,后者像《屈原贾生列传》、《魏其武安侯列传》之类便是;以事为统者亦称"汇传",其代表,则有《游侠列传》、《货殖列传》、《匈奴列传》等。

尽管还有一些不同的说法[3],但一般认为,根据《太史公自序》,司马迁在生前已经完成了这一体大思周的巨著的撰写,并且分写两部,"藏之名山,副在京师",也就是正本自家妥为收藏,而副本送到了当时的首都长安。

但是司马迁死后,这部一百三十篇的大书中的部分篇章,却佚失了;幸而未失的部分,也出现了后人添改的痕迹。

---

[1] 司马迁原作《今上本纪》已佚,后人取《封禅书》而改"今上"为"武帝"充数,是即今本《史记》中的《武帝本纪》。参见本书第八讲《太史公自序》的有关讲解。

[2] 司马迁原作《兵书》也已亡佚,后人取《历书》中论律部分,和续撰的论兵文字合篇,是即今本《史记》中的《律书》。参见本书第八讲《太史公自序》的有关讲解。

[3] 如南宋朱熹曾云:"某尝谓《史记》恐是个未成底文字,故记载无次序,有疏阔不接续处。"见《朱子语类》卷一三四,中华书局1986年标点本。

最早提到《史记》已有缺失的，是《汉书》的《司马迁传》，其中节录《史记·太史公自序》后，有"十篇缺，有录无书"一句附记。所谓"有录无书"，是指十篇的篇名，在《太史公自序》的全书目录部分有，而到班固的时代所见的《史记》中，这些篇章已经亡佚了。后来唐代的颜师古给《汉书》作注释，在班固的那句话下，又引证了三国时代魏国张晏的如下一段说明：

> 迁没之后，亡《景纪》、《武纪》、《礼书》、《乐书》、《兵书》、《汉兴以来将相年表》、《日者列传》、《三王世家》、《龟策列传》、《傅靳列传》。元、成之间褚先生补缺，作《武帝纪》、《三王世家》、《龟策》《日者》传，言辞鄙陋，非迁本意也。

据此一般认为，到东汉时期，《史记》已经有所佚失。现在我们看到的《史记》之所以还是一部完整不缺的书，是因为在汉元帝(前48—前33年在位)、汉成帝(前32—前7年在位)之际，一位名叫褚少孙的儒生，对《史记》进行了补撰——事实上据考先后参与补撰的，绝非褚氏一家，而那些被张晏定为褚少孙补撰的篇章，也未必全都出自褚氏之手①。

不过褚少孙倒确实在司马迁已完成的某些篇章后面，添加了他自己的文字。这些文字均以"褚少孙曰"起首，以跟《史记》原文相区别，而文辞倒也未必"鄙陋"②。又我们翻阅今本《史记》的其他一些篇章，如《司马相如列传》末的"太史公曰"，其中还有"扬雄以为靡丽之赋，劝百风一，犹驰骋郑卫之声，曲终而奏雅，不已亏乎"的话，那恐怕既不是司马迁的原稿，也不是褚先生的补笔，而很可能是后人取《汉书·司马相如列传》末的班固赞语补缀进去的了③。

需要指出的是，尽管流传到今天的《史记》，其中羼杂有后人补撰添改的文字，但就总体篇幅而论，司马迁的原文，在全书中仍占绝对主导的地位。所以我们依然可以根据这个流传了两千多年的文本，去探讨司马迁当年的

---

① 参见余嘉锡《太史公书亡篇考》，收入《余嘉锡论学杂著》上册，第1—108页，中华书局，1963年。
② 本书第三讲《河渠书》的讲解部分，引述了《史记·滑稽列传》后半褚少孙所撰的西门豹故事，即其例。
③ 参见王应麟《困学纪闻》卷十一，辽宁教育出版社1998年标点本。

著述心曲。

三

司马迁撰述《史记》的终极目标,无疑是我们上面已引过的《报任安书》里的那句名言——

> 亦欲以究天人之际,通古今之变,成一家之言。

这其中所谓"通古今之变",当即以贯通古今人事的方式,探讨人类历史的变迁大势,其中特别强调的,是一个"变"字。关于这点,我们在下面第三、第七和第八讲的讲解中,多有讨论,此不赘述。但"究天人之际"与"成一家之言"两条,或意深难明,或容易误解,有必要在此作稍微详细的解说。

按"究天人之际"的说法,在《史记·太史公自序》篇末,讲到八书的撰述宗旨时,也曾提及。只是那里"天人之际"四字指代的,是《天官书》一篇的大要。而作为全书的撰述目标之一,据现代学者研究,它实与古奥的天文历法计算有关,其中又牵扯着司马迁个人特殊的天人感应观念①。其关键,则在《天官书》的如下一段话:

> 夫天运,三十岁一小变,百年中变,五百载大变;三大变一纪,三纪而大备,此其大数也。为国者必贵三五。上下各千岁,然后天人之际续备。

这是基于当时制定历法时,谐调阴阳合历中的太阳年和朔望月两个基本周期的实践,而得出的半科学半神学的结论。

说其中有科学,是因为它背后支撑的理据,包含了如下一类精密的计算

---

① 以下有关"究天人之际"的解说,是根据朱维铮《司马迁》一文的相关考述撰写的。

结果:在制定历法的计算周期时,若小于"一统"(1539年),太阳年和朔望月两个基本周期相除所得的总日数便无法除尽;而要使回归年、朔望月和干支六十周期等相合合,最少需要"三统"(4615年)。研究发现,上引司马迁话中的"一纪"(传统天文学术语,等于1520年),和"一统"的年数大致相当,相应地"三纪"(4560年)则跟"三统"的年数大致相当。如此"三大变一纪,三纪而大备",也就是一定程度上掌握了自然变化规律的有效发言。

说其中有神学,是由于司马迁接着所说的"为国者必贵三五",也就是当国执政者一定要尊崇三个五百年(即一纪)的大变周期,其最终目的乃在附会现实政治。尽管由于天文历法学的发展,当时已经了解五大行星的运动规律,知晓木星、土星和火星每隔五百余年将会合一次,而同一年金星与水星也会转至会合点附近,出现所谓"五星毕聚"的天文奇观,但司马迁等具有占星术信仰的知识者更看重的,却是这一会合所寓示的天人感应、人间五百年必有大变的政治预言。然而对于"天人之际"所作的这番穷追深究,既带有如此浓烈的宿命色彩,则其最终结论的无法切中实际,又是必然的了。

相比之下,"成一家之言"似乎最容易理解,而事实上又最容易被误解。

按通常的解释,"成一家之言",就是司马迁企图借《史记》发表他个人的独一无二的见解。但如果我们联系《太史公自序》,更合乎逻辑的解释可能是,这里所谓的"一家",并非单指司马迁个人,而是指与其父司马谈《论六家要旨》所论阴阳、儒、墨、名、法、道诸家可以分庭抗礼的别一家①。这别一家言论的现实发言者,以《史记》的文本实际而论,自然是司马谈、司马迁父子,且司马迁的笔墨,可能要比乃父的多得多。但这别一家的精神所寄,也就是其隐含的发言者,在司马迁的心目中,恐怕不仅包括他们父子,还应当涵盖所有曾在历史中显示了其存在价值的司马氏家族成员。因为司马氏家族乃天官世家,周史后代,近世又执掌太史令之职,负有沟通天人关系的崇高使命,而职守所及,又熟悉并掌握了相对完整的历史文献②——《太史公自序》有"天下遗文古事靡不毕集太史公"语,即其证——所以他们有资格也有可能,以神情遥接的方式,共同在特定的撰述领域里"成一家之言"。

---

① 司马谈《论六家要旨》,见《太史公自序》前半部引。
② 参见本书第八讲《太史公自序》及其有关讲解。

对于《史记》"成一家之言"的撰述目标,当作如上的理解,还可以从司马迁当初给他的著作所定的书名——《太史公书》,得到旁证。

按"太史公"一词,在《史记》中出现频繁,有时指代司马谈,有时又指代司马迁,历代研究者因此亦有多种解释。在我们看来,诸家说法中,《史记正义》释《太史公自序》时所引虞喜《志林》一说,最为合理——

> 古者主天官者皆上公,自周至汉,其职转卑,然朝会坐位犹居公上。尊天之道,其官属仍以旧名尊而称也。

这意思是说,上古时候主管天官事务的地位都很高,有"公"的头衔。从周朝到汉朝,这官职的政治地位一落千丈,但表面上朝廷朝会的时候,天官的座位还是排在"公"一等的位置上。因为人们尊崇上天,所以还是常用旧式的"太史公"这一尊称,来称呼在天官任职上的官员。

据此,"太史公"显然不是司马谈或司马迁当时任职时的正式官名(正式的官名是太史令),而只是一个与之相关的古称。在很多的情况下,它还是一种泛指,但凡曾任天官的,即可以此旧名来称呼。所以《史记》里有些明显出自司马谈的话,仍标"太史公曰"。更值得注意的是,当司马迁完成《史记》,在最后的《太史公自序》里郑重写下"凡百三十篇,五十二万六千五百字,为《太史公书》"一句时,他已经不在太史令的职位上,而是中书令了[①]。则他依然以《太史公书》名其作,显然是向世人与后人昭告,他这一部巨著中所叙写的,不单是个人的心曲,更是他的家族——也就是所谓天官世家、周史后代——的共同心声。

在"究天人之际,通古今之变,成一家之言"的终极目标下,司马迁撰述《史记》的具体方法,则是"网罗天下放失旧闻","厥协六经异传,整齐百家杂语","述故事,整齐其世传"(见《报任安书》、《太史公自序》)。其程序,不外

---

① 或以为司马迁任中书令时,仍兼任太史令,并举《文选》本《报任安书》卷首有"太史公牛马走司马迁"为证,详张鹏一《太史公年谱》卷首所收《吴敬之来书论史公卒年》,民国间在山学堂刊本。但《报任安书》既自称"太史公"而不书正式的官名"太史令",正说明司马迁已经不在太史令的任上。又"太史公牛马走司马迁"句中的"牛马走",实为"先马走"之讹,参见钱钟书《管锥编》第1册第394—395页,中华书局,1979年。

乎两个相互关联的方面：一是搜集尽可能详备的资料（包括文献记录和口述史料），一是对所得资料加以排比、整理与传写。

同时我们也应该注意到，在《史记》中，司马迁及其父亲司马谈多次将孔子删削《春秋》的话头提出来，似有意似无意地作其撰述《史记》的对比。虽然表面上司马迁曾声称《史记》无法与《春秋》相提并论，只是"述"而非"作"，事实上他却已经超越孔子，以述为作；他还在《报任安书》中声明，自己身遭腐刑而坚持著述不辍，原因之一是"鄙没世而文采不表于后也"。可见他对自己著述的"文采"，也是十分看重的。

如果我们把这一系列的事实，与上面讨论的司马迁自述其撰述《史记》的终极目标，联系起来加以考察，那么《史记》一书，正如梁启超所说，其实是"借史的形式"来发表的"一家之言"①。这一家之言，以实现天官世家"究天人之际，通古今之变"的崇高职业理想为旨归，以全方位地搜求、整理文献资料，并在此基础上尽可能系统完整地描绘丰富的历史现象为结撰方式，同时又以充分显示司马迁个人的独特文采为书写策略。在当时的现实世界中，这样的一部书，肯定不被视为是"史记"，因为这名称即使到西汉时期，依旧主要是指那些枯燥零碎的诸侯历史编年档案；这样的一部书，自然也不会被看作是游戏笔墨的文学辞藻集，因为其中显然负载着太多太沉重的人生痛楚与感慨。它在记录历史这一点上，似乎接近于当时已经流行的《春秋》及《左传》，但既不像《春秋》那般为"大义"而牺牲事实，也不像《左传》这样仅满足于以编年形式谱叙史迹，而更多地凸显了作者的超越性史观，和出色地状摹人情百态的文字功夫。所以从合乎司马迁本意的角度考虑，《史记》在当时最合适的归类，恐怕还是跟声名显赫的《吕氏春秋》、《淮南子》大致近似的百家言中的别一家②。

只是司马迁的这部力图"成一家之言"的著作，从形式到内容都实在是太独特了。诸子百家著作所特有的思辨色彩，在司马迁的笔下并不显著；书中从头至尾充溢的，倒是对具体事件与人物的既感性又系统的描述。以此

---

① 梁启超《要籍解题及其读法》，收入《饮冰室合集》第9册，中华书局，1989年。
② 事实上西汉的一些学者如扬雄，也确实经常将它与《淮南子》相提并论，详扬雄《法言》卷五"问神"及卷十二"君子"，汪荣宝《法言义疏》本，中华书局，1987年。

现实的情形,是早期但凡读其书的,更多地是从中获取当时不易得的历史知识。所以到了东汉刘向刘歆父子整理宫廷藏书,编纂图书目录时,只能依循彼时儒家已经独尊的现实,参照其一般为人理解的内容要旨,将它安排在"六艺略"的"春秋"一类里,尽管事实上《史记》和《春秋》的刻意笔削历史间存在巨大的差异。

四

"史记"二字成为司马迁《太史公书》的专名,大约始于东汉末叶。在此之前,由于司马迁的外孙杨恽"宣布"也就是公开了《史记》的全部文本,也由于由班固主撰、获得官修地位的《汉书》,从形式到内容对《史记》多有承继,《史记》逐渐流传开来,并逐步确立了在史学上的地位。到了魏晋时期,它已经跟《汉书》《东观汉记》一起,被并称"三史",成为学者们的常备书了。

《史记》文化地位的大幅度提升,始于唐代。其标志之一,是出现了两部在《史记》传播史上非常著名的《史记》注释本——司马贞的《史记索隐》和张守节的《史记正义》。这两部注本,和前此南朝宋代学者裴骃所撰《史记集解》一道,被后世称为《史记》三家注。三家之中,一般认为《集解》和《索隐》较好,而《正义》稍逊。三家注原本各自成书,不与《史记》正文合写或合刊。到北宋开始出现将一家乃至三家注分别散入《史记》一百三十卷正文下的本子,其中现存刊刻年代较早的而又颇有名的,是南宋福建黄善夫刻三家注本。不过宋代虽然书界刻印《史记》很热心,文化名流对《史记》却不无微辞。欧阳修便颇轻视《史记》,谓之"务多闻以为胜"[1];苏辙干脆直接攻击司马迁"为人浅近而不学,疏略而轻信"[2]。而循其缘由,当是《史记》显示的西汉儒术独尊以前的疏放自由的价值取向,与宋人循规蹈矩的礼教原则,多有冲突。

---

[1] 《欧阳文忠公文集·居士集》卷四十三《帝王世次图序》,《四部丛刊》本。
[2] 《古史叙》,明万历三十九年南京国子监刻本。

使《史记》在不同的层面、不同的视角中获得广泛赞誉的,是明朝人。明人承续宋人之举,大规模翻刻覆刻《史记》,客观上为《史记》在各阶层的传播创造了条件。而以评点的方式推举《史记》的文学价值,更显现出明代士人阶层的独到眼界。尤其是晚明时代,以万历年间凌稚隆编刊《史记评林》为代表,明代文学界与出版业联手合作,推出了一系列评点《史记》之作,流风余韵,至清代仍未消歇。

　　清代以来,由于位于官方钦定的正史系列"二十四史"之首,《史记》更受到了极高的推崇。而学术文化界对于《史记》的最大贡献,则是以朴学的方法,对《史记》的文本与司马迁的事迹做了全方位的细致考辨,诞生了像张文虎校刊金陵书局本、张元济校印"百衲本二十四史"本那样既严谨又实用的《史记》新版本,以及王国维《太史公行年考》那样的专题研究名作。二十世纪上半叶著名作家鲁迅的一句赞辞"史家之绝唱,无韵之《离骚》"[1],又因其对《史记》整体的灵性把握,而获得了广泛的认同。

　　与此同时,《史记》早在公元七世纪以前就已经传到朝鲜半岛,稍后又由遣唐使带回扶桑之国。由于持续的翻刻和研究,直到今天,在韩国和日本,《史记》仍是为人熟悉的汉文经典读本;1934年出版的日人泷川资言撰《史记会注考证》,则是具有世界影响的《史记》研究名著。在西方世界,德国于1875年翻译出版过《史记》,是为欧洲最早的《史记》节译本;而最著名的西文《史记》译本,当数由同样著名的法国汉学家沙畹(E. Chavannes)选译并注释的五卷本,该书于1898—1905年间初版于巴黎[2]。如今《史记》已经成为名副其实的世界名著,其跨越国界、种族的人文魅力与影响,由曾任美国历史学会主席的耶鲁大学中国史教授Jonathan Spence,将其中文名字取为"史景迁",可见一斑。

---

[1] 语出鲁迅《汉文学史纲要》,《鲁迅全集》本,人民文学出版社,1981年。
[2] 有关《史记》的流传与研究史,贺次君《史记书录》,张新科、俞樟华等著《史记研究史与史记研究家》,英国鲁唯一(M. Loewe)主编的《中国古代典籍导读》之《史记》篇,有系统的著录或叙述,可参阅。《史记书录》,商务印书馆,1958年;《史记研究史与史记研究家》,华文出版社,2005年;《中国古代典籍导读》,李学勤等译本,辽宁教育出版社,1997年。

五

本书是在笔者为复旦大学中文系本科一年级同学开设的《史记精读》课讲义的基础上，编写而成的。考虑到一学期每周2课时的限制、低年级同学阅读古籍原文的实际能力，以及《史记》名篇流传广泛等因素，当时选定的精读文本，是《殷本纪》、《六国年表》、《河渠书》、《越王句践世家》、《伯夷列传》、《刺客列传》、《刘敬叔孙通列传》、《太史公自序》八篇。其中除《六国年表》因为考虑课程讲授等原因，在表格部分作了较多的删节之外，其余所选都是不加任何节略的全篇。这个选目，在现在的教材中未作变动，其缘故，是该八篇联成一个整体后，既可涵盖《史记》固有的五体，又大致包括了作为一部通史本身原有的叙述时段（先秦至西汉），篇幅与程度相对而言也还算适中。至于其中并不彰显的，还有它关涉的主题具有充分的多元性，和文本本身所显示的中国文章体式与写作手段的多样与传承，这些在本书各篇的讲解部分，都或多或少有所涉及。至于所选八篇的版本，则均以目前最通行的中华书局1982年版标点本《史记》为底本；但底本标点、分段有可商榷处，笔者以为另一种点法、分法更合适，则稍作改动。

本书是多种因缘际会的产物。而最终能够完稿出版，首先应当感谢的，是两位研究生时代的导师蒋天枢先生和章培恒先生。蒋先生在汉代文献尤其是《汉书》的研读方面，曾耳提面命，教诲殷殷。章先生则在1985—1986年，曾为初涉中国古典文献学研究的笔者及同门师兄开设《专书研究》课，而授课的专书，就是全本《史记》。个人能与《史记》结缘，完全是由于两位恩师的悉心引导与教诲。笔者自然也要感谢中文系主任陈思和教授，使我获得了一次难得的机会，和本科生同学一起细读经典，商榷学问。而中文系2001级选修本课程的同学，在课堂讨论和课后质疑中发表的意见，客观上为本书的撰写提供了多种值得考虑的思路和方案，令笔者至今感念。此外，中文系副主任汪涌豪教授多方操劳，使笔者得以按时完稿；陈兆熊先生与王亮、萧海扬、姜昳、潘佳、韩进、曾媛、杨洋诸君,或对教材初稿提出了可贵的修改建议,或为教材的撰写做了不少事务性的工作;当年一同在章先生课上通读《史记》的师兄、复旦大学出版社任本书首版责任编辑的韩结根博士,为本书的编辑与出版付出了辛勤的劳动:凡此同样是笔者要表示由衷的谢意的。

由于个人学识有限,这本教材中肯定还存在不少的讹误缺失,尚祈校内外专家、读者不吝指正,以便今后作进一步的修订。

第一讲 殷本纪

本纪是《史记》开篇的第一种体裁,也是历代正史相沿不改的第一正宗文体。由于《汉书》以下各史的本纪,所记如出一辙,所以后人印象中的本纪,便是每一朝皇帝的编年大事记。

但《史记》的本纪,与那种已被视为当然的冠冕堂皇的文章体式并不完全相同。"本纪"二字的实际意思,在司马迁的时候,可能只是"本之以纪事"[1];而司马迁撰史的立足点,在天下事势,并非必然是当时的天子王朝。以此他所写的本纪里,会有后代史家难以想象的《项羽本纪》和《吕后本纪》——前者叙写楚汉之交由巅峰跌至落魄的楚霸王的生平际遇,如同小说;后者谱系高祖时代僭越女主的政治权谋,而同时期名义上的皇帝汉孝惠帝,在其中不过是个道具。这样的本纪取材与写法,自与后来以《汉书》为代表的一系列正史的本纪,貌合而神离。

不过《项羽本纪》等篇,为古今偏重文学性的《史记》选本所共选,读者已耳熟能详。而从更广阔的视野看,《史记》的十二本纪里,承续先代文史著述最多,又影响后代最深远的,还是谱叙夏商周三代大事记的几篇。所以我们这里选了列于开卷第三篇的《殷本纪》,作为精读《史记》本纪的一个范例。"殷"即商代后期盘庚所迁之都,今天的河南安阳。商王朝前后立为都邑的地方虽多,但数在殷时间最为长久,所以后人习惯用"殷"作为商朝的代称。至于此处的"本纪"二字,倒完全符合后来正统史学家的解释,即"述其宗祖曰本,奉其正朔曰纪"[2]。宗祖连结着世代的血缘关系,而正朔,既指年月的开始,更指王朝的发轫,其中显示的,乃是一个久远王朝不绝如缕的时间延续。

---

[1] 此用近人魏元旷的说法,见所著《述古录·史记达旨》,民国间辛录轩刊《潜园二十四种》本。前此宋人林駧云:"子长以事之系于天下则谓之纪",意思同此,见所著《古今源流至论》后集卷九"史学",转引自杨燕起等编《历代名家评史记》第127页,北京师范大学出版社,1986年。

[2] 朱希祖《中国史学通论》第73页,《民国丛书》影印独立出版社1944年排印本,上海书店1989年。

殷契,母曰简狄,有娀氏之女,为帝喾次妃。三人行浴,见玄鸟堕其卵,简狄取吞之,因孕生契。契长而佐禹治水有功。帝舜乃命契曰:"百姓不亲,五品不训,汝为司徒而敬敷五教,五教在宽。"封于商,赐姓子氏。契兴于唐、虞、大禹之际,功业著于百姓,百姓以平。

[讲解]　在中国历代王朝中,商代是有当时原始文献保存至今的最早的朝代。但是,有关这一王朝先祖的诞生,现存史料多出自后人之手,且无一例外地充满了神秘色彩。

司马迁在《殷本纪》开头给我们讲述的,就完全是一则神话传说:殷的先祖名契(音 xiè);契的母亲,是有娀氏(娀音 sōng)的女儿,五帝之一的帝喾(音 kù)的第二个妃子,名叫简狄。这简狄有一回和其他两个妃子在野外沐浴,看到一只燕子产卵,就取燕卵吞食了,结果因此怀孕,生下的婴儿就是契。

这传说自然不是司马迁的杜撰,《诗经》的《商颂》里,有《玄鸟》一篇,起首云:"天命玄鸟,降而生商。"据笺注《毛诗》的汉朝人郑玄的解释,其中讲的,就是简狄吞鸟卵而生契的故事。近年发现的战国楚简中,也有相关故事的更为生动的版本:

契之母,有娀氏之女也,游于央台之上,有燕衔卵而措诸其前,取而吞之,䚿(娠)三䚿(年)而画(?)于雁(膺),生乃呼曰:"钦(?)!"是契也①。

传说或许有点离奇,但现代学者从人类学的视角出发加以研究,发现这则感生故事背后寓示的,很可能是上古中国母系社会的世代繁衍只知其母、不知其父的一般特性,而"玄鸟"在这其中充当的,大概是一个族群或部落共同尊奉的图腾那样一类的角色。商代传存的青铜器中,有一件玄鸟壶,壶上刻有"玄""鸟""妇"三个字的合文的图铭,研究者认为它就是商人先世玄鸟图腾的残余②。玄鸟与女性符号合一,其中自有特殊的意义在。

---

① 这是研究者据上海博物馆、香港中文大学藏战国楚简《子羔》诸简拼合而成的,见裘锡圭《新出土先秦文献与古史传说》,载所著《中国出土文献十讲》第 28 页,复旦大学出版社,2004 年。
② 参见陈子展《诗经直解》卷三十,复旦大学出版社,1983 年。

根据司马迁的传录，契成年后，曾随大禹治水，建有功勋；接着被舜授予司徒官职，管理百姓的道德风纪。这其中舜告示契的那段话"百姓不亲，五品不训，汝为司徒而敬敷五教，五教在宽"，出自《尚书·舜典》，而文字已略经司马迁修饰。"五品"一般认为就是指家庭内部父、母、兄、弟、子的尊卑品秩，"不训"的"训"，在《尚书》里作"逊"，"不逊"就是不恭顺的意思。"五教"与"五品"相应，一般认为是指父义、母慈、兄友、弟恭、子孝；"敬敷"的"敷"，是"布"的意思；而"五教在宽"，意为布施五教的基本原则，是应让百姓感到精神上的宽裕舒适——不过"五教"、"五品"这样的说法，已经明显带有后来儒家的道德教化色彩了。

契因他的出色功业而被封在一个叫"商"的地方，并赐姓子氏。后来商王朝的名号，即源于此。"商"的所在，即今天的河南商丘南部。而商王朝建立以前的早商文化，学界一般赞同傅斯年的研究结论，即属于与西方系的夏文化同时却内涵颇有不同，而与东夷同在一系的东方文化[①]。

契卒，子昭明立。昭明卒，子相土立。相土卒，子昌若立。昌若卒，子曹圉立。曹圉卒，子冥立。冥卒，子振立。振卒，子微立。微卒，子报丁立。报丁卒，子报乙立。报乙卒，子报丙立。报丙卒，子主壬立。主壬卒，子主癸立。主癸卒，子天乙立，是为成汤。

[讲解] 本纪的常规义，是记述帝王世系。所以这里登录的，是从殷商始祖契以后，到商代开国之君成汤，总共十三代的世谱。本篇以下每隔一定段落，出现类似世系，辞虽枯燥，却是具有十分重要的历史价值的三代史料。

司马迁依据何种原始文献传录这类殷商帝王世系，现已无法确知。但他记载的这一世系的真实程度，由于河南安阳殷墟甲骨文的发现与研究，已经得到确认。1917年，王国维发表了著名的《殷卜辞中所见先公先王考》和《殷卜辞中所见先公先王续考》，通过对相关卜辞的缀合释读，考证出自上甲（即《史记》中的微）至示癸（即《史记》中的主癸）的原来世次，应当是：上甲、

---

① 参见傅斯年《夷夏东西说》，收入所著《民族与古代中国史》，河北教育出版社，2002年。

报乙、报丙、报丁、示壬、示癸。也就是说除了将报丁的时代误置在报乙之前外，《史记·殷本纪》所载的殷商先公的世系是正确的。由此可以推定，《殷本纪》所载的商王朝的诸王世系，也应当是基本可信的[①]。

说到商王的世系，有一个现象颇值得注意，那就是这一节以及下面各节所记的商王，绝大部分都以干支中的天干为名字的一部分。何以如此，历来众说纷纭。或以为是由商王生日而定的谥号，或以为是依其死日所给的庙号，或以为是根据致祭的次序而定，或以为乃卜选的结果。后出且较有逻辑的说法，认为那很可能是商王族被分为十个祭祀群，并且都以"干"日为名的结果[②]。

成汤，自契至汤八迁。汤始居亳，从先王居，作《帝诰》。

汤征诸侯。葛伯不祀，汤始伐之。汤曰："予有言：人视水见形，视民知治不。"伊尹曰："明哉！言能听，道乃进。君国子民，为善者皆在王官。勉哉，勉哉！"汤曰："汝不能敬命，予大罚殛之，无有攸赦。"作《汤征》。

[讲解] 成汤是商王朝历史上具有关键意义的人物。有关其政事遗教，今传本《尚书》中仅存《汤誓》较为可靠，而记载简略，不足以显现其全貌。司马迁在这里据以传录的，应该是他所见到的《尚书》中现已佚失的篇章，其内容，一是殷商先人的数度迁居，至汤仍定居于先王曾居住过的亳；二是汤对周边诸侯的征伐。

按所谓"自契至汤八迁"，指到成汤为止的商代先公曾八次迁徙所居都邑。"八迁"的地点与序次，据王国维检寻古文献而加以推考，大致可能是：契本居亳而迁蕃，昭明迁居砥石，再迁商，此为前三迁；至相土，又先迁居泰山下的东都，后复归商丘，此为四迁与五迁；再后来商侯迁于殷，殷侯复归于商丘，此为六迁七迁；最后成汤迁居亳，又回到"先王居"，为第八迁[③]。

---

① 《殷卜辞中所见先公先王考》和《殷卜辞中所见先公先王续考》二文均收入王氏《观堂集林》卷九。
② 参见张光直《商王庙号新考》，收入所著《中国青铜时代》，北京三联书店，1999年；又《商文明》第153—162页，辽宁教育出版社，2002年。
③ 王国维《说自契至于成汤八迁》，载《观堂集林》卷十二。

那么,这个既是商代先王所居、又是成汤都邑的亳,究竟又在何处呢?不少研究者根据汤灭夏桀的前后史事与路线,推测它应当是西晋皇甫谧《帝王世纪》中所称"殷有三亳"之一的北亳,地在今天山东曹县南二十余里①。不过唐人张守节《史记正义》曾明确地说:"亳,偃师城也。"唐代的偃师,即今天的河南省偃师市。而二十世纪八十年代以来,考古学界在河南发现的中国早期都城遗址中,偃师商城即其中最著名者之一。从遗址的规模与出土器物等推考,一些学者又认为偃师商城是成汤灭夏以后所建立的都城,亦即皇甫谧"三亳"说中的西亳②。

成汤此时尚未灭夏,算是夏朝的方伯,所以有权利征伐诸侯。葛伯所处与成汤所都的亳为邻居,而葛伯又犯了不祭祀的错误,所以成汤得以讨伐之。成汤的讨伐,还有一通冠冕堂皇的理论,从司马迁的引述看,它们应该出自已经佚失的《尚书·汤征》原本。这其中值得注意的,还有忽然显现的一位辅臣——伊尹。

伊尹名阿衡。阿衡欲奸汤而无由,乃为有莘氏媵臣,负鼎俎,以滋味说汤,致于王道。或曰,伊尹处士,汤使人聘迎之,五反,然后肯往从汤,言素王及九主之事。汤举任以国政。伊尹去汤适夏。既丑有夏,复归于亳。入自北门,遇女鸠、女房,作《女鸠》、《女房》。

[讲解] 伊尹的名字,在《史记》之前,已多次出现在春秋战国的文献中。《孟子·万章上》、《墨子·尚贤下》以及《吕氏春秋》的《本味》、《慎大》两篇,都提到过他的事迹。伊尹又名阿衡,则首见于《诗经·商颂》的《长发》篇,所谓"实维阿衡,实左右商王",据唐代孔颖达的疏解,"伊尹名挚,汤以为阿衡。至太甲改曰保衡。阿衡、保衡,皆公官"③。这样看来,挚是伊尹的本名,阿衡其实为成汤给他起的外号;不过这外号后来被叫顺口了,竟成了商朝的官名。

---

① 王国维《说亳》,载《观堂集林》卷十二。又参见罗琨《殷墟卜辞中的亳——兼说汤始居亳》,《九州》第 3 辑,商务印书馆,2003 年。
② 参见杜金鹏《偃师商城初探》,中国社会科学出版社,2003 年。
③ 《诗经注疏》卷三十,中华书局影印《十三经注疏》本,1980 年。

阿衡(也就是伊尹)成为成汤辅臣的经过,司马迁提供了两种说法。两种说法的区别,在于一是阿衡主动出击("奸"这里音义皆通"干",是求的意思),先做有莘氏的陪臣,再背着鼎啊砧板什么的,借用烹调的小原理,给汤讲说达到王者之道的大道理;一是阿衡处士被动受聘,不知他有怎样了得的才能,惹得成汤派人上门特聘,他还摆架子,让使者跑了五趟,才肯出山,专门给汤讲太素上皇和九类不同君主的故事。这两种说法比较而言,第二种更多地带有儒家理论盛行以后理想化君臣关系的色彩,因而相对来说不太可信。倒是第一种说法,透过故事中的两件道具——鼎与俎,可以一窥商代器物与当时政治的现实关系。

有着或方或圆的外型,上口沿竖着立耳,下以锥足或方足支撑的鼎,本是一种烹饪器;而以一块稍显下凹弧形的平板为案面,案下有两个壁形足的俎,原是切菜用的砧板。随着食物在上古祭祀中越来越广泛地被应用,鼎与俎的功能,也逐渐由单一的烹饪工具,衍化为兼具祭祀用礼器功能的特殊器物。鼎的多少与排列方式,成为君侯身份的重要象征;而俎,也变成了祭祀时盛放牛羊等祭品的案桌。阿衡的"负鼎俎,以滋味说汤",旧说中有一种说法,就是称阿衡本是位高明的厨师,他先做可口的菜肴让汤上钩(所谓"以滋味说汤"的"说",依此解释,应当读作"悦"),然后再借题发挥,说服成汤施行他的王者之道①。饮食在中国文化中自来就有崇高的地位,何况鼎俎之类的食器一旦作为礼器来理解,寓意又十分特殊,则如果从商代政治史的视角去考察阿衡的背负鼎俎,并探索其中的微言大义,倒也不完全算是妄测之举。

照司马迁的记载看,成汤对于阿衡是无限信任的,把全部国政都交给他去处理。但阿衡对成汤似乎并非一味忠诚:他曾经离开商亳投奔夏,接着觉得夏不行,又回到亳。《孟子·告子》甚至说:"五就汤,五就桀者,伊尹也。"

在本节末尾说到伊尹几度反复,重归商亳时,有"入自北门,遇女鸠、女房,作《女鸠》《女房》"数语。按"女鸠"、"女房"的"女",通"汝"字;"房"也写作"方"。汝鸠、汝方,据《史记集解》引孔安国说,乃商汤的两位贤臣。至伊尹"作"的《汝鸠》、《汝方》两篇文字,后人推测其实可能是史官所记伊尹与汝

---

① 《孟子·万章上》记万章问孟子语,有"人有言,伊尹以割烹要汤"诸语。此外《墨子·尚贤下》、《吕氏春秋·本味》也有类似的记载。不过孟子从道德的角度否认这一传说具有真实性。

鸠、汝方二臣的相谈语录①，但因早已亡佚，其中的内容不得而知。

汤出，见野张网四面，祝曰："自天下四方皆入吾网。"汤曰："嘻，尽之矣！"乃去其三面，祝曰："欲左，左。欲右，右。不用命，乃入吾网。"诸侯闻之，曰："汤德至矣，及禽兽。"

[讲解] 与对伊尹的介绍带有不确定性相比，司马迁对于成汤德行的记述言简意赅，旨意明确。但上述一段由于文辞省略过多，其间的逻辑关系乍看颇不易理清。好在同一个故事又见于《吕氏春秋》"孟冬纪"的《异用》篇，我们不妨迻录在此，以供对读：

汤见祝网者，置四面，其祝曰："从天堕者，从地出者，从四方来者，皆离吾网。"汤曰："嘻，尽之矣！非桀，其孰为此也？"汤收其三面，置其一面，更教祝曰："昔蛛蝥作网罟，今之人学纾。欲左者左，欲右者右，欲高者高，欲下者下，吾取其犯命者。"汉南之国闻之，曰："汤之德及禽兽矣！"

所谓"祝"，就是祷告。"皆离吾网"的"离"，通"罹"字。联系《吕氏春秋》的文辞看，《史记》中第一次祝"自天下四方皆入吾网"的，并不是汤，而是那个张网的人；第二次祝"欲左，左。欲右，右。不用命，乃入吾网"的，仍然是这个人，但祝的内容，却是根据汤的旨意改过了的。

当是时，夏桀为虐政淫荒，而诸侯昆吾氏为乱。汤乃兴师率诸侯，伊尹从汤，汤自把钺以伐昆吾，遂伐桀。汤曰："格，汝众庶，来，女悉听朕言。匪台小子敢行举乱，有夏多罪，予维闻女众言，夏氏有罪。予畏上帝，不敢不正。今夏多罪，天命殛之。今女有众，女曰'我君不恤我众，舍我穑事而割政'。女其曰'有罪，其奈何'？夏王率止众力，率夺夏国。有众率怠不和，曰'是日何时丧？予与女皆

---

① 参见宋夏僎《夏氏尚书详解》卷九，影印《文渊阁四库全书》本。

亡'！夏德若兹，今朕必往。尔尚及予一人，致天之罚，予其大理女。女毋不信，朕不食言。女不从誓言，予则帑僇女，无有攸赦。"以告令师，作《汤誓》。于是汤曰"吾甚武"，号曰武王。

桀败于有娀之虚，桀犇于鸣条，夏师败绩。汤遂伐三㚇，俘厥宝玉，义伯、仲伯作《典宝》。汤既胜夏，欲迁其社，不可，作《夏社》。伊尹报。于是诸侯毕服，汤乃践天子位，平定海内。

[讲解]　成汤一生最为显赫的功业，就是运用武力手段讨伐夏桀，最终颠覆了夏王朝，建立商朝。也许是由于史料匮乏的缘故，司马迁对这场天翻地覆大争斗的具体情节，几乎未予着墨。但他以引用《尚书·汤誓》篇记载的成汤语录，让我们仿佛亲身体验了那千年一遇的血雨腥风——

"喂！你们大家，过来！都听我说！"就是这样一个毫不客气的开场白，把成汤在伐夏桀的间隙，面对众多夏朝百姓作政治报告时的情态，刻画无遗。他有绝对的自信，也有绝对的实力，但是他依然懂得权变。所以在这场政治报告的主体部分，他首先说的，是"不是我小子敢作乱，实在是夏朝有许多的罪恶"，而且"我听说你们自己也说夏氏有罪"。接着就抬出了人人害怕又无人眼见其实的"上帝"和"天"，以示自己是在替天行道。他精通言说的策略，反复称引甚至杜撰本属于对方阵营的听讲者的话语、设问与诅咒之辞，如"我们的国君不体恤我们大家，荒废了我们的农事，割剥了夏朝的政治"、"既然有罪，那该怎么办"、"这太阳何时才会掉下来，我跟你一块儿去死吧"之类，目的是导引众人确信夏朝已失去了继续存在的道德理由，他成汤无论如何也要取而代之。当然，随着决心的表露，他的言说口气也越来越强硬："你们还是跟随我一起替天讨伐夏氏，我一定会让你们从此顺顺当当。你们不要不相信，我决不食言！如果你们不遵从我的誓言，我将杀死你们全家，决不宽贷！"

成汤通过这场政治报告所表现出来的伐灭夏桀的决心，在始伐昆吾、终伐三㚇（音 zōng）的烘托下，以主动出击，大败夏朝军队，迫使夏桀出逃鸣条而获得现实的结果。其间《史记》所载，尚有两个小问题值得注意，一是"汤自把钺以伐昆吾"句中的"汤自把钺"，一是汤伐三㚇，"俘厥宝玉"。

钺是一种圆刃式平刀，外观类似一把大斧子，但穿以长柄。其本字写作

"戉",甲骨文作 ⟨?⟩,即象钺的外形。钺本属古兵器之一,但是从很早的时代起,它同时又是权力的象征。二十世纪八十年代河南出土了的一件新石器时代的大型瓮棺,外壁绘有一幅《鹳鱼石斧图》。据考瓮棺主人很可能是当时以鹳为图腾部落的头领,而图中的石斧(也就是钺),则相当于权杖①。后来上海的松江也有绘着梅花鹿与钺的新石器时代陶器出土,研究者认为,钺的含义与《鹳鱼石斧图》里的石斧相同②。因此成汤亲自持钺领军讨伐昆吾氏,不仅说明他亲自参加了战争,更重要的,是表明此时他牢牢地控制着商的政治军事权力。

夏桀出逃鸣条,夏朝军队大败,而成汤仍然要进攻三㚇,其原因,据《史记集解》,是夏桀后来又从鸣条逃到了三㚇国。成汤此时进攻三㚇,目的其实已经不是追击夏桀——这时的桀已经失国,价值一落千丈——而是追寻由桀带到三㚇的夏朝"宝玉"。因为宝玉在当时与钺一样是国家的重器,宝玉在谁的手中,也就意味着谁掌握了这个国家。至于当时的宝玉是何等模样,我们猜测,它们应该属于璧、琮(音 cóng)一类的贵重玉器。璧外形扁平而呈圆环,是汉代以前古代贵族朝聘、祭祀、丧葬时所用的一种礼器;琮则大多是中部镂以圆柱体空心的立方体,乃商周及更早期贵族祭祀大地时所用的礼器,同时也经常在实际生活中用作发兵的符信。

汤确实是一位有极强的控制欲的君主。面对如此具有历史意义的胜利,他考虑的,仍是如何彻底剿除来自被他颠覆了的夏的后患。他提出的方案,是"迁其社"即变置夏的社稷(社就是土神,稷则是谷神),这其实就是要从精神上彻底消灭夏文化。这一招也许过于阴毒,最终没有付诸实施。

汤归至于泰卷陶,中𤳹作诰。既绌夏命,还亳,作《汤诰》:"维三月,王自至于东郊。告诸侯群后:'毋不有功于民,勤力乃事。予乃大罚殛女,毋予怨。'曰:'古禹、皋陶久劳于外,其有功乎民,民乃有安。东为江,北为济,西为河,南为淮,四渎已修,万民乃有居。后稷

---

① 参见严文明《〈鹳鱼石斧图〉跋》,《文物》1981 年第 12 期。
② 参见《松江广富林遗址发现五座良渚文化墓葬 珍贵古陶引人注目》,《文汇报》2002 年 2 月 5 日第 1 版。

降播,农殖百谷。三公咸有功于民,故后有立。昔蚩尤与其大夫作乱百姓,帝乃弗予,有状。先王言不可不勉。'曰:'不道,毋之在国,女毋我怨。'"以令诸侯。伊尹作《咸有一德》,咎单作《明居》。汤乃改正朔,易服色,上白,朝会以昼。

[讲解] 胜利后的成汤依然喜欢作政治思想报告。当然此时他面对的,已不仅仅是夏朝百姓,而是一群已被他征服的诸侯王(原文作"诸侯群后",这里的"后",据《说文解字》,本义是"继体之君",也就是承续先王体制加以统治的国君)。所以他的言说方式,也开始有了些许的改变,虽然还保留了强硬姿态,严肃地告诫诸侯王"不要不给百姓办实事,要勤于你们的政务",否则将受到严惩,但他讲得更多、更恳切的,是历史上大禹、皋陶、后稷如何有功于民,蚩尤等如何害民,以此正反两方面的事例教育诸侯。最后的归结,则是:"谁缺德,谁就别在自己的方国当政了!到时候你们别怨恨我。"

成汤的这个后来被题为《汤诰》的政治报告中,有一部分文辞涉及"四渎"也就是四条河,与我们现在理解的方位不同,有必要引起注意。报告在谈到古代大禹、皋陶利民之举时曰:"东为江,北为济,西为河,南为淮,四渎已修,万民乃有居。"按长江、济水、黄河、淮河四条大河,由南至北,基本的序次应是江、淮、济、河,即使历史上河道改迁,似乎也不会出现长江、黄河以东西向相对峙的局面。所以明代陈仁锡认为原文当作"东为淮,南为江"[1],而清代梁玉绳则谓《初学记》引此句作"北为河,西为济"[2]。

胜利后的成汤还在制度方面实施了重大的改革,以作为商王朝正式建立的标志。标志主要有三项:一、"改正朔"。正就是正月、第一个月,朔就是每月的第一天。因此所谓"改正朔",就是改变旧的历法。一般认为夏正建寅,也就是以一月为正月;而殷正建丑,改以十二月为正月。二、"易服色,上白"。此处的"上"通"尚",意思是改变衣服的规范颜色,而崇尚白色。三、"朝会以昼"。即确定白天举行定时的朝廷聚会。这三项内容中的前两项均带有明显的礼仪制度倾向,是否商代初建时即有的精密架构,尚需考证。

---

[1] 转引自凌稚隆辑《史记评林》卷三,明万历刻本。
[2] 见《史记志疑》卷二"殷本纪第三",中华书局标点本,1981年。

汤崩,太子太丁未立而卒,于是乃立太丁之弟外丙,是为帝外丙。帝外丙既位三年,崩,立外丙之弟中壬,是为帝中壬。帝中壬既位四年,崩,伊尹乃立太丁之子太甲。

太甲,成汤適长孙也,是为帝太甲。帝太甲元年,伊尹作《伊训》,作《肆命》,作《徂后》。

帝太甲既立三年,不明,暴虐,不遵汤法,乱德,于是伊尹放之于桐宫。三年,伊尹摄行政当国,以朝诸侯。

帝太甲居桐宫三年,悔过自责,反善,于是伊尹乃迎帝太甲而授之政。帝太甲修德,诸侯咸归殷,百姓以宁。伊尹嘉之,乃作《太甲训》三篇,褒帝太甲,称太宗。

[讲解] 成汤去世之后,王位经过两世的更替,又传到了他的嫡长孙太甲那里。这时成汤的旧臣伊尹还在世,辅佐新王行政令。伊尹似乎承传了他先代主人成汤的嗜好,也喜欢作政治报告,于是就有了《伊训》、《肆命》和《徂后》。

但是太甲似乎不是个安分守己的主,他处事之昏乱,已经到了让史传给他以"暴虐"、"乱德"一类恶评的地步。事已至此,前朝老臣伊尹只得出来收拾残局:他把太甲放逐到桐宫软禁起来,自己做了不称帝王却管着帝王事务的摄政王,让诸侯给他朝贡。三年以后,幽闭在桐宫里的太甲终因悔过自新,而获得了伊尹的谅解,并被迎归,重新执政。

《史记》里的这个伊尹放太甲于桐宫的故事,一直是作为三代君臣理想关系的典范,而被广泛传扬的。正统历史学家看重的,既是作为大臣的伊尹摄政磊落无私,也有作为君王的太甲知过善改。因为从后代的实际情形看,重复这样清纯如水的故事,简直是天方夜谭。

不过魏晋时代出土的《竹书纪年》,给予这一经典故事以致命的一击。在那部相传是战国时代魏国人所作的编年体史书中,保存着如下两条触目惊心的商代史料——

仲壬崩。伊尹放大甲于桐,乃自立。

> 伊即位放大甲七年，大甲潜出桐，杀伊尹。……①

大甲的"大"，即"太"的本字，所以人甲就是太甲。依照《竹书纪年》的记载，什么"伊尹摄行政当国"，什么"太甲居桐宫三年，悔过自责"，什么"伊尹乃迎帝太甲而授之政"，统统是子虚乌有！真实的情况，是伊尹放逐太甲后篡位自立，而太甲被关了七年实在憋得慌，他设法逃出桐宫，杀了伊尹。

历史是如此地扑朔迷离，我们究竟应该相信两种说法中的哪一种？

> 太宗崩，子沃丁立。帝沃丁之时，伊尹卒。既葬伊尹于亳，咎单遂训伊尹事，作《沃丁》。
>
> 沃丁崩，弟太庚立，是为帝太庚。帝太庚崩，子帝小甲立。帝小甲崩，弟雍己立，是为帝雍己。殷道衰，诸侯或不至。
>
> 帝雍己崩，弟太戊立，是为帝太戊。帝太戊立伊陟为相。亳有祥桑穀共生于朝，一暮大拱。帝太戊惧，问伊陟。伊陟曰："臣闻妖不胜德，帝之政其有阙与？帝其修德。"太戊从之，而祥桑枯死而去。伊陟赞言于巫咸。巫咸治王家有成，作《咸艾》，作《太戊》。帝太戊赞伊陟于庙，言弗臣，伊陟让，作《原命》。殷复兴，诸侯归之，故称中宗。

[讲解] 太甲死了，伊尹也死了。商朝的王位，虽说还在兄弟、父子之间传承着，英雄辈出的时代，却仿佛已经一去不复返了。

就在这当口，太戊这位复兴殷商、后来被美称为中宗的新王出现了。太戊的身边，也有一位类似伊尹的贤相——伊陟。太戊对于伊陟的依赖，可以从上面这则因"祥桑穀共生于朝"，太戊听从伊陟修德免灾的故事略窥一斑。加上伊陟擅长和巫咸沟通，巫咸又把商王家的相关事务处理妥帖，使得太戊十二万分地佩服伊陟，专门跑到宗庙里向列祖赞颂伊陟的功德，和伊陟说话

---

① 见王国维《古本竹书记年辑证》第4页，收入《王国维遗书》第12册，上海古籍书店影印本，1983年。

也不称对方为臣。

伊陟是否确有才干不可详考；他的来历，一种说法是伊尹之子，对此明人茅坤颇表怀疑①。这里可以继续讨论的，不是伊陟本人，而是与他有关的"祥桑穀共生于朝"事件，和与巫觋(音 xí)现象相关的商代重要的神职官员——巫咸。

"祥桑穀共生于朝"一句中的"祥"，本义是吉凶的征兆，所以宽泛地说，上古时代吉兆叫做祥，不吉之兆也叫祥。"穀"音 gǔ，就是楮树。当然，商王朝廷里某一天傍晚桑树与楮树同时涌现，这奇异情形，按照伊陟的解释，显然是妖孽之兆。自然界的反常现象，被政治家理解为人事不修的反映，以此运用各种人工努力使之归于正常，是此后中国传统社会君臣共谋、极为常见的政治作秀。汉代以后，这种政治作秀又有了个哲学化的理论依托，叫"天人感应"。

相比之下，巫咸在商代地位特殊，为古代中国以后的时代所罕见，因此他的出现，以及与他相关联的巫觋们的作为，从文化史上说更具有独特性。由于《尚书·君奭》及《史记》本篇的传录，一般将巫咸视为神巫，是巫觋们的代表。而巫觋按照《国语·楚语》的分法，是"在男曰觋，在女曰巫"。但事实上，古代也常把这类负责沟通神与人交流的神职人员统称为巫，而不论其性别。巫咸是男是女，不得而知。所可知者，以巫咸为代表的巫觋们在商代绝地通天，呼风唤雨，着实了得。殷墟甲骨所显示的卜官沟通人神的超凡本领，不用说已足以使当年的殷商君臣肃然起敬；而商朝青铜器中，独特的器型如虎食人卣之类，据研究显现的应当是巫师在神性动物的帮助下升天②。巫觋们既有如此超越凡俗的能力，则太戊时的巫咸能"治王家有成"，亦即协助治理商王朝政而卓有成效，就不难理解了。

中宗崩，子帝中丁立。帝中丁迁于隞。河亶甲居相。祖乙迁于邢。帝中丁崩，弟外壬立，是为帝外壬。《仲丁》书阙不具。帝外壬

---

① 见《史记评林》卷一引。
② 有关巫觋与商代政治的关系，参见张光直《美术、神话与祭祀》第三章《巫觋与政治》、第四章《艺术——攫取权力的手段》，辽宁教育出版社，2002 年。

崩,弟河亶甲立,是为帝河亶甲。河亶甲时,殷复衰。

河亶甲崩,子帝祖乙立。帝祖乙立,殷复兴。巫贤任职。

祖乙崩,子帝祖辛立。帝祖辛崩,弟沃甲立,是为帝沃甲。帝沃甲崩,立沃甲兄祖辛之子祖丁,是为帝祖丁。帝祖丁崩,立弟沃甲之子南庚,是为帝南庚。帝南庚崩,立帝祖丁之子阳甲,是为帝阳甲。帝阳甲之时,殷衰。

自中丁以来,废适而更立诸弟子,弟子或争相代立,比九世乱,于是诸侯莫朝。

[讲解] 太戊时代的短暂复兴,很快又被漫长而混乱的九世更替所取代。这个阶段依照司马迁的说法,是"废适而更立诸弟子,弟子或争相代立",也就是王位的继承不再按子承父位的规则,而出现了兄终弟及,甚至弟弟与儿子争夺王位的现象。但商代的王位继承,是否原本就存在子承父位的规则,却是大可研究的问题。

其实在太戊以前,王位的传承就已经不完全是子承父位了。我们回顾一下,自成汤至太戊的世系是这样的:

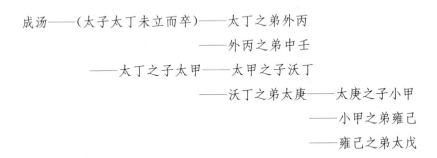

成汤以后至太戊总共八世中,子承父位的有三世,兄终弟及的有四世,还有一世,就是外丙之弟中壬传给太丁之子太甲,乃叔父传给了侄儿,因为这侄儿的父亲是叔父的长兄,本为太子,无奈早死而未曾为王。如此说来,所谓"废适而更立诸弟子"在商代是没有的事,因为那时原本就没有严格的太子即位规则,从实际情形看,兄终弟及与子承父位两种传位方式,几乎是平分秋色。

如所周知,中国古代帝王的传位方式主要有三种:禅让、兄终弟及和传嫡子。禅让就是让贤,它几乎只发生在中国历史的童年时代,是当时部落联盟推举领袖的一种习见方式,传说中的尧、舜、禹三代传承,就是以禅让方式解决的。兄终弟及,即弟弟继承做君王的哥哥的王位,研究者认为这种方式主要通行于商代前后;在这种继位方式中,只有出现无弟可传的特殊情况,王位才转而授予先王之子。而传嫡子,则是指将王位传给自己正妻所生之子,正妻所生若有数子,则原则上当传位给嫡长子。周代及以后的王位传承,大都通行此法①。如此说来,所谓"九世乱"之间的"废適而更立诸弟子"情形,实际上很可能恰恰相反,是中间有的君主破坏了当时兄终弟及的一般规则,而将王位直接授予自己的子嗣。

帝阳甲崩,弟盘庚立,是为帝盘庚。帝盘庚之时,殷已都河北,盘庚渡河南,复居成汤之故居,乃五迁,无定处。殷民咨胥皆怨,不欲徙。盘庚乃告谕诸侯大臣曰:"昔高后成汤与尔之先祖俱定天下,法则可修。舍而弗勉,何以成德!"乃遂涉河南,治亳,行汤之政,然后百姓由宁,殷道复兴。诸侯来朝,以其遵成汤之德也。

帝盘庚崩,弟小辛立,是为帝小辛。帝小辛立,殷复衰。百姓思盘庚,乃作《盘庚》三篇。

[讲解] "九世乱"后使殷商获得大转机的,是盘庚。盘庚之于商朝民众最深刻的印象,则是迁都。按照《史记》的记载,盘庚时代殷商的都城已在黄河以北,盘庚则将之迁到黄河以南,也就是先祖成汤曾经居住过的亳。又据《殷本纪》的下文,到帝武乙时,"殷复去亳,徙河北",就是从黄河以南的亳,再迁回到黄河以北。

但是《史记》有关盘庚及以后数代曾徙居成汤故都亳的说法,恐怕并非史实。据《古本竹书纪年》:"盘庚自奄迁于北蒙,殷。"这里的奄,不见于《史记》,据《古本竹书纪年》,是南庚所迁之都;而殷,就是中国考古学史上十分

---

① 参见王国维《殷周制度论》,载《观堂集林》卷十。

著名的殷墟,其地在今河南安阳一带。王国维曾据《史记正义》所引《古本竹书记年》,参以殷墟卜辞所载,指出自盘庚迁殷,至纣灭亡,商代不再迁都;而《史记》之所以有盘庚迁亳之说,当承《今文尚书》书序中的讹字而来,书序有"盘庚五迁,将治亳殷"语,"亳殷"据孔壁《尚书》其实是"宅殷"[①]。而五迁之说,一般也认为并非盘庚一朝迁居五处,而是指成汤都亳以后商王朝如下的五次较大的迁都:中丁一迁于隞,河亶甲二迁于相,祖乙三迁于邢(《史记正义》作"耿"),南庚四迁于奄,盘庚五迁于殷。

又作于小辛时代的《盘庚》三篇,现在还保留在《尚书》里。司马迁当年转述盘庚告谕诸侯大臣的话,就是根据《尚书·盘庚》篇的相关内容而加以简化了的文句。《尚书·盘庚》篇里还保存了许多有意思的古成语,像后世习见的"人惟求旧,器惟求新"一语,就出自《盘庚》(上),原文是:"人惟求旧,器非求旧,惟新。"而至今还很常用的"有条不紊",也同出此篇。

帝小辛崩,弟小乙立,是为帝小乙。帝小乙崩,子帝武丁立。

帝武丁即位,思复兴殷,而未得其佐。三年不言,政事决定于冢宰,以观国风。武丁夜梦得圣人,名曰说。以梦所见视群臣百吏,皆非也。于是乃使百工营求之野,得说于傅险中。是时说为胥靡,筑于傅险。见于武丁,武丁曰是也。得而与之语,果圣人,举以为相,殷国大治。故遂以傅险姓之,号曰傅说。

帝武丁祭成汤,明日,有飞雉登鼎耳而呴,武丁惧。祖己曰:"王勿忧,先修政事。"祖己乃训王曰:"唯天监下,典厥义,降年有永有不永,非天夭民,中绝其命。民有不若德,不听罪,天既附命正厥德,乃曰其奈何。呜呼!王嗣敬民,罔非天继,常祀毋礼于弃道。"武丁修政行德,天下咸欢,殷道复兴。

帝武丁崩,子帝祖庚立。祖己嘉武丁之以祥雉为德,立其庙为高宗,遂作《高宗肜日》及《训》。

---

① 王国维《说殷》,载《观堂集林》卷十二。

[讲解] 盘庚的王位传给了弟弟小辛，小辛又传给了自己的弟弟小乙，小乙则传给了自己的儿子武丁。所以武丁虽然是盘庚后三世的商王，论血缘关系，却是盘庚的侄子。

武丁是商代建立后，继太戊、盘庚两度复兴，而使殷商获得第三次较大复兴的著名君王。其之所以能成就复兴大业，《史记》说了两个理由：访得傅说为相，与听从祖己修整祭祀。

傅说在司马迁笔下着实是个带有些神性的人物。他最初是武丁梦中所见的圣人，有名无姓。武丁"使百工营求之野"，才"得说于傅险中"。这里的"营"，照《史记正义》的解释，当是"刻画所梦之形象"；而"傅险"的"险"，则通"岩"字。所以傅说是武丁花费了颇大的人工，让人拿着依照自己做梦时所见形象图绘的人像，到处访求，最后在一个名为傅氏之岩的地方找到的。据说当时他还是个服劳役的刑徒，即所谓"胥靡"，正在傅岩干着泥水匠的活儿。被带到武丁跟前，聊了几句，武丁即认定他是圣人，破格提拔他做了宰相，还赐他姓傅。

按傅说的"筑于傅险"，一般理解所筑当为城池或交通要道；而他的在傅险"为胥靡"，《史记·游侠列传》称之为"匿于傅险"，有人理解就是隐于刑徒。因此如果他的超次拔擢确为史实，则比较合乎逻辑的解释，是他原本就不是一个普通的泥水匠，而是具有相当设计能力的土木或道路建设工程师。如所周知，商代的城市与交通建设已颇为发达，虽然筑城尚用土夯，而规模宏大，其间土木或道路建设工程师决不可少。而如果傅说的身份确实与此相关，则其被选为殷相，实亦现实使然，而不是什么武丁做梦的结果。

武丁的复兴，另一引子是有一回祭祀成汤，有只野鸡飞到祭祀用的大鼎立耳上鸣叫，让武丁好生恐惧，臣子中有一位叫祖己的趁势进言，劝他修整祭祀。《殷本纪》的这部分内容，几乎全部取自《尚书》的《高宗肜日》篇（"肜"音róng，就是祭后第二天再行祭祀）。但文辞古奥，通读稍难。其中"唯天监下，典厥义"句，意思是"上天俯察下民，一切以道义为准则"。"天既附命正厥德"句中的"附"，《尚书》原本作"孚"，意思是"授命"；所以这句话的意思，是"上天已经授命更正他（下民）的德行"。而"王嗣敬民，罔非天继，常祀毋礼于弃道"句里，"嗣"本作"司"，是"主管"的意思；"常祀"谓平常的祭祀，"弃道"指不合乎道义者;故整句话的意思,大概是:"商王是主管百姓事务的,应当敬重民事。民事无论大小,都是上天所传。平常的祭祀,不要礼遇那些旁门左道之祀。"

帝祖庚崩,弟祖甲立,是为帝甲。帝甲淫乱,殷复衰。帝甲崩,子帝廪辛立。帝廪辛崩,弟庚丁立,是为帝庚丁。帝庚丁崩,子帝武乙立。殷复去亳,徙河北。

帝武乙无道,为偶人,谓之天神。与之博,令人为行。天神不胜,乃僇辱之。为革囊,盛血,卬而射之,命曰"射天"。武乙猎于河渭之间,暴雷,武乙震死。子帝太丁立。帝太丁崩,子帝乙立。帝乙立,殷益衰。

[讲解] 但是武丁以后的商王朝,还是衰败,并且不再有复兴的迹象。

这其中首显衰象的,是武丁次子祖甲当朝的时代,史评仅"淫乱"二字,而殷商的覆亡,已显端倪。

更糟糕的是祖甲后三世的商王武乙。其人嗜好奇特,专门制作"偶人"也就是后来所称的"俑"取乐。他给俑取名"天神",和这天神赌博,并叫人做裁判(就是所谓的"行",读作 héng)。天神自然赢不了,他就肆意侮辱之。他还用皮革做了个大袋子,里面盛满鲜血,然后高高挂起,持箭相射,号称"射天"。想象一下,当殷红的鲜血从射穿的革囊中喷涌而出时,武乙的笑肯定是狰狞而变态的。

殷商本是个十分敬畏上天的族属,但它后期历史中却出现了武乙这样极端蔑视上天的君王,这不能不令人深思。孔子对俑的创造者十分痛恨,曾发出"始作俑者,其无后乎"的诅咒(见《孟子·梁惠王上》引),但其本义还只是对于俑作殉葬表示深切的不满。如果让孔子对武乙的以俑来侮辱上天的恶作剧加以评论,想来一向尊奉天命的夫子会怎样地痛心疾首!

帝乙长子曰微子启,启母贱,不得嗣。少子辛,辛母正后,辛为嗣。帝乙崩,子辛立,是为帝辛,天下谓之纣。

帝纣资辨捷疾,闻见甚敏;材力过人,手格猛兽;知足以距谏,言足以饰非;矜人臣以能,高天下以声,以为皆出己之下。好酒淫乐,嬖于妇人。爱妲己,妲己之言是从。于是使师涓作新淫声,北里之舞,靡靡之乐。厚赋税以实鹿台之钱,而盈钜桥之粟。益收狗马奇物,充仞宫室。益广沙丘苑台,多取野兽蜚鸟置其中。慢于鬼神。大冣乐戏于沙丘,以酒为池,县肉为林,使男女倮相逐其间,为长夜之饮。

[讲解]　武乙无道,武乙的曾孙帝辛更无道。

　　帝辛就是恶名远扬的殷纣王。据《史记》的记载,这是个智力、体力均超越常人的汉子,却刚愎自用,口是心非。他的最爱有两样,一是酒,二是女人。酒是商朝人的普遍嗜好,单看商代出土的青铜器中饮酒器的门类众多、花样翻新,就可知这是个永远陶醉在酒的馨香中的浪漫一族;但纣王更进一步,"以酒为池",说起来气派是更大了,而情趣却荡然无存,倒仿佛是个开酒厂的老板了。

　　女人里他最爱的是妲己,什么都听妲己的。后世一班男性道学家炮制"女人是祸水"的历史兴亡论,所举史例中排在前列的女性,就有纣王的最爱——妲己,认为是这位妲己夫人害得商朝覆亡。更有甚者,元代小说《全相平话武王伐纣书》里,美丽的妲己被描写成原本是只妖狐。这一路下去,就有了中国传统社会称美丽而不安分的女子为狐狸精的特异说法。

　　其实殷商的覆亡关妲己什么事,我们看纣王在太平之时,就已"厚赋税以实鹿台之钱,而盈钜桥之粟",把民脂民膏往自个儿家里搬——鹿台、钜桥都在王都,属于王室的府库和粮仓——还在沙丘"大冣乐"("冣"是"聚"的意思),折腾什么悬肉为林、男女裸奔之类的闹剧,就知道商朝的灭亡,大概已经不远了。

　　百姓怨望而诸侯有畔者,于是纣乃重刑辟,有炮格之法。以西伯昌、九侯、鄂侯为三公。九侯有好女,入之纣。九侯女不憙淫,纣怒,杀之,而醢九侯。鄂侯争之强,辨之疾,并脯鄂侯。西伯昌闻之,窃叹。崇侯虎知之,以告纣,纣囚西伯羑里。西伯之臣闳夭之徒,求美女奇物善马以献纣,纣乃赦西伯。西伯出而献洛西之地,以请除炮格之刑。纣乃许之,赐弓矢斧钺,使得征伐,为西伯。而用费中为政。费中善谀,好利,殷人弗亲。纣又用恶来。恶来善毁谗,诸侯以此益疏。

[讲解] 纣王的胡闹自然引起公愤,但权力此时还在他的手中,于是酷刑就被创造出来,以对付异己。胡闹的君王,转身又变成了暴君。

酷刑之一是炮格法。"格"原本作"烙"。清人王念孙据《韩非子》、《吕氏春秋》等,考出旧籍述殷纣事,皆以"肉圃炮格"、"糟邱酒池"等对文形式出现,故断定此处的"烙"当是"格"字之讹①。炮格的具体行刑方法,据汉代高诱注《吕氏春秋》,是"铜为之,布火其下,以人置上,人烂堕火而死";之所以称格,是因为火上所布,乃铜制的格架。

酷刑之二是将罪人制成肉酱和肉干,前者称为"醢"(音 hǎi),后者称为"脯"。纣王时代遭受此等酷刑的,还不是普通人,竟是位居三公的九侯和鄂侯。九侯之所以获罪,是因为他原本想讨好好色的纣王,所以把美丽的女儿奉献给纣王,不成想他女儿不喜欢淫乐,得罪了纣王,结果不仅女儿被杀,九侯自己也被纣王剁成了肉酱。鄂侯这时很不识时务地站出来为九侯喊冤,结果他喊得越凶,纣王的回应也越残酷——他索性把鄂侯做成了肉干。

相比之下,三公中的余下一位——西伯,就比较聪明。虽然他以一声叹息被奸臣告密,而在羑里(羑音 yǒu)地方坐了一阵牢,但靠着部下的疏通和他本人的主动奉献土地,他获得了纣王的信任,不仅因此革除了酷烈的炮格之刑,还得以掌握了征伐的大权。殷商的政治风云,就在这不知不觉中,转换了向度。而这西伯,不是别人,就是封地于周、大名鼎鼎,后来称作周文王的姬昌。

西伯归,乃阴修德行善,诸侯多叛纣而往归西伯。西伯滋大,纣由是稍失权重。王子比干谏,弗听。商容贤者,百姓爱之,纣废之。及西伯伐饥国,灭之,纣之臣祖伊闻之而咎周,恐,奔告纣曰:"天既讫我殷命,假人元龟,无敢知吉。非先王不相我后人,维王淫虐用自

---

① 见王念孙《史记杂志》卷一"炮格",收入所著《读书杂志》,江苏古籍出版社影印清王氏家刻本,2000 年。

绝,故天弃我,不有安食,不虞知天性,不迪率典。今我民罔不欲丧,曰'天曷不降威,大命胡不至'? 今王其奈何?"纣曰:"我生不有命在天乎!"祖伊反,曰:"纣不可谏矣。"

[讲解] 西伯姬昌对殷商王朝产生最大震动的举措,是他举兵伐灭了饥国。饥国即《尚书·西伯戡黎》中的黎国,亦即《尚书大传》中的耆国,以饥、黎、耆三字音近而传写各异。得此消息后,大臣祖伊意识到问题的严重性,跑着去报告了纣王。

祖伊当时对纣王说的一番话,极为沉痛。其文先载入《尚书》,就是《西伯戡黎》的中心部分;继为司马迁节取,便是上面这一段文辞。文中"假人元龟,无敢知吉"八字尤有深意,值得探讨。按"假人"的"假",通"格","格人"旧注谓"至道之人",也就是指殷商的元老,可能还包括高年的巫师。"元龟"则是大龟。大龟和元老或巫师在这里被并列提出,成为有灵性的自主之物,一同指示商王朝的前景大不吉利,原因是以烧灼龟甲观察裂痕来判定吉凶的占卜方式,一直是殷人习用的查验大事宜忌的手段。商代所统之地并非临海,因此占卜所用大型龟甲,必然来自异邦。据研究,殷墟龟甲有产于马来半岛等东南亚地区者①,则殷亡之前,祖伊等卜占王朝未来而特用"元龟",这元龟就是来自南方极远之地,亦未可知。

祖伊的一番陈辞里,还有一句尖锐批评纣王的话:"(王)不虞知天性,不迪率典。"这是指责纣王思想上既不考究上天性命之所在,行为上又不循行常规法度。其结果,是百姓没有不想逃离商地,甚至发出"老天为何不发威,新的堪负大命的人怎么还不来"的哀号。

可纣王的回应出乎人的意料,竟说:"我这一辈子不一直有天命在护佑么!"

西伯既卒,周武王之东伐,至盟津,诸侯叛殷会周者八百。诸侯皆曰:"纣可伐矣。"武王曰:"尔未知天命。"乃复归。

---

① 参见李学勤《商代通向东南亚的道路》,收入所著《比较考古学随笔》,广西师范大学出版社,1997年。

纣愈淫乱不止。微子数谏,不听,乃与大师、少师谋,遂去。比干曰:"为人臣者,不得不以死争。"乃强谏纣。纣怒曰:"吾闻圣人心有七窍。"剖比干,观其心。箕子惧,乃详狂为奴,纣又囚之。殷之大师、少师乃持其祭乐器奔周。周武王于是遂率诸侯伐纣。纣亦发兵,距之牧野。甲子日,纣兵败。纣走,入登鹿台,衣其宝玉衣,赴火而死。周武王遂斩纣头,县之白旗。杀妲己。释箕子之囚,封比干之墓,表商容之闾。封纣子武庚禄父,以续殷祀,令修行盘庚之政。殷民大说。于是周武王为天子。其后世贬帝号,号为王。而封殷后为诸侯,属周。

[讲解] 一心觉得万事有天命在的纣王,虽然没有遭到西伯的攻击,但到了西伯之子周武王姬发承继乃父王位的时候,终于大难临头。

大难将至,纣王众叛亲离。首先弃他而去的,是因多次劝谏无效而绝望的纣王同父异母兄长微子启;与微子的一走了之不同,王子兼大臣的比干冒死直谏,结果得了个被变态已极的纣王开膛观心的惨烈结局;另一位大臣箕子见势不妙,赶紧"详狂"(此处的"详",音义皆同"佯")也就是装疯,还把自己贬为奴隶,但还是被纣王投进了监牢。这一系列的事件,最终促使商朝的大师、少师带着祭器和乐器投奔周武王。

按这段文字里两度出现"大师"、"少师",而前后所指实不相同,有必要一辨。大、太二字古音相通,所以"大师"也就是"太师"。中国古代辅佐天子的高级官僚"三公"(太师、太傅、太保)、"三孤"(少师、少傅、少保),和专掌礼乐器的乐官,两个系统里都有名为"大(太)师"、"少师"的官职,而循其实际,则地位高下、官守分野颇为不同。本段文字前部微子所相与为谋的大师、少师,当是三公、三孤一系的核心阶层人物,也有的研究者认为就是比干和箕子[①];而在本段文字稍后再度出现的"持其祭乐器奔周"的大师、少师,则显然是殷纣王朝的乐官,联系《史记·周本纪》的记载,可知他们便是"抱其乐器而犇周"的太师疵和少师彊。

祭、乐二器乃国家重器,它们的转移,喻示了纣王在理论上已经失去了

---

① 参见沈家本《诸史琐言》卷一"史记一",中华书局1963年用《沈寄簃先生丛书》原版重印本。

统治商朝的资格。周武王以此终于下决心讨伐纣王。在某个甲子之日,战斗在一个叫牧野的地方打响,鏖战之后,纣王的军队被彻底打败。纣王本人逃回鹿台,穿着他缀满宝玉的衣服,投火自尽。周武王则特地砍下这个暴君的首级,将之悬挂在象征殷商王朝服色的白旗上。

公元1976年,在陕西的临潼,发现了一件西周青铜礼器——利簋(音guǐ)。在该器腹内底部,有四行共计三十二字的具有重要历史意义的铭文,其中记载了当年武王伐纣的经过——

珷征商,隹甲子朝,岁鼎,克闻夙又商。……

"珷"是"武王"二字的合文,"隹"就是"唯";"岁"大概是指岁星,亦即木星,"鼎"则是"当"的意思;"闻"通"昏","夙"是"早"的意思,"昏夙"连言,乃指从初昏到黎明前,也就是一个晚上;"又"则通"有"①。所以这段话的大致意思是:武王出征商朝,是在甲子那天的清晨,当时岁星正当中天;战斗从这天的初昏时分,一直打到了次日黎明前,最终占领了商。二十世纪末叶,著名的"夏商周断代工程"中武王克商年代的天文学研究部分,即曾以利簋此铭的此种解释为证据,结合其他史料,以现代天文学的方法,推定武王克商的绝对年代,在公元前1046年②。但是也有一些学者不同意这样的解释,并对该工程的研究方法提出了质疑③。

武王伐纣,作为一件具有划时代意义的历史事件,在以后中国的政治史和文化史上,都产生了极为深远的影响。它与成汤灭夏桀一起,成为传统王朝激进式政治变革的最早两个范例,中文中的"革命"一词,亦即源于此④。

---

① 参见张政烺《利簋释文》,《考古》1978年第1期。但对"岁鼎克闻夙有商"句,学术界有多种不同的标点与解释。如郭沫若释"岁"为一种祭祀,"鼎"即"贞","闻夙"作"昏夙",即早晚,故谓此句意思是,岁祭用龟贞问:能不能胜利?早晚能否占领商国?见黄盛璋《历史地理与考古论丛》第256—257页,齐鲁书社,1982年。
② 参见《夏商周断代工程1996—2000年阶段成果报告(简本)》第44—49页,世界图书出版公司,2000年。
③ 参见陈宁《"夏商周断代工程"争议难平》,源自国学网站"文史聚焦",www.guoxue.com。
④ 有关"革命"一词的历史变迁,可参阅陈建华《"革命"的现代性——中国革命话语考论》第5—19页,上海古籍出版社,2000年。

但是,由于是以暴力手段推翻前朝君王,后代坚守正统意识的政治家与思想家,也或多或少地将它们与所谓乱臣贼子的作为相联系,而对历史著述中正面宣传殷革夏命、武王伐纣,表现出深切的担忧与恐惧①。

  周武王崩,武庚与管叔、蔡叔作乱,成王命周公诛之,而立微子于宋,以续殷后焉。

[讲解] 商王朝灭亡了,商人却未被族灭。武王克商后"封子武庚禄父,以续殷祀,令修行盘庚之政",这武庚禄父就是纣王的儿子,被封为殷的"余民",同时被要求在殷的原地复行盘庚时代的政治措施。何以作为殷代血统的后继者,在原本的领地上执政,所标示典范的不是殷商开国之君成汤,而是稍后的盘庚呢?学者据《吕氏春秋·慎大》篇,周武王派弟弟周公旦在战后访问殷商遗老,征询他们的建议,得到的答复,是希望重现盘庚之政,所以认为,武王特意要求武庚行盘庚之政,源出于此。

  武王对于武庚并不放心,所以克商之初,就安排了两个弟弟管叔鲜、蔡叔度"辅佐"武庚治理殷地事务。但周武王去世后,趁着继位的成王姬诵年幼,武庚还是闹事了。他看准了同为武王的弟弟,管叔、蔡叔对此时因成王年幼而摄政当国的周公实有不满,联合两家反叛周朝。结果是周公动用成王的号令,毫不犹豫地杀了武庚和管叔,流放了蔡叔。同时另选微子启代替武庚做殷的后嗣,封国也迁到了宋。有关的情形,《史记·周本纪》记载颇详,可参阅。《诗经》有《商颂》,所咏皆商代史事,而出自春秋时期的宋国,就是因为殷商的后代封地在宋的缘故②。

---

① 明人方孝孺甚至认为武王伐纣过程中的"斩其首,悬之于太白之旗"等细节都是司马迁谬采战国"妄言",因此惊呼:"苟信迁之言,是使后世强臣凌上者菹醢其君,而援武王为藉口,其祸君臣之大义,不亦甚哉!"见《逊志斋集》卷四"武王诛纣",《四部丛刊》本。
② 周灭商后何以称商为宋,王国维认为当与宋、商音近有关;而当代研究者以为当与商附近一名为"桑"的地方有关,该地在商代是商王田猎区,也是举行仪式的场所,而"宋"、"桑"古音相同。参见张光直《商城与商王朝的起源及其早期文化》的相关述论,见所著《中国青铜时代》第128—129页,北京三联书店,1999年。

太史公曰：余以《颂》次契之事，自成汤以来，采于《书》、《诗》。契为子姓，其后分封，以国为姓，有殷氏、来氏、宋氏、空桐氏、稚氏、北殷氏、目夷氏。孔子曰，殷路车为善，而色尚白。

[讲解]《史记》中的"太史公曰"，大都为司马迁编次旧籍、撰述见闻后所写的关于当下这一篇的内容简括，以及个人对相关史事的看法。《殷本纪》的"太史公曰"，交待史料出处，简述殷人后来分姓大概，殿以前贤语录，似乎无一字道自家见解。然而细绎末一句"孔子曰"，其间实仍有待发之覆。

按所谓"殷路车为善，而色尚白"，似非孔子原话。"殷人尚白"语出《礼记》。"路车"的说法，应该和《论语·卫灵公》所载孔子答颜渊问"为邦"的话"行夏之时，乘殷之辂，服周之冕"有关。"为邦"就是治理国家的原则。而其中"乘殷之辂"的"辂"，二十世纪七十年代河北定州发现的汉简《论语》，即作"路"①，"路车"是人君之车、大车的意思。商代的大车是何模样，今已不可详知；但近年在著名的偃师商城遗址，发现其北城墙内侧的商代早期路土上，尚留有双轮车的车辙痕迹②，据考证，可能是一种形体较小的人力挽车留下的③，据此可以想象车辆在商代的应用，确乎十分广泛。从《论语》登载的孔子的话看，夫子的理想是用夏代的历法，坐商代的车辆，戴周朝的帽子。这自然是主要从礼制角度而言的。但三者之中，车辆乃交通工具，与夫子周游列国的效率曾直接相关，则"乘殷之辂"的理想底下，尚有实际的感慨，亦未可知。而对于一个时代交通工具的赞赏，背后的含义，从来就是指称先进、速度与超越。从这个角度说，司马迁的引述孔子言，或许也有一点对殷商这个虽最终不免灭亡、却曾经颇富生气的王朝加以礼赞的意味吧。

---

① 见河北省文物研究所定州汉墓竹简整理小组编《论语》第71页，文物出版社，1997年。
② 中国社科院考古所河南第二工作队《河南偃师商城东北隅发掘简报》，《考古》1998年第6期。
③ 冯好《关于商代车制的几个问题》，《考古与文物》2003年第5期。

第二讲

六国年表（节选）

"《史记》一书,功在十表。"这是南宋文献学家郑樵对包括《六国年表》在内的《史记》诸表的崇高赞誉①。这一赞誉的根源,在于司马迁以眉目清晰的表格形式,将《史记》所涉及的几乎全部历史时间中出现的重要人物,与所发生的重要事件,都简要系统地反映在了纵横相关的文字之中。

《史记》十表,大致可以依照原书排列之次,分为两大部、三大类:第一部分是汉代建立以前漫长的中国史的简述,以《三代世表》、《十二诸侯年表》、《六国年表》和《秦楚之际月表》四表统括。其中表的类别,由粗阔的世代表,进而为比较精致的年岁表,最后是颇为严密的月份表,三类相联,时间跨度愈短,则谱叙愈详。第二部分是汉代立国之后的贵族政治史的综览,包括《汉兴以来诸侯王年表》等六表。所谱皆诸侯王与将相功臣的出处大概,方式均为年表,而各表断限明晰,其中不时还隐含寓意,故颇引人入胜。

按司马迁制表的形式来源,东汉桓谭在所著《新论》里有"太史《三代世表》,旁行邪上,并效周谱"的说法②。"周谱"当指周代的谱牒,现已无从看到。依据传世文献和出土文物,研究者认为,汉人所谓的谱,其实是历法与谱牒结合的"历谱",这种历谱也就是《史记》十表类的东西③。历法关乎天文,谱牒谱系人事,二者原不相关。故司马迁在《十二诸侯年表》的"太史公曰"里,有"历人取其年月,数家隆其神运,谱牒独记世谥,其辞略,欲一观诸要难"的感叹。不过太史令的职掌范围,正好是上及天官,下兼历史。所以比较合乎逻辑的推论就是,以表格的形式,按年月国别纵横谱系历史事件,如《史记》十表,当是司马迁综合"历""谱"而创制的一项成果。表格在现代经济及日常生活领域内应用频繁,即使是中国人,大概也很少会想到它的本源之一,其实是一种纯粹传统的历史文献体式。但文本形式的这种古今一

---

① 见郑樵《通志》"总叙",浙江古籍出版社1988年影印本。
② 见《梁书》卷五十"列传第四十四·文学下"刘杳传引,中华书局1973年标点本。
③ 参见李零《与邓文宽先生讨论"历谱"书》,收入所著《简帛古书与学术源流》,北京三联书店,2004年。

脉相承的事实本身,已经显现了历史的无穷魅力。

《六国年表》在《史记》十表中位列第三。该表虽以"六国"题名,实际谱系的,是秦、魏、韩、赵、楚、燕、齐这"战国七雄"的史迹;七雄之中,又尤详秦国。之所以如此,一是由于到司马迁的时代,六国史书已几乎被秦烧光,只有《秦记》保存尚完,故制表有所详略,实出于不得已;二是因为在司马迁看来,一部战国史,某种程度上其实可以说是秦的发迹史,则详表秦国史事,便于厘清线索,纲举目张。

太史公读《秦记》,至犬戎败幽王,周东徙洛邑,秦襄公始封为诸侯,作西畤用事上帝,僭端见矣。《礼》曰:"天子祭天地,诸侯祭其域内名山大川。"今秦杂戎翟之俗,先暴戾,后仁义,位在藩臣而胪于郊祀,君子惧焉。及文公踰陇,攘夷狄,尊陈宝,营岐雍之间,而穆公修政,东竟至河,则与齐桓、晋文中国侯伯侔矣。是后陪臣执政,大夫世禄,六卿擅晋权,征伐会盟,威重于诸侯。及田常杀简公而相齐国,诸侯晏然弗讨,海内争于战功矣。三国终之卒分晋,田和亦灭齐而有之,六国之盛自此始。务在强兵并敌,谋诈用而从衡短长之说起。矫称蜂出,誓盟不信,虽置质剖符犹不能约束也。秦始小国僻远,诸夏宾之,比于戎翟,至献公之后常雄诸侯。论秦之德义,不如鲁卫之暴戾者;量秦之兵,不如三晋之强也。然卒并天下,非必险固便形埶利也,盖若天所助焉。

[讲解] 司马迁写文章,常常会有意营造一种紧张的气氛。纪人事的传,自然如此;给《六国年表》写序,也是如此。

这紧张的气氛,在序的开头即已呈现:"太史公读《秦记》,至犬戎败幽王,周东徙洛邑,秦襄公始封为诸侯,作西畤用事上帝,僭端见矣。"一句"僭端见矣"的惊呼,让人不得不跟随这位精研天文人事的史家,跨越千年,去一探秦国初起时礼制僭越周王的虚实。

按太史公由《秦记》读到的那些两周之交的秦国史事,在《史记》的《秦本纪》里有颇为详细的叙写。

那是秦襄公七年(前771),西周幽王因为被一位美女褒氏弄得神魂颠倒,执意用褒氏所生儿子代替原来的太子,还多次欺骗诸侯,结果众叛亲离,被废太子母家的申侯联合西方外族犬戎,杀死在了郦山脚下。幽王的废太子在事变之后登上王位,是为周平王。但是被招来对付周幽王的犬戎部队,此时顺势大闹周朝,最终闹得平王只能放弃原来位于岐山附近的首都,而向东迁都洛邑(即今天的洛阳)。定都洛邑后的周王朝,史称东周。

周室东迁,秦襄公特意派兵护送平王,令平王对本来也是戎翟一支的秦刮目相看,因封秦襄公为诸侯,并许诺,如果秦能帮助周王室从犬戎手里夺回岐、丰之地,那么周就把那地方赐给秦。秦由此立国,开始与东方各诸侯国建立外交关系,并用骝驹("骝"音 liú,一种身子红毛尾黑的马)、黄牛、羝羊(即公羊)各三头,在西畤地方祭祀上天。这最后一条,就是令司马迁发出"僭越的端倪显现出来了"那样的惊呼的直接缘由。因为按照《礼记·曲礼》,只有天子才可以祭天地、四方与山川,诸侯是只能祭山川,而不可以祭天地的。现在秦国的地位不过是"藩臣"即守卫周王室的臣下,却竟敢"胪于郊祀",也就是在只有天子才有资格举行的郊外祭祀天地仪式上胪陈祭品,那样的出轨举动,在司马迁看来,一定是让当时的正人君子们深感恐惧的。

但是现代学者认为,司马迁对秦襄公受封诸侯后"作西畤用事上帝"的诠解,可能是一种误读。理由是此时的秦刚刚受封,不可能存有篡除周室的妄想;而他们的祭上帝,也和后来汉代流行的天子南郊祭天性质不同,而不过是依照本土风俗祭祀罢了。至于司马迁何以会由此很快联想到僭越,那恐怕是因为汉武帝好封禅,而方士儒生的附会之说在西汉又比较流行所致①。

不过不管司马迁是否误读了有关的文献,这以下他所说的襄公以后的文公、穆公时期,秦国逐渐强大,其实力发展到可与齐桓公、晋文公执政的那两个春秋大国相较量,是无可怀疑的史实。

这其中"文公逾陇,攘夷狄,尊陈宝,营岐雍之间"一句,说的是秦文公出

---

① 参见日本泷川资言《史记会注考证》卷十五《六国年表》序的考证,上海古籍出版社影印本,1986年。

兵讨伐西戎,夺回岐山一带,自己收编当地周遗民,而将岐以东地方献给东周王室的故事。据说文公驱逐西戎后的第三年,得到了一样好像是石头的宝贝,便在陈仓北坂把它供了起来。结果有一夜飞来了一只雄鸡,对着那宝贝叫唤个不停,想来它应该就是宝贝的神灵了,所以用了一牢也就是一头牺牲祭祀,并把这宝贝叫做"陈宝"——一种未经证实的说法称,今天陕西宝鸡地名的由来,即与此有关。

最让司马迁感叹的,应当是再后来战国时期"六国之盛"局面的出现,竟是以诸侯实际力量逐渐超过周王室,既定的政治游戏规则被彻底打破为代价的。

司马迁重绘了公元前五世纪前后诸侯开始真正僭越周室的那幅权欲肆虐的图景。所谓"陪臣执政",是说原本是辅佐君王的臣下,这时却越俎代庖。所谓"大夫世禄",是说原本没有资格享受世代俸禄的大姓官僚"大夫",此时却一劳永逸。而所谓"六卿擅晋权",则是指春秋末晋国的韩、赵、魏、范、智、中行氏这六大家贵族,实际控制了晋国的政权。此后的"田常杀简公而相齐国",乃指齐国大姓田氏中的田常(亦名田成子),在做齐简公的左相时,与右相监止发生严重的冲突,以至于大开杀戒,连偏向监止的齐简公也一块儿灭了一事;而"田和亦灭齐而有之",则指田常的曾孙田和,因吕氏齐国的末代君主齐康公死而无后,趁机绝吕氏之祀,彻底拥有齐国地盘,自立为齐威王一事。上述二事均详载于《史记》的《田敬仲完世家》。至于"三国终之卒分晋",便是《晋世家》所记、我们也熟知的魏武侯、韩哀侯、赵敬侯三家灭晋而瓜分其地的历史事件了。山东六国与西部秦国比肩抗争的"战国七雄"之势,就此雏形初具。

那真是一个既有的道德意识分崩离析的时代。一切都以军事实力的强弱为准则,多的是权谋,少的是信用,即使"置质剖符",也不再能约束谁了。按以人质做抵押,即所谓"置质";而将竹子一剖为二,双方各持一半为符信,是为"剖符"。

但就是在这样混乱的时代里,秦国脱颖而出,最后兼并诸侯,一统天下。司马迁觉得难以解释这种超常规的政治成就,所以只能以一句"盖若天所助焉"了事。看起来也确实好像是老天帮的忙。因为如果按照中国传统观念,

"论秦之德义,不如鲁卫之暴戾者"。此语逻辑上之所以能成立,乃因鲁国和卫国同是春秋时著名的礼仪之邦,而秦则是"诸夏宾之"也就是当时华夏诸侯都加以摈斥的戎狄之国。("宾"在此通"摈"。)诚然,说鲁、卫两国的暴君,都比秦国讲仁义道德的君主更好,无疑是一种极端情绪化的比拟。但像司马迁这般对秦国不抱有偏见的史家(详下文),也用如此情绪化的比拟,则这一比拟的指向,显然主要不在痛斥秦的暴虐,而在隐喻其成功的极度不可思议。

或曰"东方物所始生,西方物之成孰"。夫作事者必于东南,收功实者常于西北。故禹兴于西羌,汤起于亳,周之王也以丰镐伐殷,秦之帝用雍州兴,汉之兴自蜀汉。

[讲解] 司马迁终究是汉朝人,汉朝人尤其是汉朝儒生喜欢的那套阴阳五行把戏,在万不得已时,也会出现在《史记》对中国历史的宏观阐释中。这一节承上一段的秦"卒并天下""盖若天所助焉"而来,而解释的理据,是颇为神秘的"东方物所始生,西方物之成孰"说。"成孰"的"孰",通"熟"。东方、西方忽然怪异地和生啊熟啊什么的挂上钩,是因为在阴阳五行系统中,东南西北四个方位,依次与春夏秋冬四季相匹配;春天是播种的季节,秋天乃收获的时令,所以相应地,东方便成了万物开始生长的地方,西方则是万物最终成熟的处所。

这种纠缠了自然环境、气候变迁与岁时日历,形式对称完美的学说,被应用到人类历史的阐释中,则东方和西方——按司马迁的说法,精确的指称应该是东南和西北——便分别成为王朝兴替的近乎宿命的成败关键之地。

已有的研究表明,司马迁接下来所举的几个"收功实者常于西北"的例子中,不乏道听途说与误读文献处。所谓大禹"兴于西羌",据《史记集解》引晋人皇甫谧说,孟子曾谓大禹生于石纽,是西夷之人;但是这一说法并不见于今本《孟子》。所谓"汤起于亳",即《史记·殷本纪》所说的商代自契至成汤八迁,始得定居于亳。这个亳都,按照我们在上一讲中征引的有关考述,不论是北亳还是西亳,都在鲁豫一带,而不在西北。关中另有一地叫亳亭①,司马迁显然是为了将"汤起于亳"纳入他"收功实者常于西北"的理论框架内,所以也就只好让殷商的先辈,改到关陇的亳亭去发迹了。不过如果我们注意到这一段的最后一句,是"汉之兴自蜀汉",则司马迁如此费心而转弯抹角地为秦的成功涂一层宿命的色彩,其实不过是想借此表达,他身处的汉王朝立国具有无可辩驳的正统性,亦未可知②。

秦既得意,烧天下《诗》、《书》,诸侯史记尤甚,为其有所刺讥也。《诗》、《书》所以复见者,多藏人家,而史记独藏周室,以故灭。惜哉,惜哉!独有《秦记》,又不载日月,其文略不具。然战国之权变亦有可颇采者,何必上古。秦取天下多暴,然世异变,成功大。传曰"法后王",何也?以其近己而俗变相类,议卑而易行也。学者牵于所闻,见秦在帝位日浅,不察其终始,因举而笑之,不敢道,此与以耳食无异。悲夫!

[讲解] 但令司马迁真正着迷的,还是以秦为中心的战国纷争史。他对于秦"既得意"也就是实现了自我的理想之后,焚烧《诗》、《书》典籍与六国史记,是感到深重的惋惜的,但也似乎并未因此对秦恨入骨髓。一个明显的例子,是《六国年表》的秦始皇三十四年一栏里,对那场于中国文化有深远影响的焚书浩劫,只字未提。而在年表序的这一部分,他给秦所作概括结论,是"秦取天下多暴,然世异变,成功大"。按所谓"世异变",据《史记索隐》的解释,是指统治者能随时代的变化而改变其政策。则司马迁在此不同寻常地肯定秦国以暴力手段一统天下的合理性,显然是把秦放在更广阔的历史视野中来考量的。

与这一更广阔的历史视野相联系的,还有"法后王"的理论。"法后王"的字面意思,是效法后来的君王。这一说法的源头,在《荀子·非相》:"欲观

---

① 《史记·六国年表》"汤起于亳"句下,《集解》引徐广云:"京兆杜县有亳亭。"
② 清人方东树已有类似的看法,见《史记会注考证》卷十五引。

圣王之迹,则于其粲然者,后王是也。"对于一向具有尊崇先王意识的中国人来说,这样的逻辑似乎有点背离常规。但在先王已逝的现实世界里,以业绩"粲然"的后王,来逆推曾经辉煌的先王的行事方式,不失为一种既尊重历史又具有较强操作性的政治新理念。司马迁所谓"以其近己而俗变相类,议卑而易行",正是此意。"议卑"也就是议论卑下,这一带有轻微自贬的说法,实际贬斥的,正是那些动辄以"上古"为理据的迂阔之论。

"可悲啊!"这一段最后的一句感叹,让我们再度领略了司马迁作文擅长营造气氛的特色。这感叹的缘由,出自他眼见同时代学者"耳食"秦史,或武断地嘲笑秦的短命,或不敢如他一般直白地赞赏秦的成功。"耳食"一词,本义说的是对待食物既不用口舌品尝,也不用眼睛看,而只用耳朵听别人说;这里借指学者们毫无主见。至此我们恍然大悟,原来司马迁在序文的开始部分,用"僭端见矣"之类的传统话语,絮絮叨叨地数落了那么多衰世乱相,实际是在为这一段"秦取天下多暴,然世异变,成功大"的颠覆性话语张本。当他用这种看似自相矛盾的语文结构,与自我颠覆的意图表述,概说战国纷争的复杂纠葛,与他超越时辈的特出见解时,他既完成了一个史学家冷峻观照长时段历史、不蹈虚空的应尽职责,也展示了一个作家处理颇为理性的序文时所迸发的天才式机智。

余于是因《秦记》,踵《春秋》之后,起周元王,表六国时事,讫二世,凡二百七十年,著诸所闻兴坏之端。后有君子,以览观焉。

[讲解] 这是有关年表正文的一个技术性解说,说明《六国年表》的起讫时段。按《春秋》实际写到周元王八年(公元前469年),而本年表始于周元王元年(公元前476年),故二者名义上前后相续,实际稍有重叠。年表的下限,则在秦二世三年(公元前207年)。这样算下来,年表总共谱叙的,是二百七十年的史事,在时间上包括了战国时期和秦国二者的全部——事实上今天通行的战国时期的起始年份,就是依据《六国年表》作出的。

由于篇幅所限,我们以下将要精读的,是《六国年表》的节选。节选的部分,以秦国纪年论,是秦始皇元年至秦二世三年,总共四十年的七国史事。这四十年以公元计,相当于公元前246年至公元前207年这一历史时段。至于精读的方式,则是将所选的这四十年,再分为四个部分,逐一研讨。

为了便于阅读与查检,我们在年表每一横栏的左侧,加注了公元纪年;在每一部分的上方,加注了每一纵列的国家的简称。为了与年表本身所有的文字相区别,这些附加的文字与数字,全部位于表格的框外。

	秦	魏	韩	赵	楚	燕	齐
公元前246	始皇帝元年 击取晋阳,作郑国渠。	三十一	二十七	二十 秦拔我晋阳。	十七	九	十九
公元前245	二	三十二	二十八	二十一	十八	十	二十
公元前244	三 蒙骜击韩,取十三城。王齮死。	三十三	二十九 秦拔我十三城。	赵悼襄王偃元年	十九	十一	二十一
公元前243	四 七月,蝗蔽天下。百姓纳粟千石,拜爵一级。	三十四 信陵君死。	三十	二 太子从质秦归。	二十	十二 赵拔我武遂、方城。	二十二
公元前242	五 蒙骜取魏酸枣二十城。初置东郡。	魏景湣王元年 秦拔我二十城。	三十一	三 赵相、魏相会(鲁)柯,盟。	二十一	十三 剧辛死于赵。	二十三
公元前241	六 五国共击秦。	二 秦拔我朝歌。卫从濮阳徙野王。	三十二	四	二十二 王东徙寿春,命曰郢。	十四	二十四

[讲解] 我们首先讨论的,是《六国年表》里从公元前246年到公元前241年的一段。这在秦国,是嬴政即位后的最初六年。

这六年从纵向的记载看,山东六国乏善可陈;只有秦国,步步进逼邻国韩、魏、赵,终于引发了"五国共击秦"的严峻事件。但以横向的记录论,则诸国间你来我往,故事颇多,且色彩斑斓。

首先看看公元前243年的景象。这年秦国有点倒霉,碰上了蝗虫遮天蔽日的天灾。结果政府只好卖官鬻爵,基本价格是捐粟一千石,就给一级爵位。这也可以说是中国历史上最早的捐官制度了[①]。魏国也不太顺,战国四公子之一的信陵君无忌,在这年去世了。燕国则最不幸,失去了武遂、方城二地。算下来,只有赵国最神气,一面是在秦国当人质的太子终于回到祖国,另一面是出击燕国,夺取两城,而所得的,就是上述的武遂、方城。

再看公元前241年的纪事。年表的这一年,仅秦、魏、楚三国录有史实。秦国一格里记的,是"五国共击秦";魏国一格上载的,是"秦拔我朝歌",另附"卫从濮阳徙野王"一事;而楚国一格中写的,则是"王东徙寿春,命曰郢"。三者似毫无联系。但是如果我们向上参看诸国前此数年的年表,再检阅《史记》的其他相关篇章,可以发现这三国的该年纪事,其实密切关联,互为因果,并直接影响了以后的六国历史进程。

所谓"五国共击秦",据《秦始皇本纪》,指的是这年韩、魏、赵、卫、楚五国联合兵力,共同进攻秦国,占领秦寿陵的行动。又据《春申君列传》,此番行动,即战国诸侯为对付日益强大的秦国而采取的"合纵"之举;"合纵"名义上的"纵长",是楚国的考烈王,实际的主帅,则是楚相兼战国四公子之一的春申君黄歇。

韩、魏、赵三国之所以会参加此次攻秦行动,是因为它们前此都有被秦侵占国土的屈辱记录。远的不说,单看《六国年表》上引的部分:韩桓惠王二十九年,"秦拔我十三城"(前244年);魏景湣王元年,"秦拔我二十城"(前242年);赵孝成王二十年,"秦拔我晋阳"(前246年)。至于卫国,其时乃魏国的附庸。只有楚国,以力量强盛而被推为"纵长"之国,其参战的目的,是欲与秦国一争霸主的地位。

但是很遗憾,这次"五国共击秦"的行动,很快就以失败而告终。失败的直接后果,就是《六国年表》的公元前241年栏里,写在魏国和楚国格子中的

---

① 捐官制度亦称捐纳制度,至清代尚存。有关详情,可参见许大龄《清代捐纳制度》,收入所著《明清史论集》,北京大学出版社,2000年。

那两件看似毫无联系的史事：一是卫国从濮阳迁居到了野王；一是楚考烈王迁都寿春，并定名新首都叫郢。卫人之所以迁居，据《秦始皇本纪》，是因为以濮阳为都的卫国，在参与五国攻秦后，被秦反攻而破了国。楚国的首都，据《春申君列传》，前此是在陈；其之所以迁都寿春，据《楚世家》，也是由于本年"与诸侯共伐秦，不利而去"。

	秦	魏	韩	赵	楚	燕	齐
公元前240	七 彗星见北方西方。夏太后薨。蒙骜死。	三 秦拔我汲。	三十三	五	二十三	十五	二十五
公元前239	八 嫪毐封长信侯。	四	三十四	六	二十四	十六	二十六
公元前238	九 彗星见，竟天。嫪毐为乱，迁其舍人于蜀。彗星复见。	五 秦拔我垣、蒲阳、衍。	韩王安元年	七	二十五 李园杀春申君。	十七	二十七
公元前237	十 相国吕不韦免。齐、赵来，置酒。太后入咸阳。大索。	六	二	八 入秦，置酒。	楚幽王悼元年	十八	二十八 入秦，置酒。
公元前236	十一 吕不韦之河南。王翦击邺、阏与，取九城。	七	三	九 秦拔我阏与、邺，取九城。	二	十九	二十九

	秦	魏	韩	赵	楚	燕	齐
公元前235	十二 发四郡兵助魏击楚。吕不韦卒。复嫪毐舍人迁蜀者。	八 秦助我击楚。	四	赵王迁元年	三 秦、魏击我。	二十	三十
公元前234	十三 桓齮击平阳,杀赵扈辄,斩首十万,因东击。赵王之河南。彗星见。	九	五	二 秦拔我平阳,败扈辄,斩首十万。	四	二十一	三十一
公元前233	十四 桓齮定平阳、武城、宜安。韩使非来,我杀非。韩王请为臣。	十	六	三 秦拔我宜安。	五	二十二	三十二
公元前232	十五 兴军至邺。军至太原。取狼孟。	十一	七	四 秦拔我狼孟、鄱吾,军邺。	六	二十三 太子丹质于秦,亡来归。	三十三
公元前231	十六 置丽邑。发卒受韩南阳。	十二 献城秦。	八 秦来受地。	五 地大动。	七	二十四	三十四

[讲解] 五国共击秦的行动,不仅没有遏制住秦的向东扩张,反而使山东六国,陷入了难以扭转的深重危机中。在《六国年表》紧随其后的十年里,我们看到的,是一幅秦国乱、六国衰的绝望图景。

秦国之乱,表面上是由长信侯嫪毐而起。嫪毐名字奇怪(音 làoǎi),人也怪异。年表记与其直接相关的事迹,仅有秦始皇八年的封长信侯、九年的作乱及其下属被迁往蜀地,和十二年给予他迁往蜀地的下属以"复"(也就是免除徭役)的待遇,这几件事情。至于因何作乱,语焉未详。但在《秦始皇本纪》和《吕不韦列传》里,则有此人来历与作乱经过的详细记录。

说来话长。原来这嫪毐是秦始皇生母的姘夫,他之所以能与太后勾搭上,则全靠了相国吕不韦。吕不韦就是给秦始皇他爸子楚介绍了邯郸美女那个阳翟大商人。据说邯郸美女本是吕不韦的女人,怀了孕,却被子楚看上,便成了子楚夫人,生下的儿子,就是后来成为秦始皇的嬴政。嬴政即位,提拔吕不韦做了相国,尊称其为"仲父",这按今天的称呼,就是"吕伯伯"。不想这位吕伯伯和太后旧情复发,搞到后来连他自己都害怕,便只好找来个大阴人拔了胡须冒充宦官,送给淫荡的太后做自己的替身,这便是嫪毐。

这嫪毐也实在张狂得可以。得太后宠信,家僮数千;和太后私通,竟连着生了两个儿子。结果被人告发,不仅自己遭到了夷灭三族的最严厉的惩处,两个私生子被杀,连带着让吕不韦也丢了相国的官位;最后连太后也被撵出皇宫,而迁居到了一个叫雍的地方。《六国年表》在嫪毐为乱的次年记"相国吕不韦免",即以此;同一年又记"太后入咸阳",则是指秦始皇听从齐人茅焦的劝谏,迎太后回宫,以显示其终究看重母子亲情的超凡气度。

对于秦国的这一场宫闱之乱,司马迁这位颇带有些情绪色彩的历史学家,自然是要表达自己的看法的。但是年表的体式,不允许他对所记史事发任何的感慨。所以他采用了另一种更为隐晦的方式,来显现自己的意图。

我们注意到在上述年表的秦国一列里,四次提到了彗星出现的天象,都集中在嫪毐作乱的前后:在嫪毐封长信侯的前一年,有"彗星见北方西方";嫪毐作乱的当年,彗星两次出现,并有"竟天"也就是彗星的尾巴以超长的尺度滑过整个天空的特异景象;之后到"复嫪毐舍人迁蜀者"的次年,彗星又出现了。彗星在中国民间话语系统中又叫扫帚星,其出现常常被视为是灾难的先兆。司马迁在这里多次表记"彗星见",恐怕并不是简单地实录当时的天象,而更多地是借此来暗示秦国内乱的无可避免。事实上《六国年表》也确乎经常以这种有选择的天象记录,来喻示那些发生在各国的悲欢离合故事背后的天人感应。

相比于秦国之乱的较有连续性的谱叙,年表这一部分里有关六国衰败的记录,显得七零八落,头绪纷繁。大致说来,不是被秦"拔"了某地,就是自己给秦"献"去某城。不过其间有一年的史事,涉及三个国家的外交事务,而后续的故事,也明记在表中,不妨提出来一说。

这一年就是秦免除吕不韦相国官位的公元前237年。年表的赵国和齐国一格里,都有"入秦,置酒"四字;秦国一格中,也有相应的记载。按《史记·田敬仲完世家》载该年"王(按:指齐王建)入朝秦,秦王正置酒咸阳",据此,年表所谓"置酒",当指秦置办酒席招待赵、齐两国元首。有意思的是,从《六国年表》看,齐王建赴秦朝拜,喝了秦始皇的一顿酒,回来后还算过了几年太平日子;赵悼襄王偃与齐王一同赴秦,秦国却在请赵王喝酒的次年(前236年),便毫不留情地攻占了赵国的阏与和邺,并且连下九城!年表于此略无评点,但其依照时地经纬,纵横谱写这些史事,就足以显现齐、赵国力之强弱,并见赵国"媚人之无益也"①。

《六国年表》这一部分所载秦与六国的重要史事中,因文辞过于简略而需要略加解说的,还有楚考烈王二十五年(前238年)的"李园杀春申君",和秦始皇十六年(前231年)的"置丽邑"。

按如上节所述,楚相春申君曾实际负责五国共击秦的行动。又据《春申君列传》,该行动失败后,楚国不得已迁都寿春,考烈王以此对春申君颇有意见。国事不成,且理家事。春申君可能是为了补救过失,这时开始为一直生不出儿子的考烈王张罗起妃子的事情来。这就碰上了后来置他于死地的李园。

李园是赵国人,有个妹妹长得大约还有几分姿色,便计划献给楚考烈王。因为听说考烈王是生不出儿子的,还在犹豫,这李妹妹就被春申君看中了,收入房中,有了身孕。李园出了个主意,让李妹妹劝说春申君割爱,趁外人尚不知其怀孕时,把李氏进献给楚王。春申君照办了,考烈王果然有了儿子。这儿子被立为太子,李妹妹自然成了王后,李园因此也大富大贵。但春申君的末日,也就到了。

因为害怕春申君会泄漏天机,当考烈王刚刚病故,李园就抢先进入宫廷,在棘门内埋伏了刺客。春申君一进棘门,就被残忍地斩下头颅,扔到了门外。春申君的全家骨肉,也都因此被族火——唯一留下的,就是他和那位

---

① 清汪越撰、徐克范补《读史记十表》卷三,收入《史记汉书诸表订补十种》,中华书局,1982年。

李妹妹的结晶、号称考烈王之子的太子悼,这时已经荣登王位,成为楚幽王了。

又所谓"置丽邑",指秦始皇因建造自己的郦山陵园,而专门在当地设置一个行政单位。(秦时的"丽"字,与后来"郦"通用。)郦山位于今天的陕西临潼东部的晏寨乡,在它东边的西杨村,二十世纪七十年代发现了震惊世界的秦始皇陵兵马俑陪葬坑;丽邑则据考在秦始皇陵以北约四公里的刘家寨一带,其地曾发现了三处大型的秦汉建筑遗址,所出土秦代文物上的陶文,据说与始皇陵出土的极为相似①。

按中国古代帝王通行在生前为自己修建陵墓。秦始皇"穿治郦山"的工程,据《史记·秦始皇本纪》,在其即位之初就已开始。本纪同时载丽邑于秦始皇十六年设立后,到三十五年又进行了大规模的移民。始皇帝好排场,不迁则已,一迁就是"三万家"。

	秦	魏	韩	赵	楚	燕	齐
公元前230	十七 内史(胜)[腾]击得韩王安,尽取其地,置颍川郡。华阳太后薨。	十三	九 秦虏王安,秦灭韩。	六	八	二十五	三十五
公元前229	十八	十四 卫君角元年。		七	九	二十六	三十六
公元前228	十九 王翦拔赵,虏王迁(之)邯郸。帝太后薨。	十五		八 秦王翦虏王迁邯郸。公子嘉自立为代王。	十 幽王卒,弟郝立,为哀王。三月,负刍杀哀王。	二十七	三十七

---

① 参见王学理《秦始皇陵研究》第2—5页,上海人民出版社,1994年。

	秦	魏	韩	赵	楚	燕	齐
公元前 227	二十 燕太子使荆轲刺王，觉之。王翦将击燕。	魏王假元年		代王嘉元年	楚王负刍元年 负刍，哀王庶兄。	二十八 太子丹使荆轲刺秦王，秦伐我。	三十八
公元前 226	二十一 王贲击楚。	二		二	二 秦大破我，取十城。	二十九 秦拔我蓟，得太子丹。王徙辽东。	三十九
公元前 225	二十二 王贲击魏，得其王假，尽取其地。	三 秦虏王假。		三	三	三十	四十
公元前 224	二十三 王翦、蒙武击破楚军，杀其将项燕。			四	四 秦破我将项燕。	三十一	四十一
公元前 223	二十四 王翦、蒙武破楚，虏其王负刍。			五	五 秦虏王负刍。秦灭楚。	三十二	四十二
公元前 222	二十五 王贲击燕，虏王喜。又击得代王嘉。五月，天下大酺。			六 秦将王贲虏王嘉，秦灭赵。		三十三 秦虏王喜，拔辽东，秦灭燕。	四十三
公元前 221	二十六 王贲击齐，虏王建。初并天下，立为皇帝。						四十四 秦虏王建。秦灭齐。

[讲解]《六国年表》的这一段，铺叙的是公元前230年至公元前221年

秦与六国的决战史。而表格显示的直观面貌,给予我们最深刻印象的,就是六国的历史,相继出现了永久的空白——

公元前230年,当秦始皇十七年,秦国俘虏了在位九年的韩王安,韩国灭亡。以下全部空白。

公元前225年,当秦始皇二十二年,秦国俘虏了即位仅三载的魏王假,魏国实际消亡。以下全部空白。

公元前223年,当秦始皇二十四年,秦国俘虏了做了五年楚王的负刍,楚国随之灭亡。以下空白。

公元前222年,当秦始皇二十五年。在赵国故地,是代王嘉六年;在燕国,是燕王喜三十三年。虽说两位君王享国时间短长不一,却同在此年被秦军俘虏,其国亦亡。以下空白。

这样,到了公元前221年即秦始皇二十六年的年表上,我们看到的情形,是六国中的魏、韩、赵、楚、燕五国,已经彻底地消失了;而仅存的齐国,表格里写的,也是:"秦虏王建。秦灭齐。"虽有文字,而实等于空白。

《六国年表》里这些没有任何文字的空白,或虽有文字而实等于空白的地方,就这样无情地展示着齐、楚、燕、赵、韩、魏、秦这"战国七雄",在公元前三世纪前期的十年间,互相厮杀,最终以秦的胜出而告终的残酷历史。

《六国年表》的这一段,还显示了年表整体上存在的一个容易被忽略的问题,即表中的纪事,与《史记》其他相应篇章所记,不无矛盾。

兹以公元前224、223年两栏为例。

在前224年一栏里,记的是秦始皇二十三年,"王翦、蒙武击破楚军,杀其将项燕。"同年即楚王负刍四年,"秦破我将项燕。"

在前223年一栏里,记的是秦始皇二十四年,"王翦、蒙武破楚,虏其王负刍。"同年即楚王负刍五年,"秦虏王负刍。秦灭楚。"

前后相继、相互照应的两栏四格,谱系秦灭楚的史实,本身没有问题。

按《史记·楚世家》的末尾,记载了秦将杀项燕、俘负刍、灭楚国诸事;《蒙恬列传》的开头,简述了蒙恬之父蒙武与王翦攻楚。二者所记的时间、内容,均与年表相同。《白起王翦列传》的王翦传部分,记王翦杀项燕,虽未标明年份,但云"岁余"而虏负刍、平荆地,则时间与年表也不相异。

但是在《秦始皇本纪》中,我们看到的,是对于这一事件的颇为不同的叙述:

> 二十三年,秦王复召王翦,彊起之,使将击荆。取陈以南至平舆,虏荆王。秦王游至郢陈。荆将项燕立昌平君为荆王,反于淮南。二十四年,王翦、蒙武攻荆,破荆军,昌平君死,项燕遂自杀。

这一段文字与《六国年表》所记比较,不同处有三:一是楚王——本纪改称"荆王",是因为秦庄襄王的名字是"子楚",秦人避讳,故称"楚"为"荆"——前后有两位,除了负刍,还有一位继负刍而立的昌平君,负刍被俘于秦始皇二十三年,昌平君则死于次年;二是王翦、蒙武合攻楚国与项燕之死,在二十四年,而非二十三年;三是项燕不是被杀,而是自杀的。

年表与本纪的这些不同,迄今仍无法判断是非。虽然从睡虎地出土的秦简《编年纪》里,我们找到了秦始皇二十三年的相关记载,写的是:"兴,攻荆。□□守阳□死。四月,昌文君死。"而据考昌文君与昌平君同时为秦臣①。但这一发现,并不足以旁证昌平君也死在秦始皇二十三年。而事实上,同一件史事,在《六国年表》和《史记》的其他篇章里被分别叙述时,其发生的时间、地点乃至细节颇有不同,这样的情形在《史记》中并不鲜见。对此比较合理的解释,是司马迁在编撰《史记》的年表时,采用的素材,与其撰写纪传时所采颇有不同;或许是因为他自己也无法分辨这些年代久远的史料何以如此文辞歧出,所以慎重起见,他索性把这些素材的原貌,都忠实地留存在了《史记》中。

公元前 220	二十七　更命河为"德水"。为金人十二。命民曰"黔首"。同天下书。分为三十六郡。
公元前 219	二十八　为阿房宫。之衡山。治驰道。帝之琅邪,道南郡入。为太极庙。赐户三十,爵一级。
公元前 218	二十九　郡县大索十日。帝之琅邪,道上党入。

---

① 《睡虎地秦墓竹简》第 7 页,并参见同书第 10 页注,文物出版社,1990 年。

公元前 217	三十	
公元前 216	三十一	更命腊曰"嘉平"。赐黔首里六石米二羊,以嘉平。大索二十日。
公元前 215	三十二	帝之碣石,道上郡入。
公元前 214	三十三	遣诸逋亡及贾人赘婿略取陆梁,为桂林、南海、象郡,以适戍。西北取戎为(四)〔三〕十四县。筑长城河上,蒙恬将三十万。
公元前 213	三十四	適治狱不直者筑长城。(及)〔取〕南方越地。覆狱故失。
公元前 212	三十五	为直道,道九原,通甘泉。
公元前 211	三十六	徙民于北河、榆中,耐徙三处,拜爵一级。石昼下东郡,有文言"地分"。
公元前 210	三十七	十月,帝之会稽、琅邪,还至沙丘崩。子胡亥立,为二世皇帝。杀蒙恬。道九原入。复行钱。
公元前 209	二世元年	十月戊寅,大赦罪人。十一月,为兔园。十二月,就阿房宫。其九月,郡县皆反。楚兵至戏,章邯击却之。出卫君角为庶人。
公元前 208	二	将军章邯、长史司马欣、都尉董翳追楚兵至河。诛丞相斯、去疾,将军冯劫。
公元前 207	三	赵高反,二世自杀,高立二世兄子婴。子婴立,刺杀高,夷三族。诸侯入秦,婴降,为项羽所杀。寻诛羽,天下属汉。

[讲解] 与上一个十年相衔接的《六国年表》的这最后一段,不再有分列的纵栏,而只有记载秦国史事的横格。其显示的,是中国历史上第一个统一的帝国,如何从巅峰走向毁灭的短暂而又富于戏剧性的经过。

在总共十四个横格中,在秦国历史上具有里程碑与转折点意义的,是秦始皇二十七、三十三、三十四、三十七年和秦二世三年,这五个横格的纪事。

秦始皇二十七年所载的"更命河为'德水'",也就是把黄河改名叫"德水"。何以要改黄河的名字,因年表体例所限,没有说明。但其缘由,见载于《史记·秦始皇本纪》中。据本纪,秦始皇也喜欢玩战国阴阳家闹腾的阴阳五行那一套,以为周朝是"火德",秦代周而立,水可以克火,所以是"水德",由此把一国之中最著名的河水也改称为"德水"。又因为据说水德属于北方,北方尚黑色,所以把老百姓也改称作"黔首","黔"就是黑。至于"为金人十二",即打造了十二个金属巨人,那是著名的销兵器政策的产物;"同天下书",则是影响深远的"书同文"政策,也就是全国范围内以秦通行的小篆为正字,淘汰六国文字;而分天下为三十六郡,便是众所周知的郡县制了。

上述措施,是秦国运用军事手段统一六国后,为确保帝国的长治久安,而制定的政治文化方面最主要的国策。值得注意的是,在《史记·秦始皇本纪》中,上述诸事都系于前一年也就是秦始皇二十六年。考虑到这般大规模的政治文化变革,其展开的过程必然相当繁复,则主要实施时间兼跨前后两年,也是情理中的事①。

　　在稍后的三十三年和三十四年里,年表都有"筑长城"的记载。按长城的修筑,本是战国时期诸国为抵御北方游牧部落的南下掠夺,而依自然地势建成的防御工事。秦统一六国后,将原本燕、赵两国修建的长城,与秦国本身的长城连接起来,由此形成了中国的原始长城。这条原始长城西起内蒙古狼山,沿阴山山脉向东,经西辽河岸抵吉林,而后向南一直延伸到朝鲜平壤附近,比今天我们熟悉的明长城更长,位置也更北②。修筑这条原始长城的,据年表称,有一类是被贬谪去的官吏(表文所谓的"適",通"谪"),而被贬的原因,是"治狱不直"即审理案件不公正。另外据清人梁玉绳《史记志疑》说,三十四年表文中的最后四个字"覆狱故失",恐怕是错简,原本应当跟在第一句"適治狱不直者"的后面(其实严格地说应当接在"不直"二字后)③,指的也是被贬谪去修长城的一批失职官吏,其罪名则是判错了罪。可见当日秦国施行法家严刑峻律的时候,不仅一般百姓如履薄冰,就是执行法律的官吏,也是动辄得咎。

　　与"筑长城"同时的三十三年,还记了"遣诸逋亡及贾人、赘婿略取陆梁,为桂林、南海、象郡,以適戍"一事。这里让人感到疑惑的,是何以秦国专门征发逃亡者、商人和赘婿这三类人去打仗戍边?

　　从现有的史料看,大约是由于秦国在各方面对底层百姓实施酷烈的政策,不堪应命的人只好选择逃亡。由于逃亡情况非常普遍,以至于一些算命书里,也与时俱进地增加了选择合适时日逃亡的离奇内容。如湖北云梦出土的秦简《日书》乙种的"亡者"条中,就写道:

---

① 清梁玉绳以《秦始皇本纪》系此系列事件在二十六年,即判定《六国年表》载于二十七年为误,似过于武断。梁说见所著《史记志疑》卷九"六国年表第三"。
② 此处有关秦长城的情况,是据陈正祥《长城和大运河》一文的有关段落叙述的,参见陈著《中国文化地理》第157—158页,三联书店,1983年。
③ 见《史记志疑》卷九"六国年表第三"。

> 正月七月,二月旬四日,三月二日,四月八日,……凡是往亡[必得],不得必死①。

所谓"往亡必得",就是在上述日子逃亡,一定可以成功;"不得必死",则是说万一没逃成,那就死定了。而由《六国年表》的记载看,逃亡不成,未必就被处死,统治者给予的惩处,还有更难受的远征他乡。

商人的被征召,看来与延续至汉代的对商人阶层的普遍轻视有关。值得注意的是,年表此处用了"贾人"一词。按秦汉之际对于商人经商方式的区分,仍是比较严格,"行商"与"坐贾",分别代表了两种不同的生活方式。据此秦代统治者对于有固定经商场地的商业从业人员,似乎更为敌视。

最难以理解的,恐怕是"赘婿"在秦代也会受到惩罚性的遣派。"赘婿"一词,以今天的理解而言,就是上门女婿。但据清代考据学家钱大昕的考证,"赘婿"的"赘",本指因家贫而典质给他人做奴婢的"赘子"。赘子既是典质给他人的,那么到了年限自然可以赎回。但秦代的情形,是"子壮出赘",又"赘而不赎",主人家就让自己的女儿与之成婚,所以赘婿在当时很被人轻视②。但秦人何以"子壮出赘"又"赘而不赎"呢?现有的史料证明,这可能与立户分田的现实目的有关。同样也是在云梦秦简中,有一篇魏户律,附在秦人所写《为吏之道》的后面,其中有魏安釐王二十五年所颁令,云:

> 自今以来,叚(假)门逆吕(旅),赘壻后父,勿令为户,勿鼠(予)田宇③。

按"叚(假)"字这里通"贾"。所谓"叚(假)门逆吕(旅)",是指商贾之家和流寓他乡的人;所谓"赘壻后父",则是指赘入妻家的女婿与继父。这虽是魏国旧律,但既然附在秦国小吏日常精读的政治理论读物后,必然尚有现实的效用。事实上即使撇开现实的经济因素而言,传统中国社会的普遍观念,对于

---

① 《睡虎地秦墓竹简》第244页,文物出版社,1990年。
② 详钱大昕《潜研堂文集》卷十二"答问九",《四部丛刊》本。
③ 《睡虎地秦墓竹简》第174页,文物出版社,1990年。

男子入赘女方家庭为婿,也是不无鄙视的。其原因,即在于中国是一个典型的农耕社会,而农耕社会的基本运作方式,就是靠男性的体力劳动供养家庭成员。赘婿作为男性家庭成员离开本生父母,转而成为妻家的一员,其行为客观上对于传统的既定生活方式是一种蔑视性的挑战,所以在现实中,他们便极易成为大众乃至政府的贬斥目标了。

接下来的秦始皇三十七年,是秦国历史中一个具有转折意义的年份。按照年表的记载,这年十月,秦始皇游会稽、琅邪,归途至一个名为沙丘的地方驾崩,他的儿子胡亥因此继位为二世皇帝。似乎一切都很自然。但随后的一句"杀蒙恬",却在不经意间,飘散出一丝皇位继承过程中曾经有过的血腥气味。

事实也确乎不同寻常。据《秦始皇本纪》,秦国王位的法定继承人,原本是秦始皇的长子扶苏。但因为扶苏对坑儒事件提了点不同看法,被撵去出使北方了,所以到三十七年秦始皇出游时,身边跟随的,只有小儿子胡亥,外加权臣赵高以及丞相李斯等人。当始皇中途病死后,赵高、李斯合谋政变,所以一边秘不发丧,一边另伪遗诏。结果把胡亥立为继位的太子,而将远在上郡的扶苏与大将蒙恬"赐死"——后者也就是年表中"杀蒙恬"一句的真实出处。

位于年表最末一行的秦二世三年,记载的是秦国的极度混乱与彻底失败:赵高反了,二世自杀了;赵高扶了二世的侄儿子婴当傀儡,结果子婴上了位,反过来又把赵高和他的三族都杀了;这以后楚霸王项羽杀了子婴,自己又自杀了。而就在这打打杀杀之中,天下一来二去地归了汉朝了。

也许细心的读者已经注意到,这最末一格所叙的史事,并非全都发生在秦二世三年这一年里。其中最后的"寻诛羽,天下属汉"一句,虽起首着一"寻"字,表示不久的意思,其实"天下属汉",要到五年以后方得实现。不过表格化了的历史,就是如此的简约质朴。只是透过这极端的简约质朴,我们却可以感受到一种具象化的纪传难以传达,只有出色的年表才能具备的宏大叙事之风。

第三讲 河渠书

《史记》共有"书"八篇，《河渠书》位列第七。

以"书"的体式，纪一事的制度及其变迁，前人或以为源于《礼经》①，或以为出自《尚书》②，而衡之实际，它恐怕应当是司马迁的创造。只不过"书"的名称，大概确实取自前此已经流传的典籍如《尚书》等，其意则专指有一定系统的叙录。

《河渠书》的取材，有部分来自今已不可见的夏商周三代文献。但由其中多纪汉事以及所记不乏生动深入处看，司马迁广泛利用了本朝档案，并吸收了同时代目击者的口述，是可以想见的。至他本人曾亲历抗洪第一线，因此对水利之事尤为关注，所以在《史记》里没有像后代正史那样谱叙相对客观的"地理志"，而特撰自然与人事相纠葛的"河渠书"，又可以说是造就本篇整体上兼有理智与情感双重意绪的内在缘由。

《河渠书》所载的史事，涉及江河水患与治渠漕运，有实际的应用价值，所以在汉代颇受重视。东汉时有一位名叫王景的治水名臣，因为修建一处名为浚仪的水渠有功，得到汉明帝的嘉奖，奖品之一就是当时还难得一见的《河渠书》③。

后来班固编撰《汉书》，取《河渠书》的文字而加以补充删订，更名为《沟洫志》，列为其书十篇"志"的第九篇④。性质与《河渠书》相同，而更改的名称其实并不贴切。自然，那是题外话了。

---

① 刘知幾《史通》卷三"书志"，浦起龙《史通通释》本，上海古籍出版社，1978年。
② 范文澜《文心雕龙注》第293页，人民文学出版社，1958年。
③ 见《后汉书》卷七十六《循吏列传》之王景传，中华书局1965年标点本。
④ 近人崔适以为《史记》八书"皆赝鼎"，其中《河渠书》乃"妄人录《汉书·沟洫志》"，见所著《史记探源》卷一"序证"之"补缺"条、卷四"八书"之"《河渠书》"条，中华书局1986年标点本。但如果我们考虑《汉书》的前身即班固之父班彪所撰《后传》，而《后传》又是当时数十家续撰《史记》中的一家，则班固既将《汉书》限为西汉一代的断代史，而颇取《史记》篇章文字入其书，原是顺理成章的事。崔适之说，显然不能成立。

《夏书》曰：禹抑洪水十三年，过家不入门。陆行载车，水行载舟，泥行蹈毳，山行即桥。以别九州，随山浚川，任土作贡。通九道，陂九泽，度九山。然河菑衍溢，害中国也尤甚。唯是为务。故道河自积石历龙门，南到华阴，东下砥柱，及孟津、雒汭，至于大邳。于是禹以为河所从来者高，水湍悍，难以行平地，数为败，乃厮二渠以引其河。北载之高地，过降水，至于大陆，播为九河，同为逆河，入于勃海。九川既疏，九泽既洒，诸夏艾安，功施于三代。

[讲解] 传统中国社会是个典型的治水社会，而但凡旧籍讲到治水，追根溯源，总会提到大禹。司马迁也不例外。

司马迁讲述大禹治水的故事，根据的是《夏书》。"夏书"的称呼，较常见的，是指《尚书》中的《禹贡》和《甘誓》两篇，因为它们所记皆为夏代的史事。但比较《河渠书》开头这一段和《尚书》中专讲治水的《禹贡》篇，二者文字相同处只占一小部分，则司马迁当年所据，或许还有别的我们今天已经看不到的夏代文献。

司马迁所引《夏书》，有"禹抑洪水十三年，过家不入门"之文，类似的说法又见于《孟子》，而细节有异。《孟子·滕文公上》里孟子给滕文公讲"禹疏九河"的故事，谓："当是时也，禹八年于外，三过其门而不入。"二者谁更接近事实，已无法详考。但《史记》所记大禹治水辛苦劳作的情状，显然比《孟子》详尽。所谓"陆行载车，水行载舟，泥行蹈毳，山行即桥"，四者之中，泥行所乘之"毳"，就是橇，是一种木制的平底载运工具，类似今人滑雪用的雪橇；而登山所用的"桥"，《史记·夏本纪》作"樏"，研究者认为就是屦，是一种制作特殊可以防滑的登山鞋。

以治水闻名的大禹，在史籍中是一位有弘阔眼界的政治领袖。传说上古时代中国的行政区划，有"九州"之制，该区划据说即出自大禹之手。按照《尚书·禹贡》的记载，九州分别是——

冀州：大致相当于今天晋陕间黄河以东的山西以及河南北部、河北东南部一带；

兖州：大致相当于今天的山东北部、河南中部偏北一带；

青州：大致相当于今天泰山以东直抵渤海的山东中部和东部一带；

徐州：大致相当于今天泰山以南东抵黄海的山东南部，以及淮河以北的江苏北部一带；

扬州：大致相当于今天淮河以南的江苏、安徽以及浙江、江西一带；

荆州：大致相当于今天荆山（位于襄樊西南）以南、衡山以北的湖北、湖南一带；

豫州：大致相当于今天的河南大部以及荆山以北以东的湖北北部一带；

梁州：大致相当于今天的华山以南、金沙江以东的四川大部以及陕西南部一带；

雍州：大致相当于今天晋陕间黄河以西的陕西大部以及宁夏、甘肃、青海一带①。

《禹贡》并勘定了九州的田赋等次与土地等级，记录了当地的特产。这大概就是司马迁称大禹令九州"任土作贡"的由来。"任"是"依照"的意思，"作"这里解释为"定"，所以"任土作贡"，就是依照土地的实际情况，决定上贡的土产。但《禹贡》所记的九州区划及其相关情势，带有明显的后人修饰痕迹，所以一般认为其反映的，未必是上古时代的现实。而"通九道，陂九泽，度九山"，虽皆以"九"为数，恐怕也不能径直理解为大禹打通的道路、修堤的水泽、勘测的山岭都正好是九个，而只能是表示数量多而已。

由于黄河水患在中国历史上由来已久，《河渠书》的"然河菑衍溢，害中国也尤甚"句及以下文字，即专门讨论大禹治黄问题。这里首先应当指出的，是"河"在中国传统语境中的本义，特指黄河；而"中国"的概念，此时尚指黄河流域的华夏族活动区域（现在通行的指称我国全部领土的"中国"概念，起源于十九世纪）。其次值得注意的，是《河渠书》描绘的大禹治黄路径，几乎涵盖了当时人所知的整个黄河流域。它西起早期中国人所以为的黄河源头——积石山（今阿尼玛卿山），途经司马迁家乡附近的龙门，再南下至华山北面的华阴，转而东下，过三门峡附近的砥柱山，出孟津、雒汭，复直抵东北方向的河南大邳山，联系下面提到的"厮二渠"及"播为九河，同为逆河，入于

---

① 《禹贡》的九州，是以上古名山大河为界标划分的，由于古今地理变化颇大，这里所列的古今地域对照，只能是一种粗略的勾勒。

渤海",也就是先分黄河下游河道为二支,继再分主河道为数支,这数支河水入海前,河口一段均受潮汐的倒灌,故以"逆河"的形象归入渤海[①]。显然,能够在上古极为不便的交通条件下,完成如此长距离的跋涉并成功地治理水患的,不是一个人,而是一位神——换言之,大禹在这里可能只是一个象征;面对黄河洪水的数度泛滥与改道,先民们的长时段搏斗,最终获得"诸夏艾安"也就是华夏族平安的局面,才是常留在中国人心中的集体记忆。

自是之后,荥阳下引河东南为鸿沟,以通宋、郑、陈、蔡、曹、卫,与济、汝、淮、泗会。于楚,西方则通渠汉水、云梦之野,东方则通(鸿)沟江、淮之间。于吴,则通渠三江、五湖。于齐,则通菑、济之间。于蜀,蜀守冰凿离碓,辟沫水之害,穿二江成都之中。此渠皆可行舟,有余则用溉浸,百姓飨其利。至于所过,往往引其水,益用溉田畴之渠,以万亿计,然莫足数也。

[讲解] 除了克服水患,中国人也很早就开始利用自然的水系开河筑渠,兴利四方。这方面最著名的例子,一是鸿沟,一是都江堰。

鸿沟的始建年代,大约在战国时魏国的惠王十年(前360)。它从荥阳引水而下,号称沟通济、汝、淮、泗四条水道,其实所连接的,只是济水和汝水,淮河与泗水,是间接得以通水的。但在战国及稍后的时期,它成为沟通故宋、郑、陈、蔡、曹、卫诸国旧地的水上交通要道,军事、政治与经济意义不可谓不大。

都江堰之名,不知起于何时。但传为战国时期秦国蜀郡守的李冰开凿离碓(在今四川乐山境内),避开沫水(即今天的大渡河)的危害,在成都平原将岷江一分为二,得灌溉与航运之双利,是久已传说的巴蜀故事。都江堰至今造福四川百姓,也是有目共睹的事实。

又这一段有"于楚,西方则通渠汉水、云梦之野,东方则通鸿沟江、淮之间"语。此处的"江",特指长江,这与"河"特指黄河是同样的用法。又研究

[①] 此处有关"逆河"的解释,据谭其骧《西汉以前的黄河下游河道》的有关考述,见所著《长水集》下册第63页,人民出版社,1987年。

者参照其中"西方"、"东方"两句的句式及其在楚地的位置,认为"鸿沟"的"鸿"是衍字,而推定此处所言的"沟",当指南起扬州、北至淮安,沟通长江淮河两大水系,后来成为京杭大运河重要基础的人工渠——邗沟①。至于接着讲到的吴地"三江"与"五湖",则据考前者应当指松江、娄江和东江,后者乃泛指以太湖为中心的太湖流域湖泊群②。

西门豹引漳水溉邺,以富魏之河内。

而韩闻秦之好兴事,欲罢之,毋令东伐,乃使水工郑国间说秦,令凿泾水,自中山西邸瓠口为渠,并北山东注洛三百余里,欲以溉田。中作而觉,秦欲杀郑国。郑国曰:"始臣为间,然渠成亦秦之利也。"秦以为然,卒使就渠。渠就,用注填阏之水,溉泽卤之地四万余顷,收皆亩一钟。于是关中为沃野,无凶年,秦以富强,卒并诸侯,因命曰郑国渠。

[讲解] 传说和都江堰相关的李冰,因史料缺乏,其生平无法细述;而在魏国"引漳水溉邺"的西门豹,则事迹详载于信史,颇可一说。

在《史记》的《滑稽列传》里,附录了一则西门豹的故事。说的是战国时魏国魏文侯执政的时候,西门豹担任邺令,初到任地,就听说因为官方闹腾给河伯娶媳妇,把老百姓搞得很穷;百姓家里女孩有长得漂亮的,都有可能遭被投水送河伯的厄运,而从中敛财的,则是官吏、豪绅与巫祝。西门豹便将计就计,在一次所谓的为河伯娶妇的仪式中,导演了如下一出好戏——

至其时,西门豹往会之河上。三老、官属、豪长者、里父老皆会,以人民往观之者三二千人。

其巫,老女子也,已年七十。从弟子女十人所,皆衣缯单衣,立大巫后。西门豹曰:"呼河伯妇来,视其好丑。"即将女出帷中,来至前。豹视

---

① 参见梁玉绳《史记志疑》卷十六"河渠书第七"的有关考释。
② 参见邹逸麟《汉书沟洫志笺释(上)》,载《九州学林》2004 年夏季(2 卷 2 期),复旦大学出版社,2004 年。

之,顾谓三老、巫祝、父老曰:"是女子不好,烦大巫妪为入报河伯,得更求好女,后日送之。"即使吏卒共抱大巫妪投之河中。

有顷,曰:"巫妪何久也? 弟子趣之!"复以弟子一人投河中。

有顷,曰:"弟子何久也? 复使一人趣之!"复投一弟子河中。

凡投三弟子。西门豹曰:"巫妪弟子是女子也,不能白事,烦三老为入白之。"复投三老河中。

西门豹簪笔磬折,乡河立待良久。长老、吏傍观者皆惊恐。西门豹顾曰:"巫妪、三老不来还,奈之何?"欲复使廷掾与豪长者一人入趣之。皆叩头,叩头且破,额血流地,色如死灰。西门豹曰:"诺,且留待之须臾。"

须臾,豹曰:"廷掾起矣。状河伯留客之久,若皆罢去归矣。"邺吏民大惊恐,从是以后,不敢复言为河伯娶妇。

西门豹的办法,是借口所选女子不美,需大女巫禀报河伯,而下令将其投入水中。之后又如法炮制,相继将协从大女巫的女巫弟子、地方三老投入河里。最后吓得参与此事的官吏、豪绅"叩头且破,额血流地,色如死灰",才没有继续这场以其人之道还治其人之身的喜剧,而给河伯娶媳妇的闹剧,就此罢休。

《滑稽列传》所载的西门豹事迹,值得注意的有两点:其一是它并非出自司马迁之手,而由西汉后期学者褚少孙补撰。但由上引的段落看,精致的文本结构与生动的独白巧妙配合,使故事所暗含的讽喻意味随处弥漫,可见以补《史记》闻名的褚氏,并不像后世某些研究者所认为的那样"言辞鄙陋"[1],缺乏文学修养。

其二是紧接在上述故事之后,有"西门豹即发民凿十二渠,引河水灌民田,田皆溉"的记载。这里的"河水",从词语的角度考虑,应该是指黄河之水。则与《河渠书》所说的"引漳水溉邺"相比,略有差异。而据《史记正义》的考证,其实"引漳水溉邺"的,是比西门豹晚两辈的另一位邺令——史起。

此外还可以附带一说的,是魏国国都邺在今天的河北,其地在黄河自华阴折向东流河道的北面,从广义上讲,河北东、南、西三面皆为黄河所围,故

---

[1] 《史记·太史公自序》末句下裴骃《集解》引张晏语。

旧称河内。与此相对，河外即指现在的河南一带。

战国时所筑而与政治发生更直接关系的水渠，则是韩国人为秦国设计的郑国渠。郑国是韩国一水利工程师的名字，以他名字命名的这条水渠，始建的动因，是韩国人眼看秦人壮大，到处征伐，就想让他们在自个儿家里干件累点儿的活，省得他们闲着没事东出攻击韩国。在自己国家里干累活，韩国人想到的，就是修条长长的水渠，因为那既费时间，又费人力。计策想好了，派出的说客（也许还是谍报人员）就是郑国。秦国人也真的被说动了，开始实施郑国提出的计划，从关中的泾水引水向西，大致与下边的渭水平行，修一条长长的水渠，直通洛水。具体而言，这水渠分两部分：西边的部分，是"自中山西邸瓠口为渠"，"邸"就是抵达，所以这里的意思，是从位于泾、洛二水之间的中山，向西开人工渠，一直通到泾水下游的瓠口；东边的部分，则"并北山东注洛三百余里"，"并"这里读作 bàng，通"傍"，是"沿着"的意思，沿着位于中山东边的北山的东侧，为什么能三百多里地一路注水进洛河呢？原来这里有条通洛水的沮水，接上水渠的中山一头就可以现成利用了。

计划很周到，目标也鼓舞人心，因为可以灌溉农田。但渠修到一半，韩国的真实用意还是被秦人发现了。秦人决意杀掉郑国。郑国倒也坦然，承认当初自己干的，是间谍的勾当，但转而又说，渠修成了对秦国也是件好事。另一种文本的说法，郑国当时的辩解，是"臣为韩延数岁之命，为秦建万代之功"，口气更大，理由也更冠冕堂皇。不论如何，秦人这回又被他说动了，渠也就这样修成了。

郑国渠对于秦的直接效用，是渠中引来的带有淤泥的浊水，可以灌溉四万多顷盐碱地，使当地每亩可有一钟的收成。"钟"是古代计量单位之一，起于春秋时的齐国。同一系统中，在钟之下，还有釜、区、豆、升以及斗、斛等计量名称。其间的换算，一钟等于十釜，一釜等于四区，一区等于四豆，一豆等于四升。所以每亩一钟，相当于六百四十升。又古代以十升为一斗，十斗为一斛[①]，所以唐张守节《史记正义》注释《货殖列传》里"果菜千钟"句，谓："钟，

[①] 以上有关钟、釜、区、豆、升以及斗、斛等计量单位及其相互换算的情况，均据吴承洛《中国度量衡史》第 4 章第 5 节《容量之命名》及表 29《中国上古容量命名关系表》，上海书店影印 1934 年商务印书馆排印本，1984 年。

六斛四斗。"

郑国渠对于秦的间接却也是更大的效用,是随着关中的富庶,秦国不仅没有被削弱,反而更加强大,最终吞并了关东六国。而郑国赴秦劝修水渠仅过了七年,秦就灭了韩国。不知是为了纪念,还是讽刺,秦国特意把这条由韩国人郑国设计,原本是用来拖累秦国的水渠,径取名为郑国渠。

汉兴三十九年,孝文时河决酸枣,东溃金堤,于是东郡大兴卒塞之。

其后四十有余年,今天子元光之中,而河决于瓠子,东南注钜野,通于淮、泗。于是天子使汲黯、郑当时兴人徒塞之,辄复坏。是时武安侯田蚡为丞相,其奉邑食鄃。鄃居河北,河决而南则鄃无水菑,邑收多。蚡言于上曰:"江河之决皆天事,未易以人力为强塞,塞之未必应天。"而望气用数者亦以为然。于是天子久之不事复塞也。

[讲解] 讲了大禹,讲了邗沟、都江堰,讲了郑国渠,然后司马迁花了更大的篇幅,来讲他身处的汉代的水利情势。

但一开场,就又是黄河水患。汉文帝十二年(前168)黄河在东郡酸枣地方决口,冲垮号称金堤的千里堤,对司马迁来说还是历史。四十多年后,准确地说是三十六年后,时当汉武帝元光三年(前132),黄河在酸枣以东的瓠子发生大决口,则已是司马迁记忆中的事了。

瓠子河本是黄河的一条小支流,最初它从今天河南濮阳的南部分黄河水,向东流经今天的山东鄄城、郓城、梁山、阳谷、阿城等地,注入济水。元光三年的瓠子决口,使得黄河洪水沿着瓠子河向南冲破巨野大泽,一直漫到了淮河与泗水流域。

汉武帝当时特派前往处理洪灾事务的,是汲黯和郑当时。汲、郑二位都是汉景帝时就做官的老臣,都有任侠廉洁的名声,又是好朋友;不同的是汲黯个性刚毅,时常犯颜直谏,而郑当时平生好客,在皇帝跟前却从不乱说。《史记》有《汲郑列传》一篇,专载二人的事迹。推考起来,汲黯彼时所任的,是主爵都尉一职,而郑当时则似乎是右内史。二职皆在"九卿"之列,但汲、郑二位当时可以动用的人工,却是一帮刑徒,所以堵瓠子缺口没多久,黄河还是泛滥。

但其实黄河的屡治不成,除了因为是天灾,还由于有人祸。这人祸,便是武安侯田蚡。

田蚡何许人也?他是汉武帝的亲舅舅,当朝丞相。这位田丞相的来路与做派,司马迁在《史记》的《魏其武安侯列传》里有极为生动的叙写。说是此人虽然长相困难,但仗着自己是王太后的哥哥,花天酒地,骄横贪财,有时连做皇帝的外甥也奈何他不得。有一回他推荐熟人做官,一来就伸手要二千石的,闹得汉武帝很不开心,对这位玩主舅舅道:"君除吏已尽未?吾亦欲除吏。"意思是你有完没完啊,也留几个官位让我封给我想封的人吧。后来他和魏其侯窦婴搞权力斗争,最终搞到两败俱伤,也算是咎由自取。

据《河渠书》的记载,当时田蚡的"奉邑"在黄河北岸一个名为鄃的地方。黄河在南边决口,则北面的鄃就不会遭水灾了,没水灾自然收成就多了。所以田丞相特意跟汉武帝说:"长江、黄河发生决口,那都是老天已经安排好的事,恐怕不容易用人力去强行给它塞住,就是塞住了也不一定合乎天意。"田丞相是汉武帝的亲舅舅,加上一旁还有些望气算命的方士帮腔,外甥皇帝竟言听计从,连着好几年都不管河灾的事情了。

那么,田蚡何以这么看重他"奉邑"的收成呢?这还得从什么是奉邑讲起。奉邑又称"食邑"、"采邑",原是古代诸侯封赐给自己属下的卿和大夫作为永久俸禄的一个特定区域内的田地、城邑以及农人。封赐奉邑之法,至晚在周代已经颇为盛行,战国秦汉时期虽不再世袭,甚至受封者在奉邑内也不再有统治权,但奉邑的大小与爵次高低相配,奉邑内的赋税全部充当受封者的食禄,却是一直延续下来了。说白了,到了汉代,皇帝给有侯、伯等爵次的属下以奉邑,实际上就是以当时最实用的办法,给这些达官贵戚们发高薪。只是这高薪是会随着老天的脾气变化的,如果某人的奉邑正在洪水路过的道上,则田地被毁,赋税收不上来,那也只好自认倒霉。如此说来,田丞相怎么可以容忍已经漫出黄河南岸的洪水,在被堵上缺口后,又改道跑到河北岸来毁他的好收成呢!

不过田蚡能说动外甥皇帝不再过问治黄河水患的事情,望气算命的方士功不可没。秦代以来,儒生的地位总是摇摇摆摆,而方士受帝王宠爱的地位则很少有大的变化。方士的本事,一是说人事,给人占卜未来;一是看天象,诠释象意,预告变化,而看天象的终极目标,还是论人事。故而一个方士若既能说人事,又擅观天象,那么他的受欢迎也就是指日可待了,因为汉代皇帝尤其喜欢听的,就是"天人感应"一类的说法。有关的详情,可参阅《史记》八书的另一篇名作——《封禅书》。

是时郑当时为大农,言曰:"异时关东漕粟从渭中上,度六月而罢,而漕水道九百余里,时有难处。引渭穿渠起长安,并南山下,至河三百余里,径,易漕,度可令三月罢;而渠下民田万余顷,又可得以溉田:此损漕省卒,而益肥关中之地,得谷。"天子以为然,令齐人水工徐伯表,悉发卒数万人穿漕渠,三岁而通。通,以漕,大便利。其后漕稍多,而渠下之民颇得以溉田矣。

[讲解]　汉代前期的治黄虽乏善可陈,修渠却颇有起色。而当时的修渠,又都和漕运有关。

所谓漕运,是指古代中央政府把所征收的粮食等物,经由水路运往首都或其他特定地点的一种组织与管理方式。漕运大概在秦代就有了,为了攻打南越,秦始皇曾派一名叫禄的监臣"凿渠运粮",至汉代仍是一般人熟悉的故事①。而这位监禄主持开凿的,即沟通湘江与西江的著名河道——灵渠。西汉因为要供养首都长安,一直通过黄河、渭河等自然水系的漕运,将函谷关以东的粮食西运关中。而西汉前期的实际情况,是因为黄河三门峡中的

---

①　《汉书》卷六十四下《严朱吾丘主父徐严终王贾传》的严安传,引严氏上书,中有"(秦王)又使尉屠睢将楼船之士攻越,使监禄凿渠运粮,深入越地,越人遁逃"诸语。又按:《中国大百科全书·中国历史》第1卷"漕运"条的秦汉部分,称"秦始皇攻匈奴时,从山东向北河(今内蒙古乌加河一带)转运粮食;攻南越时,令监禄凿灵渠沟通湘江与西江水系运粮"。此段文字虽未注明资料来源,但检《汉书》严安传,"监禄凿渠运粮"数语的上面,即是"(秦王)使蒙恬将兵以北攻强胡,辟地进境,戍于北河,飞刍挽粟以随其后"一节,可知其必本于《汉书》严安传撰文。然严安传仅谓蒙恬守戍于北河时,后续的粮草即紧随其后运抵,并未明言所运是否通过漕运方式。《中国大百科全书》"漕运"条将此事与"监禄凿渠运粮"一同径安置于秦汉篇首,至读者误以为"秦始皇攻匈奴时,从山东向北河转运粮食"也是已经考明的中国最早的漕运史实之一,显然不妥。

砥柱——就是成语所说"中流砥柱"那地方——水势过于险峻,渭河则道长又过于曲折,漕运所花代价颇大,又不经济,所以相关部门官员就想以修渠的办法来改善漕运的不利状况。

首先提出建议的,是曾经和汲黯一同处理黄河水灾,这时做了负责农业工作的大农令的郑当时。郑氏指出,从前关东漕运的粮食通过渭河运来长安,有两大问题,一是花费时间,算起来漕运一回要花六个月;二是水道条件差,渭河用于漕运的河道,因为曲折过多,长达九百多里①,且常有漕船难行的地方。因此他提议,引渭水修一条人工渠,起点在长安,向东沿着与渭河平行的南山,一直修到与黄河连接处。这条渠的优点,是虽然与渭河基本平行,可走的是直线,而且容易漕运,所以算下来,漕运一回只要花三个月的时间。再说,渠如果修成了,渠边的一万多顷民田还可以用渠水来灌溉。

郑当时把他这个建议的要点,归结为"损漕省卒"四个字,也就是既减少了漕运的时间,又省下了运粮的人工。加上外带还能使关中土地更加肥沃而出产增加,建议自然获得汉武帝的首肯,当即召来山东籍的水利工程师徐伯勘探测量——所谓"表",即表记的意思——并动用数万人开工修渠,时在元光六年(前129),距黄河在瓠子发生大决口已经三年。而此条漕渠的修成,又在三年之后。

据《水经注》,郑当时提议修建的这条漕渠,实际起点在长安的昆明池。但至魏晋时代,它已经无水可用了。

其后河东守番系言:"漕从山东西,岁百余万石,更砥柱之限,败亡甚多,而亦烦费。穿渠引汾溉皮氏、汾阴下,引河溉汾阴、蒲坂下,度可得五千顷。五千顷故尽河壖弃地,民茭牧其中耳,今溉田之,度可得谷二百万石以上。谷从渭上,与关中无异,而砥柱之东可无复漕。"天子以为然,发卒数万人作渠田。数岁,河移徙,渠不利,则田者不能偿种。久之,河东渠田废,予越人,令少府以为稍入。

---

① 九百里应当是一种夸张的说法,其实渭河用于漕运的这一段,尽管曲折,也决无九百里的长度,参见邹逸麟《汉书沟洫志笺释(上)》。又,邹先生疑"九百里"之"九"字乃"七"字之刊误。

［讲解］ 渭河漕运的问题解决后,上游的黄河漕运问题又被提了出来。这回发言的,是河东太守番系。

番太守发言的开头,讲的是"漕从山东西,岁百余万石",这话里有两个名词,需要先作一点解释。按"山东"作为一个区域地名,古今变化颇大:今天我们所熟悉的山东省一带,大约是从明代设山东布政司开始的;明代以前,南宋与金代对峙时期,金人是以北宋的京东西二路,为山东东西二路;再往前,北魏至五代时期,以太行山以东为山东;更前的战国秦汉时期,则通称崤山或华山以东为山东——这也就是番系所谓的"山东"。"石"作为传统计量单位,有两个读音 shí 和 dàn,而以 dàn 音较为常见,所以"石"后来也写成"担"。旧式算法,一石相当于一百二十市斤(60 公斤);而在汉代,一石则等于十斗。

按照番太守的介绍,这一年上百万石也就是六千多万公斤的粮食,自崤山或华山以东的中原地区通过黄河向西漕运,经历砥柱山的艰险,损失惨重,也花费太大。因此他也建议修建人工渠,但这回修渠的直接目的,不是漕运,而是灌溉。

番太守的设想是:从华山北面黄河的支流汾水,引水开渠,去灌溉汾水北边的皮氏,和黄河东侧的汾阴;同时又从黄河引水开渠,去灌溉汾阴,以及与汾阴同处黄河东侧而位置更南的蒲坂。这三地受渠水灌溉的土地,算下来大概有五千顷;而这五千顷本来全都是黄河边上废弃不用的空地,老百姓只是在那里割草放牧,现在把它们灌溉了,全部变成农田,那么一年大概可以收二百万石以上的粮食。这样粮食直接通过渭水运往长安,就和关中自产的没有什么区别,而黄河砥柱以东就可以不用再行漕运了。

番系的这一建议,比前此郑当时提出的更具远见。关中虽在秦汉时期已成为名副其实的政治中心,但经济上却一直要依靠关东地区,黄河与渭河漕运的重要,即在于此;而相比之下,函谷关以东黄河的漕运,尤其重要。番系的建议,表面上看只是一个巧点子,即用灌溉弃地的收成,来抵冲黄河漕运的粮食。而其背后的实际含义,却是立足关中本位,开始寻求从根本上解决首都地区对关东经济依赖的大问题。如此说来,当年郑当时解决的,只能算是个纯粹技术性的小问题了。

但是且慢。番系的点子虽好,汉武帝又明白其价值,并使之付诸实施——1979年在山西发现的"蒲反田官"器,据考即当时修建河东渠时所用量器,其容量为汉制八升①——但这点子本身,却包含了一重番系没有考虑到的因素;而就是这因素,导致了计划的最终失败。

这因素就是一直困扰汉人的黄河水患。现实的结局是:渠修好了,田也灌溉了,但是黄河却改道了。黄河一改道,渠就不行了;渠不行了,则农民连在渠下播种的本钱也收不回了。

郑当时设计的漕渠,虽然目标不大,当年却是既便利了漕运,又灌溉了农田,收获颇丰。而番系看中的黄河边上这片原本的弃地,却不得不复归它被农人遗弃的命运。据说它们后来又被分给了通习水性的越籍移民,并由专收山海池泽所出以供奉皇帝私府的少府从中稍微收点了赋税。这大概也算得上是自然对于有抱负者的无情作弄吧。

其后人有上书欲通褒斜道及漕事,下御史大夫张汤。汤问其事,因言:"抵蜀从故道,故道多阪,回远。今穿褒斜道,少阪,近四百里;而褒水通沔,斜水通渭,皆可以行船漕。漕从南阳上沔入褒,褒之绝水至斜,间百余里,以车转,从斜下下渭。如此,汉中之谷可致,山东从沔无限,便于砥柱之漕。且褒斜材木竹箭之饶,拟于巴蜀。"天子以为然,拜汤子卬为汉中守,发数万人作褒斜道五百余里。道果便近,而水湍石,不可漕。

[讲解] 或许是漕运这题目在汉代太出彩了,郑当时、番系之后,著名的酷吏张汤,也粉墨登场,给汉武帝出起了主意。

张汤的主意并非来自他本人。说是有一不知何方人士,上书朝廷,建议修建沟通褒水和斜水之间山路的褒斜道,并提到了相关的漕运问题。这上书下发到时任御史大夫的张汤手里,张汤或许是看出办成这事于己有利,曲意迎合这上书里提出的建议(所谓"问其事",清代学者王先谦认为,"问"当

---

① 参见乔淑芝《"蒲反田官"器考》,载《文物》1987年第4期。

作"阿",形近而讹①,"阿"就是迎合的意思),并因此给汉武帝作了一番详细的解释。

按修建褒斜道的最实际用途,是更方便快捷地沟通长安与西南巴蜀的联系。所以张汤的解释,就从抵达巴蜀的"故道"说起。所谓"故道",是自长安沿着渭水向西,经过著名的陈仓,转而南下,直通蜀地的一条旱路。这条路据张汤说,是"多阪"且"回远",也就是既多山坡,又曲折路远。相比之下,如果打通褒斜道,则不仅少走山路,而且要比走故道近四百里的路程。

修褒斜道的好处,还不止此。张汤接着给汉武帝描述了一幅崭新的漕运蓝图:褒水是和跟渭水大致平行、而位于渭水南的沔水相通的,斜水则直接与渭水相通,沔、褒、斜、渭四水均可以行船漕运。如果假设漕运粮食从河南南阳经过育水送至沔水,再向西一直运到褒水,到了褒水的"绝水"也就是源头,沿着新修的褒斜道,大约不过百余里路,用车辆转运,接着到斜水再走水路,沿渭河直抵长安,"如此,汉中之谷可致,山东从沔无限",也就是说,汉中郡一带的粮食可以顺利地得到,而华山以东地区通过沔水西行的漕运也畅通无阻。张汤因此还特别强调:这是一条比走砥柱更方便的漕运之路!至于沿着褒斜道还可以收获可以和巴蜀一样丰富的"材木竹箭",那只是附带说说而已了。

这样美丽的蓝图,汉武帝自然又不能不批准。张汤的好处也随之而来——他儿子张卬得封汉中太守,发动几万人修建的褒斜道工程由此拉开帷幕。

褒斜道修成了,五百里的路程,比原来走故道着实是近了。但相关的水道中,到处是激流乱石,根本无法漕运。

顺便可以一提,《河渠书》所记张汤的这段高论里,有一句话涉及汉代人的方位,颇可注意:"漕从南阳上沔入褒,褒之绝水至斜,间百余里,以车转,从斜下下渭。"以今天通行的上北下南方位说,从南阳到沔水是下行,从斜水抵渭水是上行,而汉人正好相反,说明当时通行的地图方向,南北与今相比正好是颠倒的。又该句末"从斜下下渭",出现了两个"下"字,语不可解。而我们若取前半部多袭自《史记·河渠书》的《汉书·沟洫志》来校勘一下,就

---

① 见王先谦《汉书补注》卷九,中华书局,1983年。

可知其实只有一个"下"字,显然现在通行本《史记》里的这句话,多了个"下"字,本当作"从斜下渭"。性质类似而表现不同的情形,在这一段末的"道果便近,而水湍石,不可漕"句里也有反映。其中"水湍石"三字意思可懂,而文字似有缺失,校以唐抄本《史记·河渠书》,可知原本作"水多湍石"①,通行本实少了一个"多"字。古籍校勘学上对这种多字、少字的情况,有专门的术语称呼,前者叫"衍字",后者称"脱字"。

又这一段里提到的张汤,名列《史记·酷吏列传》之中。据载他还是个孩子的时候,有一次因为没看好家,让老鼠吃了家里的肉,被他老爸暴打一顿。结果他硬是掘地三尺,找到了肇事的老鼠和被啃剩的一点儿肉,并仿照官府审判的程序,具备了控告老鼠的法律文书,经过一番逼真的搬演,最后将那老鼠定罪且碎尸堂下,才算罢休。他的这份似乎天生就是酷吏的秉性,被他老爸发现并加以重点扶持。后来他果然在武帝时期长期担任廷尉、御史大夫之职,而最拿手的官场绝活,便是秉承汉武帝的旨意,深文周纳,严酷断案。如此说来,修渠漕运自然不是他的专长,由他提议的褒斜道工程,结局失败也就似乎是必然的了。

> 其后庄熊罴言:"临晋民愿穿洛以溉重泉以东万余顷故卤地。诚得水,可令亩十石。"于是为发卒万余人穿渠,自征引洛水至商颜山下。岸善崩,乃凿井,深者四十余丈。往往为井,井下相通行水。水颓以绝商颜,东至山岭十余里间。井渠之生自此始。穿渠得龙骨,故名曰龙首渠。作之十余岁,渠颇通,犹未得其饶。

[讲解] 也许是漕运新策失败的缘故,张汤之后,《河渠书》里未见再有人饶舌此事。不过修水渠灌溉田地的建议,还是有人提起。

庄熊罴这个名字奇特的臣僚,提出了一个显然承继前此番系所提建议思路的修渠方案。不过这方案的提出形式,倒又和上面张汤说的有几分相似。庄氏称:洛水之畔临晋地方的老百姓,希望打通洛水修渠,灌溉重泉(和

---

① 唐抄本《史记·河渠书》,收入《古写本史记残卷》,清光绪二十年罗振玉影印日本神田文库藏本。

临晋相对、位于洛水西边的一个地方)以东的一万多顷"故卤地"——意思是"原本的盐碱地";但唐抄本此三字作"故恶地",所以也有人据此认为当译作"原来的劣质土地"——如果真的能修渠引水灌溉的话,可以得到亩产十石的收成。

庄氏的这一计划,吸收了当年番系建议中的创意部分,而又避开了水患频仍的黄河,考虑堪称周到,所以得到批准。上万民工从临晋北面一个名为征的地方,开渠引洛水直到洛水东边的商颜山下;洛水岸因为土质疏松,常常发生塌方,建设者于是往地下凿井,深的达四十多丈。这样处处打井("往往为井"的"往往",是"处处"的意思),井井相通,结果"水颓以绝商颜"——"颓"在这里作"向下流"讲,"绝"则是"穿过"之意。

这种通过打一系列的深井所建立的地下水渠系统,称为井渠。因庄熊罴的建议而开凿的这些汉代商颜山井渠,由此成为中国历史上最早的井渠。

此次开渠还有一个收获,就是发现了一些早期动物化石(当时叫作"龙骨"),所以这渠也得了个别名——龙首渠。但这龙首渠修了十多年,渠道是颇为通顺了,却依然没有产生什么明显的效益。

自河决瓠子后二十余岁,岁因以数不登,而梁楚之地尤甚。天子既封禅巡祭山川,其明年,旱,干封少雨。天子乃使汲仁、郭昌发卒数万人塞瓠子决。于是天子已用事万里沙,则还自临决河,沉白马玉璧于河,令群臣从官自将军已下皆负薪窴决河。是时东郡烧草,以故薪柴少,而下淇园之竹以为楗。

[讲解] 漕运及与之相关的修渠事务,在汉武帝统治时期一度成为众人关注的焦点。但这并没有改变黄河决口给流域民众造成灾难的现实。算起来,从元光三年(前132)黄河在瓠子发生大决口,汉武帝因为舅舅丞相田蚡的原因不予治理,已经过了二十多年。

黄河水患长期得不到治理,最直接的结果,是汉朝的农业连续多年未出现丰收,而黄河下游两岸,北方的梁地与南方的楚地,影响尤其严重。这时节汉武帝已经非常喜欢玩"封禅"一类的政治游戏了——所谓"封",就是在泰山上筑土为坛祭天；所谓"禅"(音 shàn)，就是在泰山下的梁父山上辟场祭地。合起来的"封禅"，就是指帝王级的祭祀天地——过了一年又碰巧遇上干旱，"干封少雨"，所谓"干封"，就是帝王封禅后要让老天连续三年不下雨，以便晒干祭坛上的土。汉武帝大概觉得这是天意，所以命令汲仁、郭昌两位大臣动用数万人堵塞黄河瓠子的决口。不仅如此，他还亲自出马，在万里沙祈祷之行结束后，特意御临瓠子决口，在黄河里放沉白马与玉璧，以示决意治理黄患的决心。由于情况危急，更由于此时的汉武帝一心要彰显他封禅的效力，他下令：随行的大臣官僚，凡将军职位以下的，一律都要亲自背柴草填黄河决口！

当时东郡地方通行烧草为炊，所以柴草奇缺，不得已就把淇园的竹子也都砍了，来做一种名为"楗"的大型堵水工具。按淇园在春秋卫国境内，位于今天河南淇县，《诗经·卫风》有《淇奥》三章，起首"瞻彼淇奥，绿竹猗猗"咏叹的，就是淇园闻名于世的竹林胜景。"楗"据《史记索隐》的解释，是"树于水中，稍下竹及土石也"，而"楗"字以"木"为偏旁，则推想起来，它应当是先在水中打木围桩子，然后向围中投竹和土石，以此逐步堵住黄河缺口——意味深长的是，1998 年长江发生百年未遇的特大洪水，抗洪军民所用的最有效的堵决口方法，与两千年前汉人的为楗之法，竟颇为相似[①]。

天子既临河决，悼功之不成，乃作歌曰：

　　瓠子决兮将奈何？皓皓旴旴兮闾殚为河！殚为河兮地不得宁，功无已时兮吾山平。吾山平兮钜野溢，鱼沸郁兮柏冬日。延道弛兮离常流，蛟龙骋兮方远游。归旧川兮神哉沛，不封禅兮安知外！为我谓河伯兮何不仁，泛滥不止兮愁吾人？啮桑浮兮淮泗满，久不反兮水维缓。

一曰：

[①] 1998 年 8 月 7 日，江西九江段长江堤岸因洪水引发 60 米大决口，有关方面采用"框架结构土石组合坝技术"成功加以封堵。而考该项堵决口技术的基本原理，实以植桩(钢管木架)加投土石为基础，故与汉代的"为楗"法颇相类似。参见孙忠祖《科学技术是抗洪抢险胜利的保证》，载《人民日报》1998 年 9 月 12 日第 6 版。

河汤汤兮激潺湲,北渡污兮浚流难。搴长茭兮沉美玉,河伯许兮薪不属。薪不属兮卫人罪,烧萧条兮噫乎何以御水! 颓林竹兮楗石菑,宣房塞兮万福来。

于是卒塞瓠子,筑宫其上,名曰宣房宫。而道河北行二渠,复禹旧迹,而梁、楚之地复宁,无水灾。

[讲解]　但是汉武帝虽然亲临瓠子决口前线,黄河却仍不见臣服。武帝悲从中来,写了两首乐歌,就是后来通称为《瓠子歌》的,文辞怆哀而叠用口语,带有一代天子少见的绝望色调,不妨迻译如下——

瓠子决口了呵这该咋办呢?
浩浩瀚瀚呵街市全成了河!
全成了河呵国家没得安宁,
治河没完了呵眼看鱼山也都跟水平了。
鱼山跟水平了呵钜野泽它就满出来哩,
水里到处是鱼呵日子转眼就到冬天了。
本来好好的河道破坏了呵这水它就离开正道乱流,
河里有蛟龙闹腾呵估计这会儿它正游得好远呢。
河水您老就回归原路呵天神啊帮帮我吧,
我若不去封禅呵哪会晓得外头水灾已闹大了!
替我跟河伯说说呵他老人家咋这般没仁慈呢,
就这么让河水泛滥不止呵真要愁煞我们大伙了么?
啮桑的城邑都漂起来呵淮河泗水全满哩,
河水这么久都不回故道呵这水的纲纪算是完蛋了。

这第一首歌里,"功无已时兮吾山平"句中的"吾山",即东郡东阿的鱼山。而"吾山平兮钜野溢,鱼沸郁兮柏冬日"两句里的下句,历来众说纷纭。裴骃《史记集解》首引徐广之说,谓"柏犹迫也。冬日行天边,若与水相连矣。"大概是觉得徐说过于不着边际,继引佚名《汉书音义》曰:"巨野溢满,则众鱼沸郁而滋长也。迫冬日乃止。"此解较徐广说稍好,但对句中关键词"沸郁"仍未加诠释。至清人王念孙,方就此作一较合理的解释。王氏以为,"沸郁"应当读作"沸渭","沸渭"相当于"汾沄",是表示"鱼众多之貌"。他还以扬雄《长杨赋》有"汾沄沸渭"语、李善注作"众盛貌"为例,证明此意①。

接下来的第二首,情绪稍显激昂,文辞也略见韵味——

> 黄河浩浩荡荡呵激流到处涌出,
> 河道北向迂回曲折呵疏浚颇为艰苦。
> 制取长杆堵缺呵沉下美玉祈福,
> 河伯已经许诺呵柴草接济不足。
> 柴草接济不足呵全是卫人罪过,
> 烧得大地萧条呵哎呀拿什么来抵御洪水!
> 伐光树木竹林呵打下盛石桩柱,
> 宣房决口塞住呵迎来万千幸福。

这第二首写作的时间,由最后两句看,当在瓠子决口被堵,决口遗址上建起了著名的纪念性建筑宣房宫以后。歌中"北渡污兮浚流难"句里的"污"字,通"纡"字,作"迂回"讲;而"颓林竹兮楗石菑"的"菑"字,即"灾"的异体,用在这里,据《史记集解》引韦昭"木立死曰菑",则应当解释为,已经砍伐下来当作楗用的木柱。

按汉武帝的上述两首《瓠子歌》里,都提到了一位黄河水神"河伯",而前面我们讲到战国时魏国的西门豹治邺,当地也流传河伯娶妇的习俗。河伯的来历,据《史记·滑稽列传》的《正义》,乃"华阴潼乡人,姓冯氏,名夷。浴于河中而溺死,遂为河伯"。此种传说是否可靠,已无法证实。但以《山海经》的《海内北经》里,已经有"冰(冯)夷"的名字,其形为"人面,乘两龙",可知作为水神的河伯,渊源甚为悠久。不过有意思的是,这位先前驾乘两龙的河伯,其重要的地位,在后来的中国诸神谱系中,却被一位新的法力更为广

---

① 见王念孙《读书杂志》汉书第七"弗郁"条。

大的水神"龙王"所取代。而究其缘由,则可能和东汉以后佛教的传入有关①。

瓠子决口的胜利堵住,无疑是汉代黄河水患治理的最大成就。汉朝廷以此乘胜前进,将黄河向北流的河道一分为二,大致恢复了传说中大禹治水的旧迹,而梁、楚之地也终于恢复宁静,不再为水灾所苦。

自是之后,用事者争言水利。朔方、西河、河西、酒泉皆引河及川谷以溉田;而关中辅渠、灵轵引堵水;汝南、九江引淮;东海引钜定;泰山下引汶水:皆穿渠为溉田,各万余顷。佗小渠披山通道者,不可胜言。然其著者在宣房。

[讲解] 瓠子决口的胜利堵住,也惹得一班大臣再度争谈水利之事,当然实际的开渠灌溉,倒也着实成就了不少。其中像关中的灵轵渠,在后代也影响深远。

按"水利"一词,在《史记》以前,多作水产鱼虾之利解。如战国末期秦国丞相吕不韦集合门客编撰的《吕氏春秋》里,有《孝行览·慎人》篇,篇中讲舜登天子位之前的情形,有"以其徒属掘地财,取水利,编蒲苇,结罘网,手足胼胝不居,然后免于冻馁之患"等语,其中"取水利"的"水利",就是指水产鱼虾之利。只有到了《河渠书》,"水利"才被明确赋予治河修渠等工程技术的专业性质,后来汉语中历代相传的"水利"概念,即源出于此②。

太史公曰:余南登庐山,观禹疏九江,遂至于会稽太湟,上姑苏,望五湖;东窥洛汭、大邳,迎河,行淮、泗、济、漯洛渠;西瞻蜀之岷山

---

① 宋赵彦卫《云麓漫钞》卷十三:"《史记》西门豹传说河伯,而《楚辞》亦有河伯词,则知古祭水神曰河伯。自释氏书入,中土有龙王之说,而河伯无闻矣。"按赵氏所谓龙王说起而河伯无闻的说法,并不确切。事实上直到清代,民间仍不乏龙王、河伯并举的事例。如《醒世姻缘传》第二十八回中,写到明水会仙山上数十道飞泉被当地人作践,就有"致得那龙王时时奏报,河伯日日声怨"等语。但由历代各沿江河湖海地区多建龙王庙,俗语又有"大水冲了龙王庙"一类的说法,却不见河伯庙,河伯至多不过在龙王庙里作配享看,汉代以后河伯的地位,显然要比后来国外引进的龙王低了。

② 参见姚汉源《中国水利史纲要》第1页、第135页,水利电力出版社,1987年。

及离碓;北自龙门至于朔方。曰:甚哉,水之为利害也! 余从负薪塞宣房,悲《瓠子》之诗而作《河渠书》。

[讲解] 《河渠书》以黄河瓠子决口的最终堵住,并在其上修建宣房宫而告结束。尽管有一个光明的尾巴,在最后这一段的"太史公曰"里,司马迁带给读者的,仍是一份挥之不去的沉重悲叹。他自然是个上南下北、走东闯西的好汉,见多识广,但从历史到现实,水使他最感惊怵的,还是那利弊兼具、难以捉摸的极端本性。又由于他在汉武帝亲临瓠子时,也曾应命赶赴黄河,背着柴草堵决口,这难得的经历,想必一定使他对水利乃至自然环境与中国政治的纠葛与关联,有了一层更深切的体悟。他读皇帝陛下的《瓠子歌》,读出来的,一律是悲意,或许正说明,在他看来,河渠水利之事,即使千秋万代之后,仍将是中国人难以克服的宿命[①]!

[①] 程金造在《司马迁著河渠书的本意》一文里,认为司马迁此篇"在形式上是述河溉河漕之事,在实质上却寓有一种政治思想";其中著录《瓠子歌》,意在"借此以责斥武帝忽于人君的职务,彰其不足以君国子民的行为";而篇末太史公曰则"用极隐晦的说法","点明作意"。此论为前人所未曾道及,可备一说。程文收入所著《史记管窥》,陕西人民出版社,1985年。

第四讲

越王句践世家

所谓"世家",在汉语通常的语境里,是指世代做官尤其是做大官的人家。《史记》以此作为一种文类的名称,自然指其中谱叙的,是历史上各重要诸侯大姓的家族史。但作为一种变通,司马迁也为历史地位处于本纪所载与列传所叙之间的人物,留下了合适的空间,所以《史记》世家部分,会有颇为异样的《孔子世家》和《陈涉世家》——前者叙写的主体,是儒家祖师爷孔圣人的言行,末附简短的孔子后代世系;后者描绘的,则是秦汉之交农民暴动的领袖人物陈胜及其同伙揭竿而起的曲折故事。

《史记》世家一体的这种并非单一的面貌,令后来的评论家十分困惑。对于《史记》体例不纯的批评,由此而生。到了班固撰《汉书》,世家一体因其存在难以归类的麻烦,而索性被取消。后代的正史里,因此也很难再见到家族史一类的分体了。

但《史记》的三十世家,却实在有一种不可取消的独特的意味在。中国传统的观念,向来以家族、族属为重;而早期的诸侯大姓,又直接联结着大小不等的邦国城池。正是靠了世家这一特殊的体裁,上下数千年间血缘与地缘的复杂勾连,与华夏民族的融合之路,才能依旧如此清晰地呈现在我们的眼前。

《越王句践世家》在《史记》的三十世家里位居十一,谱叙的主体,是后世延续到《史记》撰述的汉代,还是不入中原大姓眼目的东南蛮荒之族——越。从性质上说,本篇与《孔子世家》和《陈涉世家》相异,而应当被归入通行的诸侯大姓家族史一类。我们之所以选择《越王句践世家》,而不是似乎更为正宗的《晋世家》、《楚世家》等,作为《史记》世家类精读的篇目,是因为越国的历史,代表了中国早期文化发展的一种类型;越国的故地,在今日已成为经济文化高度发达的区域;而勾践复仇的故事,千百年来也已经生发出了无数深具韵味的文学想象。

越王句践,其先禹之苗裔,而夏后帝少康之庶子也。封于会稽,以奉守禹之祀。文身断发,披草莱而邑焉。后二十馀世,至于允常。允常之时,与吴王阖庐战而相怨伐。允常卒,子句践立,是为越王。

[讲解] 在今天的浙江省绍兴市东郊,有一处著名的古迹——大禹陵,据说其中埋葬的,就是中国上古夏朝的开国帝王兼治水英雄大禹。大禹是否真的葬在大禹陵内,实在是个疑问。但大禹和古城绍兴有缘,倒是于史有据:因为绍兴旧称会稽,乃古越国都城的所在地;而古越国历史上最有名的君王——勾践("勾"古作"句"),他的先辈就是大禹的后裔。

《史记》称勾践的先人为"夏后帝少康之庶子",且"封于会稽,以奉守禹之祀",即封国在会稽,并看守大禹陵园,供奉祭祀,言下之意,是这位先人创建了古越国。按"夏后"据《史记·五帝本纪》乃大禹所属的国号,简称即"夏";少康之名,又见于《史记·夏本纪》,是大禹的四世孙;"庶子"指非正室所生之子。这样算下来,这位创建了古越国的勾践先人,实为大禹的五世孙。至于他的名字,比《史记》稍晚的《吴越春秋》也有记录:

> 禹以下六世,而得帝少康。少康恐禹祭之绝祀,乃封其庶子于越,号曰无余。

据此,其名为"无余"。而在贺循的《会稽记》里,则有"少康,其少子号曰於越,越国之称始此"的记载。两相比勘,"无余"、"於越"音近而文异,所以我们推测,当时实以开国君主的名字为国号,而省略的称呼,就是"越"。

越国先民的生活,尚处于蛮荒阶段。"文身断发,披草莱而邑焉"的说法,正好跟《庄子·逍遥游》里"宋人资章甫而适诸越,越人断发文身,无所用之"相互印证。按"文身"即纹身,这种在身体上涂绘或刺制花纹的习俗,至今仍为某些民族所保留,而在古越国当时,却完全是出于人类自我保护的本能——因为越国地处水乡,个人唯有纹身,方能在水中躲避其他动物的袭击。"断发"之"断",即"剪"的意思,因为中原民族当时通行的,是身体发肤,受之父母,不可毁损的古训,所以头发是不加剪除的;越国则同样因为是水泽之国的缘故,通行剪发,所以宋国人购买(即所谓"资")了"章甫"(殷代的冠,一种帽子)带到越国去,越国人完全没法用了。因为越国人这时还在"披草莱而邑",也就是处于披开杂草开垦处女地,创建小城镇的初级阶段,礼制未具,自然戴不来什么花里胡哨的高帽子。

但越国传了二十几代,传到春秋时代允常执政的时候,大概是国力稍稍强大一点了,就跟邻居的吴国打起仗来。仗还没打出个结果,这允常就死了。王位传给了儿子勾践,就是本篇的主人公,这时已经明确地称为"越王"了。

1998年,经过两年的发掘,在位于绍兴兰亭镇的印山,发现了一座两千五百多年前的越国王陵。其墓坑由山顶岩石直接下凿而成,墓道通长100米,气势恢弘;墓中以长方形巨木架构的三角形剖面墓室,外裹厚达1米的木炭,纵长40米,形制极为独特。而墓室内留存的独木棺,长达6.1米,直径1.15米,更是举世罕见。考古学界经与文献记载对勘,推测该王陵很可能就是《越绝书》中记载的"木客大冢",也就是勾践之父允常的陵墓①。如果这一推测不误,则说明勾践继位的时代,越国的实力的确已经今非昔比。

　　元年,吴王阖庐闻允常死,乃兴师伐越。越王句践使死士挑战,三行,至吴陈,呼而自刭。吴师观之,越因袭击吴师,吴师败于檇李,射伤吴王阖庐。阖庐且死,告其子夫差曰:"必毋忘越。"

[讲解]　允常、勾践时代越国的头号劲敌,是与其北部接壤的吴国。

吴国的历史,《史记》另有《吴太伯世家》详为叙介。据司马迁的传录,吴国先祖吴太伯本是周太王的长子,因为发现太王想把王位传给小儿子季历的儿子昌,所以和二弟仲雍双双出逃,来到荆蛮之地,"文身断发,示不可用"。三弟季历及其儿子昌果然登基。吴太伯则自号"句吴",成了被荆蛮土著接纳的南方老大。二弟仲雍随大哥流寓吴地,今日江苏常熟的风景胜地虞山上有仲雍墓,即因传说仲雍死后安葬于此。

---

① 参见浙江省文物考古研究所、绍兴县文物保护管理局编著《印山越王陵》,文物出版社,2002年。

吴国的强大，大约始于太伯以后十九世的寿梦称王时期。但吴国国内的动乱，也在寿梦时就埋下了祸根。《吴太伯世家》记寿梦有四子：诸樊、馀祭、馀昧、季札。寿梦觉得四子季札最贤，要把王位传给他。季札坚决推辞，寿梦只好让长子诸樊权且掌管国事。寿梦死后，诸樊还是要让位给季札，季札说啥也不肯。结果诸樊的吴王是做到了死，可临死遗命，让二弟馀祭接班，这意思，是兄弟相传，最后总能传到有才而谦让的四弟季札那里。不料，馀祭、馀昧兄弟相继接班又相继去世后，轮到季札了，他还是逃。吴国人没辙，只得把馀昧的儿子僚抬出来做吴王，世称王僚。

王僚即位了，有人不乐意了。这不乐意的人，就是寿梦长子诸樊的儿子公子光。公子光的意思，我爸爸兄弟四个，本来应该传位给我的小叔季札。小叔不干，我爸又是先立为王的，怎么说也应该轮到我啊。

但生米已做成熟饭，公子光也没辙。只好暗地里招贤纳士，准备杀掉王僚。在苦苦等待了十三年之后，他终于等到了一个绝佳时机：这年吴王僚派自己的两位公子攻打楚国，又让季札出使晋国观察诸侯的动静，结果攻楚的吴国部队被楚军断了后路。乘国内空虚，公子光在谋臣伍子胥介绍的勇士专诸的帮助下，设计将匕首藏在煮熟的鱼里，最后亲手杀死了王僚，坐上了吴王的宝座。

这厉害的公子光不是别人，就是在本篇中和允常、勾践两代越国君主大打出手的吴王阖庐。

据《吴太伯世家》，阖庐即位后，曾于五年、十年两度与越国交战，互有胜负。到勾践元年他听说允常死了，再度出兵攻打越国时，他已经在位十九年了。这场酷烈的战斗在越国属地檇李也就是今天的嘉兴展开。勾践应战的策略颇为奇特，他派出"死士"也就是敢死队先行挑战，挑战的方式则令人惊骇与恐惧：先后排成三行的敢死队成员，行进到吴军阵前，高呼口号，然后集体持剑自杀。当吴国的军人看着眼前这骇人的一幕，还没反应过来这是怎么一回事时，紧跟而上的越军已经向他们发起了致命的攻击。吴军因之惨败，吴王阖庐也负伤而死。

有关此次战斗吴军遭败的实际地点，《吴太伯世家》云在"姑苏"，也就是今天的苏州附近，而本篇谓在檇李，二者不同。按《左传》鲁定公十四年有关

于此战的详细记录,称:

> 越子大败之,灵姑浮以戈击阖庐,阖庐伤将指,还,卒于陉,去檇李七里。

灵姑浮乃越大夫,他用戈击伤阖庐,虽只是伤及手指,却令阖庐在距檇李仅七华里之地,就一命呜呼,可见所持之戈不仅锋利,而且带有毒液也未可知。而阖庐卒于距檇李仅七华里之地的陉,可见当年吴军遭败的实际地点,只可能是檇李,而不会是姑苏①。

厉害的阖庐,就这样被同样厉害的勾践打死了。临终留给儿子夫差的,只有一句话:"一定不要忘了越国!"吴越两国,从此成为不共戴天的死敌。

> 三年,句践闻吴王夫差日夜勒兵,且以报越,越欲先吴未发往伐之。范蠡谏曰:"不可。臣闻兵者凶器也,战者逆德也,争者事之末也。阴谋逆德,好用凶器,试身于所末,上帝禁之,行者不利。"越王曰:"吾已决之矣。"遂兴师。吴王闻之,悉发精兵击越,败之夫椒。越王乃以余兵五千人保栖于会稽。吴王追而围之。

[讲解] 转眼三年过去了,传到越王勾践耳朵里的,总是敌方吴国的君王夫差日夜练兵,企图向越国报仇的消息。这里形容吴王治兵而云"勒",意思是夫差这回是真的下了狠心,所以会像拉紧马缰那样强迫军队进行战斗演练。勾践则有点耐不住了,想趁吴国尚未发兵,他越国先发制人,主动出击攻打吴国。

范蠡——一位在本篇里将频繁出场的越国大臣——出面劝阻勾践放弃攻吴的计划。范蠡的谏辞毫无新意,也很不具体,勾践自然不为所动,照例出兵攻吴。但范蠡谏辞所呈现的春秋战国时代兵法流播的广泛,却颇可玩

---

① 相应地,《吴太伯世家》里说此战越"伤吴王阖庐指,军却七里",其中"军却七里"的说法,恐怕也是误读《左传》"阖庐伤将指,还,卒于陉,去檇李七里"所致。

"臣闻兵者凶器也,战者逆德也,争者事之末也。"意思是:我听说兵器是不吉利的东西,打仗是违背道德的事情,争来夺去是所有事情里面最低档的。"阴谋逆德,好用凶器,试身于所末,上帝禁之,行者不利。"则是说:搞背离道德的阴谋诡计,喜欢用不吉利的东西,干最低档的事情,那都是上天禁止的,要那样做的人不会有好结果。

按与范蠡所说"兵者凶器"等语颇为相似的话,在西汉刘向的《说苑》里,又出自屈宜臼之口,其劝说的对象,则为大名鼎鼎的春秋时期将领吴起[①]。而在成书于战国时期的兵书《尉缭子》的《武议》篇里,也有"兵者凶器也,争者逆德也,将者死官也,故不得已而用之"的文句。这类带有普遍效用的兵家格言,在各不同国家、不同身份人士的口中笔下被极其熟练地应用,实际上正好从一个侧面,显示了那个战争频仍的时代,谈兵论战之文跨国界流行的热烈程度。

由勾践发动的这场战争,由于对手吴王夫差练兵已久,最终以越军败北而告终;战败的地点,这回是在吴国境内的椒山,地当今日苏州附近的太湖中。勾践只带出仅五千人的残馀军队逃归会稽山——所谓"保栖",是退守的意思;而着一个"栖"字,谓勾践的退守会稽山,就像鸟儿只能栖息在树枝上,下来不得,真是神来之笔,因为吴王夫差已经追到会稽,把这山团团围住了。

越王谓范蠡曰:"以不听子故至于此,为之奈何?"蠡对曰:"持满者与天,定倾者与人,节事者以地。卑辞厚礼以遗之,不许,而身与之市。"句践曰:"诺。"乃令大夫种行成于吴,膝行顿首曰:"君王亡臣句践使陪臣种敢告下执事:句践请为臣,妻为妾。"吴王将许之。子胥言于吴王曰:"天以越赐吴,勿许也。"种还,以报句践。句践欲杀妻子,燔宝器,触战以死。种止句践曰:"夫吴太宰嚭贪,可诱以利,请间行言之。"于是句践以美女宝器令种间献吴太宰嚭。嚭受,乃见

---

① 见《说苑》卷十五"指武",《四部丛刊》本。

大夫种于吴王。种顿首言曰:"愿大王赦句践之罪,尽入其宝器。不幸不赦,句践将尽杀其妻子,燔其宝器,悉五千人触战,必有当也。"嚭因说吴王曰:"越以服为臣,若将赦之,此国之利也。"吴王将许之。子胥进谏曰:"今不灭越,后必悔之。句践贤君,种、蠡良臣,若反国,将为乱。"吴王弗听,卒赦越,罢兵而归。

[讲解] 勾践为他的鲁莽之举付出了惨重的代价。他只好向当初劝阻他放弃攻吴计划的范蠡忏悔:"因为不听你的话,所以弄到这般地步,这下怎么办呢?"

范蠡这时给勾践出了一计;当然,出计之前,忘不了再说教一回:"持满者与天,定倾者与人,节事者以地。卑辞厚礼以遗之,不许,而身与之市。"这话的前半部分,大约是由《管子·形势》篇里"持满者与天,安危者与人"句增改而成的。《管子》这句里的"安危",是个动宾结构词组,所以和《史记》的"定倾"同义;"与"是赞同的意思;"与天"、"与人"则是倒装结构。所以范蠡这话的意思,是能够效法天道、像端一碗满水而不溢出那样处世的,天也赞同他;能够平定人间危难的,人也赞同他;能够节俭大地万事万物的,地也赞同他①。但范蠡的真正计谋,则是要求勾践:把低声下气的好话(即所谓"卑辞")和丰厚的礼品送给吴王,如果吴王还是不答应,那就把你自己也送上,和他做交易,就是"市"。

勾践批准了范蠡的计划,并派大夫种出使到吴国去讲和——"行成于吴"的"成",是"平"的意思,译成现代汉语,就是"求和"。

大夫种何许人也?据《吴越春秋》,此人姓文,名种,字子禽,原来也是楚国的官吏。传说有一回他到一个叫三户地方巡视,忽然听到有人装狗蹲着向他狂叫。他的下属觉得这可能会很让他丢面子,就赶紧拿衣服把那装狗叫的家伙遮起来。没想到文种却说:"别遮了。我听说狗要面对叫唤的,一定是人。现在我到这里,就觉得有圣人之气,所以赶着来找寻。再说人装狗叫,那是说我是人啊。"说着就下车朝那装狗叫的行礼。那装狗叫的,则不是

---

① "节事者以地"的"以",在这里通"与"。

别人,就是范蠡。

按记载,当时文种这般大度,范蠡还是没给他面子,竟不还礼。但文种的大度,却在勾践卑辞厚礼求和于吴国时,派上了大用场。

双膝跪着向前爬行,然后磕头,说"君王亡臣勾践使陪臣种敢告下执事",这真是无以复加的"卑辞"了:"君王"是指吴王;"亡臣"本是指逃亡的臣子,这里文种为了让吴王开心,就把自己的国君勾践算做吴王的开小差的部下了;"陪臣种"自然是文种自称,而"下执事"则是指吴王手下的办事人员。所以这开场白说的是:"吴王您的逃亡臣子勾践,派我这个陪伴小臣文种,斗胆报告吴王您手下的办事人员。"已经面对吴王说话了,为什么还要说自己是向吴王手下的办事人员报告呢?这也算是中国传统的一种谦辞,就像旧式的写给前辈或同辈的信,开头称呼常是"某某先生左右",信中又尊称对方为"足下"一样。

这开场白颇长,几乎超过了下面正文"勾践请为臣,妻为妾"的一倍,无疑是为了表示绝对的谦卑。文种的努力眼看就要成功,却不料碰到个伍子胥出来提醒吴王:"现在是上天把越国赐给吴国。别答应他们啊!"文种只好无功而返。

接到这消息的勾践受不了了,他打算以最极端的方式来应对吴国:杀死自己的妻子儿女,焚烧宝物尊器,然后与吴国决斗,战死沙场。

这回是文种出面劝阻勾践,并给头脑发热的国君出了另一计:"那吴国的太宰伯嚭十分贪婪,可以用利欲去引诱他。我请求微服出行去说服他。"文种刚从吴国回来,自然熟悉敌方内情,勾践以此准备了美女、宝器,让文种带着,趁机会奉献给那贪心的太宰嚭。

太宰嚭果然收下了礼物,并果然让文种再次见到了吴王;他还在文种慷慨陈词后,帮着说了几句关键性的话(文种陈辞末句"必有当也"的"当",是对等的意思;太宰嚭帮腔的首句"越以服为臣"的"以",通"已"),结果使吴王不再理会伍子胥的强谏,而撤了围困越国的部队,返回吴国。

有关这次成功解围的前因后果,《吴越春秋》所载与《史记》不尽相同,且其较《史记》详尽处,颇为后来文学家所采用,故不妨录出,略加讨论。按《吴越春秋》卷九"勾践阴谋外传"云:

十二年,越王谓大夫种曰:"孤闻吴王淫而好色,惑乱沉湎,不领政事。因此而谋,可乎?"种曰:"可破。夫吴王淫而好色,宰嚭佞以曳心。往献美女,其必受之。惟王选择美女二人而进之。"越王曰:"善。"

乃使相工索国中,得苎萝山鬻薪之女,曰西施、郑旦。饰以罗縠,教以容步,习于土城,临于都巷。三年学服,而献于吴。

乃使相国范蠡献曰:"越王勾践窃有二遗女,越国洿下困迫,不敢稽留。谨使臣蠡献之大王,不以鄙陋寝容,愿纳以供箕箒之用。"吴王大悦,曰:"越贡二女,乃勾践之尽忠于吴之证也。"子胥谏曰:"不可,王勿受也。臣闻五色令人目盲,五音令人耳聋。昔桀易汤而灭,纣易文王而亡。大王受之,后必有殃。臣闻越王朝书不倦,晦诵竟夜,且聚敢死之士数万,是人不死,必得其愿。越王服诚行仁,听谏进贤,是人不死,必成其名。臣闻越王夏被毛裘,冬御絺绤,是人不死,必为对隙。臣闻:贤士,国之宝;美女,国之咎。夏亡以妹喜,殷亡以妲己,周亡以褒姒。"吴王不听,遂受其女。

除了描写更详细,这段记载与《史记》相比较有四处重要的不同:一是行贿的对象主要是吴王,而不是太宰嚭;二是行贿的方式没有了宝器,只有美女;三是明确越国奉献的美女有两名,一位叫西施,一位叫郑旦;四是出使吴国的是范蠡,而非文种。这诸项不同,合理的解释只有一个,那就是《史记》和《吴越春秋》本身就是按照不同来源的史料编纂相关史事的。

值得注意的是,西施的名字,最早就是出现在《吴越春秋》里的。这位传说是浙江诸暨出产的美女,在以后的中国通俗文学史上频繁亮相——《史记》本篇末写到范蠡离开越国成为发财的陶朱公,就被后来好事的文人拉郎配,在其中加进了个西施,让这当日的智慧大臣和低微民女,演起了一出古装生死恋[①]。

意味深长的是,当年一同献给吴国的另一位佳人郑旦,却很少有人再提起。

---

① 传统文学文本中,以范蠡西施爱情故事为主线加以表现的,最著名的是明代戏曲家梁辰鱼所作传奇《浣纱记》。

句践之困会稽也,喟然叹曰:"吾终于此乎?"种曰:"汤系夏台,文王囚羑里,晋重耳奔翟,齐小白奔莒,其卒王霸。由是观之,何遽不为福乎?"

[讲解] 这是一段回溯性的插叙。说的是勾践尚"保栖"在会稽山的时候,对自己的前途颇为悲观,心胸宽阔的文种因此举了历史上四个先处逆境、终得称霸的例子,来宽慰他。文末"何遽不为福乎"一句中,"何遽"是"哪里一定"的意思,故这句话译成现代汉语,就是:"(现在咱们遭困在此,)哪里一定不是福呢?"

文种所举历史上四个先处逆境、终得称霸的例子,分别是"汤系夏台"、"文王囚羑里"、"晋重耳奔翟"和"齐小白奔莒"。前二者属于夏商周三代旧事,其中"汤系夏台"的"系",是软禁的意思。其事不见于《史记·殷本纪》,而同书《夏本纪》载商汤伐夏桀,桀逃往一个叫鸣条的地方,最后死在野外,临死前曾对身边的人说:"吾悔不遂杀汤于夏台,使至此。"据此商汤确曾被桀囚禁。而"文王囚羑里",是说周文王姬昌曾被商纣王幽禁在羑里一地,其经过在《殷本纪》里有明晰的记载,本书第一讲于此有详解,可参阅。

相比之下,文种所举四例中的后两例,属于春秋史事,在勾践当时要算是近代史,意义因此也尤其重大。

"晋重耳奔翟"事,见《史记·晋世家》,说的是晋献公时的宠妾骊姬,为使自己所生的儿子奚齐继承君位,而在献公跟前挑拨离间,不仅逼得太子申生自杀,还把公子重耳逼得跳围墙逃跑——重耳逃跑时曾被追杀的宦官斩断了衣襟,差点丢了性命——只得投奔邻国翟国避难,这就是晋国历史上著名的"骊姬之难"。此后经过长达十九年的流亡,在秦穆公的帮助下,重耳终于回到晋国,当上晋文公,并一度成为春秋霸主。

"齐小白奔莒"事,则见于《史记·齐太公世家》,说的是齐襄公乱开杀戒,淫乱无比,两个弟弟公子纠、小白为了避祸,分别跑到鲁国和莒国。公子纠当时随从的老师兼谋臣是管仲、召忽;小白的师傅是鲍叔,又有卫国大夫高傒等人给他出主意,因为小白的母亲是卫国人。后来齐国发生内乱,襄公以及杀襄公自立为君的无知相继死去,纠和小白都有了继位的机会。公子纠被鲁国发兵护送前往齐国,他的老师管仲则被派到莒,领着另一支部队挡住了莒通往齐的道路,并发箭射中了同样计划返齐的小白的衣服带钩。小白将计就计,装死以麻痹管仲,而后躺在专载尸体的温车里急驰回国,六天后等公子纠大摇大摆回到齐国时,小白已在高傒的帮助下即位多时了。这小白不是别人,就是后来的春秋一霸齐桓公。

重耳和小白(也就是晋文公和齐桓公)人生道路的惊险曲折,以及他们最终称霸的辉煌,对于尚处在危难中的勾践,无疑具有极大的激励作用。而如果这样的例子确实出自文种之口,说明春秋时代的越国,虽然相对于中原诸大国而言尚是未开化之地,但文化的交流,实已初显端倪。

吴既赦越,越王句践反国,乃苦身焦思,置胆于坐,坐卧即仰胆,饮食亦尝胆也。曰:"女忘会稽之耻邪?"身自耕作,夫人自织,食不加肉,衣不重采,折节下贤人,厚遇宾客,振贫吊死,与百姓同其劳。欲使范蠡治国政,蠡对曰:"兵甲之事,种不如蠡;填抚国家,亲附百姓,蠡不如种。"于是举国政属大夫种,而使范蠡与大夫柘稽行成,为质于吴。二岁而吴归蠡。

句践自会稽归七年,拊循其士民,欲用以报吴。大夫逢同谏曰:"国新流亡,今乃复殷给,缮饰备利,吴必惧,惧则难必至。且鸷鸟之击也,必匿其形。今夫吴兵加齐、晋,怨深于楚、越,名高天下,实害周室,德少而功多,必淫自矜。为越计,莫若结齐,亲楚,附晋,以厚吴。吴之志广,必轻战。是我连其权,三国伐之,越承其弊,可克也。"句践曰:"善。"

[讲解] 勾践总算是躲过了一劫,保住了性命与国家。但臣服于敌国的耻辱,一直在他的心头挥之不去。于是就有了"苦身焦思,置胆于坐,坐卧即仰胆,饮食亦尝胆也"的非常之举。

按"置胆于坐"的"坐",通"座";"胆"则当是动物的苦胆,据文意,这四个字的意思是在自己座位的上方放置了苦胆。接下来的,就是大家都非常熟悉的卧薪尝胆故事了。

但是如果我们仔细阅读这段文字,会发现一个很有意思的现象,就是其中只有"尝胆",而没有"卧薪"。事实上不光是《史记·越王句践世家》里如此,《吴越春秋》《越绝书》等相关史书里写到勾践,也都只有"尝胆",而没有"卧薪"。

"卧薪尝胆"作为一个成语使用,大约始于宋代苏轼的《拟孙权答曹操书》,该文中有"仆受遣以来,卧薪尝胆"之语①。到了南宋,卧薪尝胆的说法,开始直接与勾践挂钩,而祝穆所编类书《古今事文类聚》里的有关记载,尤可注意。该书别集卷三十一《人事部》的"报仇"目下有《尝胆报仇》一条,所记即勾践故事。故事由三条材料组成:第一、二条皆注出处,分别源自《史记》和《吴越春秋》,其中有"尝胆"而无"卧薪"。第三条云:"(勾践)卧薪尝胆,以雪夫椒之耻。"其中"卧薪"与"尝胆"俱备,且事属勾践,但是条下无任何文字说明此语的出处。据此我们推想,祝穆所记,本无文献依据,而勾践卧薪之说,似出于两宋时期的民间口传。

司马迁笔下的勾践,虽未卧薪,而生活的艰苦,依然有目共睹,所谓"身自耕作,夫人自织,食不加肉,衣不重采",即其证。"衣不重采"的"重"是重复的重,直译就是不穿两种颜色的衣服,意指勾践服饰非常简朴。而下面述说勾践谦逊,云其"折节下贤人",其中"折节"一词,专指地位较高的人自我降低身份,因为"折"是弯曲的意思,"节"这里指个人名节;"下贤人"的"下",是个动词,是把自己放在贤人之下的意思。

这一部分接着说到了勾践对非常时期国家领导人的人事安排。由于范蠡的谦让,内政由文种主管;因为据范蠡说,文种在"填抚国家,亲附百姓"方面比他更在行。这里"填抚"的"填",读作 zhèn,意思同"镇",镇抚也就是安定。而范蠡本人,则和大夫柘稽一起去吴国"为质"也就是当人质,过了两年才被放回来。

按中国历史上因为国家之间纷争不断,一个相对弱小的国家,在不得已之时被迫派出一定级别的重要人物,赴对方国家充当人质,类似的事件时有

---

① 《拟孙权答曹操书》,收入《苏轼文集》卷六十四,中华书局 1986 年标点本。

发生。杨联陞先生有《中国历史上的人质》一文,可参阅①。

这一部分还记载了七年后越国元气渐苏时,大夫逢同对急于报仇的勾践的劝谏。文中谓勾践"拊循其士民","拊循"乃安抚之意。"缮饰备利",是指越国修整宫殿的装饰,准备坚兵利器。这两样在逢同看来都过于招摇,容易让吴国感到恐惧,而给越国带来灾难。逢同的计策,是越国一方面要自我隐蔽实力,另一方面"结齐,亲楚,附晋"而"连其权"("权"就是"衡",所以"连其权"就是连衡),来达到"厚吴"(让吴国感觉自己国力非常雄厚),从而使吴国"志广"(野心膨胀),最终"轻战"(轻易发动战争)的目的。

> 居二年,吴王将伐齐。子胥谏曰:"未可。臣闻勾践食不重味,与百姓同苦乐。此人不死,必为国患。吴有越,腹心之疾,齐与吴,疥癣也。愿王释齐,先越。"吴王弗听,遂伐齐,败之艾陵,虏齐高、国以归。让子胥。子胥曰:"王毋喜!"王怒,子胥欲自杀,王闻而止之。越大夫种曰:"臣观吴王政骄矣,请试尝之贷粟,以卜其事。"请贷,吴王欲与,子胥谏勿与,王遂与之,越乃私喜。子胥言曰:"王不听谏,后三年吴其墟乎!"太宰嚭闻之,乃数与子胥争越议,因谗子胥曰:"伍员貌忠而实忍人,其父兄不顾,安能顾王?王前欲伐齐,员强谏,已而有功,用是反怨王。王不备伍员,员必为乱。"与逢同共谋,谗之王。王始不从,乃使子胥于齐,闻其托子于鲍氏,王乃大怒,曰:"伍员果欺寡人!"役反,使人赐子胥属镂剑以自杀。子胥大笑曰:"我令而父霸,我又立若,若初欲分吴国半予我,我不受,已,今若反以谗诛我。嗟乎,嗟乎,一人固不能独立!"报使者曰:"必取吾眼置吴东门,以观越兵入也!"于是吴任嚭政。

[讲解] 逢同给勾践出的计策,果然有效。两年后,吴王不听伍子胥的再度劝阻,根本不把被伍子胥称为吴国"腹心之疾"的越国放在眼里,执意讨

---

① 杨联陞《中国历史上的人质》,见所著《中国制度史研究》第39—51页,江苏人民出版社,1998年。

伐齐国。而在伍子胥看来,"齐与吴,疥癣也";这里的"与",当作"于",所以这话意思,是齐国对于吴国而言,实际不过像"疥癣"一类的皮肤病,根本没那么重要啊。

吴王这般"志广"而"轻战",使越国君臣非常高兴。文种又给勾践出一计:"请试尝之贷粟,以卜其事。"意思是请让我试探着向吴国借粮食,用这方法来预测吴国的情况。言下之意,要是吴国肯借粮食,那说明它真的不戒备越国了。结果尽管有伍子胥的劝阻,吴王还是把粮食借给了越国。

顺便一提,越国此番向吴国借粮的动因,据刘向《说苑》的记载,是越国发生了饥荒,令勾践感到非常害怕;而并非如《史记》载,只是文种想出的借以预测吴国动向的计谋。从逻辑上看,似乎《说苑》的记载更可信。另外在《说苑》里,给勾践出向吴国借粮点子的,也不是文种,而是一个叫四水的谋臣——《史记评林》所引《说苑》,则径作范蠡——这四水(抑或范蠡)还有一番理由,曰:"夫饥,越之福也,而吴之祸也。夫吴国甚富而财有馀,其君好名而不思后患。若我卑辞重币以请籴于吴,吴必与我。与我则吴可取也。"①

我们大约已经发现,在有关越国的不同文献中,同样的计策,出计的谋臣却经常不是同一人。考虑到古越国的特殊性,其历史传存至汉代,恐怕主要还是故老的口述,所以我们有理由推测,当年在勾践身边的,其实是个谋士集体,该集体以范蠡、文种为代表,所以某一计策属于范蠡,抑或文种,其实都不过是该集体的一个符号而已。

越国计谋的成功,也就意味着吴国危险的日益临近。但吴王依然听信太宰嚭的谗言,而最终令忠贞的谏臣伍子胥自杀。

伍子胥是用吴王所赐属镂剑自杀的。此剑乃吴国名剑,其名在《荀子·成相》篇里作"独鹿",在扬雄《太玄赋》里称"属娄",在《广雅·释器》里叫"属鹿",在《吴越春秋》里谓"属庐"。名号异文而音似,说明当时仅有口头称呼,而实未在文字上定名。又吴王夫差所用剑,上世纪五十年代以来,在湖北襄阳、河南辉县等地古墓中屡有出土②,但其中是否有属镂剑,则尚待

---

① 《说苑》卷十三"权谋"。
② 参见襄阳首届亦工亦农考古训练班《襄阳蔡坡12号墓出土吴王夫差剑等文物》,崔墨林《河南辉县发现吴王夫差铜剑》,二文均载《文物》1976年第11期。

考证。

伍子胥临终前,对吴王夫差说了一段极其悲愤的话:"我令而父霸,我又立若,若初欲分吴国半予我,我不受,已,今若反以谗诛我。嗟乎,嗟乎,一人固不能独立!"这其中的"而"、"若",都是"你"的意思。文末"一人固不能独立"句,可作两种理解,一是伍子胥自况:"一个人本来是不可以遗世独立的!"言下之意,自己过于超群,所以反遭摧折;一是伍子胥预言夫差的未来:"你一个人终究是无法自立的!"言下之意,当年你父亲和你都是靠我的帮助才登基的,现在你杀了我,你也会完蛋的。两相比较,似乎第一种理解更合乎伍子胥的个性及其当时心境。

居三年,句践召范蠡曰:"吴已杀子胥,导谀者众,可乎?"对曰:"未可。"

至明年春,吴王北会诸侯于黄池,吴国精兵从王,惟独老弱与太子留守。句践复问范蠡,蠡曰:"可矣。"乃发习流二千人,教士四万人,君子六千人,诸御千人,伐吴。吴师败,遂杀吴太子。吴告急于王,王方会诸侯于黄池,惧天下闻之,乃秘之。吴王已盟黄池,乃使人厚礼以请成越。越自度亦未能灭吴,乃与吴平。

[讲解] 伍子胥被害后的第四年,越国终于等到一个时机,展开了它的复仇之战。

这一年的春天,吴王北上与诸侯各国在黄池聚会,吴国的精锐部队都随夫差而行,只有吴太子友和一帮老弱者留守国内。勾践在范蠡的辅佐下,发兵攻击吴国,不仅打败了留守的吴军,还把吴太子友也杀了。消息传到尚在黄池的夫差那里,考虑到国际影响,他把此事瞒了起来。等聚会盟誓结束了,他才派使者带着重礼向越国求和。越国则考虑以自己当时的实力,还无法灭掉吴国,就与吴国讲和了。

越国此次进攻吴国,《史记》载其"发习流二千人,教士四万人,君子六千人,诸御千人"。习流、教士、君子、诸御,当是四类不同的军事人员。其中教士指训练有素的士兵,君子指越王所养的亲信武士,诸御指诸位在军队行使管理职权的军官，向无异议。而"习流"所指为何，则各家之说颇有差距。

《史记索隐》据《尚书·虞书》"流宥五刑"语，而谓"习流二千人"是："流放之罪人，使之习战，任为卒伍，故有二千人。"《史记正义》则云"谓先惯习流利战阵死者二千人"。《正义》将"发习流二千人"理解为第一批很会打仗的军人死了两千人，自是无稽之谈；但《索隐》将"习流"视为戴罪从军的特殊部队，也颇无据。所以后来明代陈霆开玩笑道："岂越一小国，而有如许流人哉！"

"习流"的比较合理的解释，应当是陈霆说的"士之习水战者"，也就是水军。陈氏并引用徐天佑《吴越春秋注》里"笠泽之胜，越以三军潜涉"诸语，而推测"习流即潜流之士"，也就是潜水部队①，说甚新异，但是否史实，仍待考证。不过越国军队一直善于水战，则史籍多有记载。吕思勉《读史札记》甲帙"先秦"之部，有"古水战"一则，其中所引史料，就多次涉及越国之师奋战于江河湖海的事迹。如《墨子·鲁问》的如下一段：

> 昔者楚人与越人舟战于江，楚人顺流而进，迎流而退。见利而进，见不利则其退难。越人迎流而进，顺流而退。见利而进，见不利则其退速。越人因此若势，亟败楚人。

说的虽是稍后的史事，却很可见擅长水战的越人对于水性的透彻把握。而所谓"越之伐吴也，亦使范蠡、后庸率师沿海泝淮，以绝吴路"，出于《国语·吴语》，这出东海，抵淮河，通过水路包抄，切断吴国后路的精彩一幕，大约就是越国此次或下次征吴的实际情状②。

这里另外可以一说的，是与文中"吴王北会诸侯于黄池"、"吴王已盟黄池"记载相关的春秋时代诸侯的会盟制度。按《左传》昭公三年有"令诸侯三岁而聘，五岁而朝，有事而会，不协而盟"的记载。"会"之出于"有事"，"盟"因"不协"而生，可见会盟绝非世界和平大会，而是一场充满了政治、外交争斗，又以军事实力为基础的国际较量，所以吴王必须将他的精兵如数带上。

---

① 陈霆的见解，均转引自《史记评林》卷四十一。
② 参见《吕思勉读史札记》第321—322页，上海古籍出版社，1982年。

而会盟如果成功,一般会留下参与会盟的各方共同商定,又必须一体遵守的文本式盟誓或者叫盟书。盟书往往是一式两份,一份藏于盟府,以备参盟者相互制约;另一份则被埋入地下或沉到河里,成为会盟成功的永久纪念。迄今为止考古发现的春秋时期的盟书实物,最著名的是出土于山西侯马晋国遗址的《侯马盟书》。那是用红色的笔,写在玉石片上的数千篇盟词,其中述说的,则是春秋末期三晋大地的无数场悲欢离合①。

其后四年,越复伐吴。吴士民罢弊,轻锐尽死于齐、晋。而越大破吴,因而留围之三年,吴师败,越遂复栖吴王于姑苏之山。吴王使公孙雄肉袒膝行而前,请成越王曰:"孤臣夫差敢布腹心,异日尝得罪于会稽,夫差不敢逆命,得与君王成以归。今君王举玉趾而诛孤臣,孤臣惟命是听,意者亦欲如会稽之赦孤臣之罪乎?"句践不忍,欲许之。范蠡曰:"会稽之事,天以越赐吴,吴不取。今天以吴赐越,越其可逆天乎?且夫君王早朝晏罢,非为吴邪?谋之二十二年,一旦而弃之,可乎?且夫天与弗取,反受其咎。'伐柯者其则不远',君忘会稽之厄乎?"句践曰:"吾欲听子言,吾不忍其使者。"范蠡乃鼓进兵,曰:"王已属政于执事,使者去,不者且得罪。"吴使者泣而去。句践怜之,乃使人谓吴王曰:"吾置王甬东,君百家。"吴王谢曰:"吾老矣,不能事君王!"遂自杀。乃蔽其面,曰:"吾无面以见子胥也!"越王乃葬吴王而诛太宰嚭。

[讲解] 但是勾践并未以打败吴军、杀死吴太子为满足,他的目标是消灭吴国。四年后,趁着吴国"士民罢弊"——这里的"罢",读作 pí,通"疲",所以"罢弊"就是筋疲力尽,百事荒废——他再次发兵攻打吴国并且大获全胜。这回最令勾践得意的,当是他的部队把吴国围困了足足三年,不仅最后大败吴军,而且让吴王夫差也如他勾践当年"保栖于会稽"一样,不得不"栖"到了

---

① 参见山西省文物工作委员会编《侯马盟书》,文物出版社,1976年。

姑苏山上。

相似的历史戏剧,于是重新上演,只不过求和的和被求的,换了位置。但这出戏的结局,则和前此的完全不同:由于范蠡的坚持,尽管吴国使者说尽了软话,勾践也有不忍之心,越国最终没有如吴国当年那样宽恕自己的老对手。吴王夫差因此只能以自杀了此一生。

范蠡的坚持,自有其理由。在他急切地劝谏勾践决不能宽恕吴国的一番大道理中,"天与弗取,反受其咎"和"伐柯者其则不远"两句,均出于古典,颇可玩味。

按《汉书》载萧何劝谏刘邦语,中有"天与不取,反受其咎"的八字古训,且谓其典出《周书》。注《汉书》的唐人颜师古以为,这《周书》"本与《尚书》同类"。[①]如果《汉书》所载与颜氏所注都没错,那么范蠡所说的"天与弗取,反受其咎",当即源自那种早已佚失的古《周书》。而"伐柯者其则不远",则源于如下的古诗:

> 伐柯如何?匪斧不克。娶妻如何?匪媒不得。
> 伐柯伐柯,其则不远。我觏之子,笾豆有践。

这是《诗经·豳风》的《伐柯》篇,一般认为写的是周代的大夫希望周成王迎归周公。"柯"是指斧头柄,"伐柯"就是砍一个斧头柄。砍一个斧头柄本身又需要用斧子,所以说"匪斧不克",也就是说没有斧子就不能做。同样的道理,在当时看来,娶妻没有媒人,也是万万不行的。而"伐柯伐柯,其则不远",说的是砍个斧头柄,它的规格不必远求;言下之意,斧头柄要砍成什么样子,看看你手中拿的斧子就行了。至"我觏之子"的"觏",是会见的意思。"笾豆有践"的"笾豆",是一种高档食器;而"践"则是表示陈列有序的样子。所以"我觏之子,笾豆有践"八字,译成现代汉语,大意就是:我要会见这个人,只要把食器整齐地陈列出来就行。

但这里有一个问题,《诗经·伐柯》篇里"伐柯伐柯,其则不远"的本意,不论是直译成"砍个斧头柄,砍个斧头柄,它的规格不必远求",还是意译为

---

① 见《汉书》卷三十九《萧何曹参传》。

"斧头柄要砍成什么样子,看看你手中拿的斧子就行了",都和范蠡劝谏勾践决不能宽恕吴国的情境不合。而如果我们考虑范蠡在引用《诗经》此语前还引了"天与弗取,反受其咎"的古训,则"伐柯伐柯,其则不远"在范蠡那里的现实意思,应当与前者近似。按"伐柯"的基础,是树木。那么从逻辑上讲,今天你还是有生命的自主的树,明天可能就会被砍伐,并被制成为受人驱使的斧柄,再去砍伐别的树。范蠡就用斧头柄制作的这个"则",来向勾践喻示,如果不彻底清除吴国,越国就仍有可能被吴国征服,并受其驱使进攻其他国家。

如果范蠡节引《诗经》而作此解,不是典型的断章取义么?正是断章取义。只是需要补充说明,这种断章取义征引旧籍,来为自身现实目的服务的做法,并非范蠡独创,而是春秋时期纷争不断的政治外交场合中,流行于各国政客、谋士间的一种独特的论说方式。意味深长的是,《诗》《书》古典,竟也在这般特殊的情境里,显现出其丰富无比的深邃内涵。

句践已平吴,乃以兵北渡淮,与齐、晋诸侯会于徐州,致贡于周。周元王使人赐句践胙,命为伯。句践已去,渡淮南,以淮上地与楚,归吴所侵宋地于宋,与鲁泗东方百里。当是时,越兵横行于江、淮东,诸侯毕贺,号称霸王。

[讲解] 灭吴之于越国而言,无疑是一个由弱转强的分水岭。在接下来实施的广泛的外交攻势中,勾践获得了两大历史性的成果:一是通过向周元王的朝贡,取得传统意义上的中央王朝的认可,而受赐"胙"(即表示福佑的祭肉),并被命名为"伯";二是在实力大增,慷慨地将被其占领或收复的土地赠送给相关国家后,一度登上诸侯霸主的宝座。前者显示了其突破地域性低文明王国的努力,终于开花结果,越国自此开始为周王朝及中原诸传统大国所承认,被视为当时中国的一部分。后者则表明灭吴之后的越国,国力高速增强,如果历史之路的由此径直延续,天下尽为其囊中之物亦并非毫无可能。近年在江苏无锡的鸿山镇,发现了据考为越王勾践时期的越国贵族墓群。代表了不同等级身份的七座墓,出土随葬品高达 2 000 件,其中成组

成套的越国青瓷礼器和乐器,与极少量的高等级瓷器,为前所未见,中国陶瓷史上成熟青瓷的出现年代,因此可以再上推 600 年[①]。勾践时代越国的强盛风貌,于此可见一斑。

此外,本段文字涉及春秋时期的两项重要制度——贡赋和五等爵,有必要作一诠释。按"贡"就是诸侯进献土产给朝廷,作为一种制度,据说源自《尚书·禹贡》。但在春秋时代,这种朝贡经常和国家的实力相关。而与"伯"这一名号相联系的所谓五等爵,据《春秋公羊传》隐公五年的说法,是"天子三公称公,王者之后称公,其余大国称侯,小国称伯、子、男"。现代学者研究的结果表明,它其实是春秋时代的周王朝,基于历史与现状,而设计的一种兼有虚衔实位的分封制度。而周元王给勾践以"伯"的头衔,正反映了在当时的中原王朝眼中,越国虽然渐趋强盛,终究还是个小国。至于它后来所称的"王",自然是处于五等爵之上,而为周王所难以牢笼的名分了。

范蠡遂去,自齐遗大夫种书曰:"蜚鸟尽,良弓藏;狡兔死,走狗烹。越王为人长颈鸟喙,可与共患难,不可与共乐。子何不去?"种见书,称病不朝。人或谗种且作乱,越王乃赐种剑曰:"子教寡人伐吴七术,寡人用其三而败吴,其四在子,子为我从先王试之。"种遂自杀。

[讲解] 但是就在越国国力高速增强的时候,勾践的重要大臣范蠡却离他而去。不仅自己离去,范蠡还劝说文种辞职。他在写给文种的信里,引用了"蜚鸟尽,良弓藏;狡兔死,走狗烹"的格言;这一格言影响颇为深远,后来西汉初的著名将领韩信被刘邦怀疑,几临死境时,说的就是"狡兔死,良狗烹;高鸟尽,良弓藏;敌国破,谋臣亡",事见《史记》的《淮阴侯列传》,可参阅。

但文种没有范蠡幸运,他不仅人没走成,还招来杀身之祸。

文种是被勾践赐剑自杀的。在这位为越国强盛作出杰出贡献的大臣临

[①] 此无锡鸿山越国贵族墓已被评为 2004 年度中国十大考古新发现之一,参见《无锡越国墓展示越王勾践时代文化风采》,华夏网(www.huaxia.com)2005 年 4 月 22 日消息。

终前,勾践无情地说:"你教了我讨伐吴国的七招,我只用了其中的三招就打败了吴国。还有四招在你那里。你就追随我那已经死去的老越王,试试这把剑吧!"

按所谓"伐吴七术",《越绝书》所记为"九术",依次是:"一曰尊天地,事鬼神;二曰重财币,以遗其君;三曰贵籴粟橐,以空其邦;四曰遗之好美,以荧其志;五曰遗之巧匠,使起宫室高台,尽其财,疲其力;六曰贵其谀臣,使之易伐;七曰强其谏臣,使之自杀;八曰邦家富而备器;九曰坚厉甲兵,以承其弊。"①前人据此认为勾践所用其三,分别是第四招的"遗之好美以荧其志"、第六招的"贵其谀臣使之易伐"和第九招的"坚甲利兵以乘其弊"②。但从本篇世家的记载看,第二、第三招亦为越国所曾用,则"七术"的名目,在司马迁当时所用的史料里,或许与上引"九术"不同,也未可知。

又文种被勾践赐剑自杀,使人很容易联想到,前此吴国名臣伍子胥也是用吴王所赐属镂剑自杀的。吴越两国均有国君赐剑命大臣自尽之例,一方面说明,这两个国家虽势如水火,而国君残暴,如出一辙;另一方面也显示了剑这一兵器在吴越两国使用的广泛性,并使我们由此推测,吴越之地确如传说所言,春秋时期兵器制造尤其是铸剑技术,已经达到了相当的水准。

考古发现与研究证实了这一点。吴王剑的发现上文已有述及。二十世纪六十年代以来,湖南、湖北地区又相继考古发现了众多的越王剑。其中最著名的,是1965年在湖北江陵望山楚墓出土的越王勾践剑,剑体刻有"越王鸠浅(勾践),自作用剑"的八字铭文③。近年有关专家对出土的吴越青铜剑的铸造工艺,做了深入的研究,发现2500多年前,吴越国人已经发明表面合金化技术、青铜复合铸造技术和薄壁同心圆成型技术④。

句践卒,子王鼫与立。王鼫与卒,子王不寿立。王不寿卒,子王翁立。王翁卒,子王翳立。王翳卒,子王之侯立。王之侯卒,子王无

---

① 《越绝书》卷十二,上海古籍出版社1985年标点本。
② 《史记评林》卷四十一《越世家》引高仪说。
③ 参见谭维四《奇宝渊源——越王勾践剑与吴王夫差矛琐记》,《文物天地》1986年第5期。
④ 参见《吴越青铜剑之谜破解》,《文汇报》2002年2月22日第7版。

疆立。

　　王无疆时，越兴师北伐齐，西伐楚，与中国争强。当楚威王之时，越北伐齐，齐威王使人说越王曰："越不伐楚，大不王，小不伯。图越之所为不伐楚者，为不得晋也。韩、魏固不攻楚。韩之攻楚，覆其军，杀其将，则叶、阳翟危；魏亦覆其军，杀其将，则陈、上蔡不安。故二晋之事越也，不至于覆军杀将，马汗之力不效。所重于得晋者何也？"越王曰："所求于晋者，不至顿刃接兵，而况于攻城围邑乎？愿魏以聚大梁之下，愿齐之试兵南阳、莒地，以聚常、郯之境，则方城之外不南，淮、泗之间不东，商、于、析、郦、宗胡之地，夏路以左，不足以备秦，江南、泗上不足以待越矣。则齐、秦、韩、魏得志于楚也，是二晋不战分地，不耕而获之。不此之为，而顿刃于河山之间以为齐秦用，所待者如此其失计，奈何其以此王也！"齐使者曰："幸也越之不亡也！吾不贵其用智之如目，见豪毛而不见其睫也。今王知晋之失计，而不自知越之过，是目论也。王所待于晋者，非有马汗之力也，又非可与合军连和也，将待之以分楚众也。今楚众已分，何待于晋？"越王曰："奈何？"曰："楚三大夫张九军，北围曲沃、於中，以至无假之关者三千七百里，景翠之军北聚鲁、齐、南阳，分有大此者乎？且王之所求者，斗晋楚也；晋楚不斗，越兵不起，是知二五而不知十也。此时不攻楚，臣以是知越大不王，小不伯。复雠、庞、长沙，楚之粟也；竟泽陵，楚之材也。越窥兵通无假之关，此四邑者不上贡事于郢矣。臣闻之，图王不王，其敝可以伯。然而不伯者，王道失也。故愿大王之转攻楚也。"

　　于是越遂释齐而伐楚。楚威王兴兵而伐之，大败越，杀王无疆，尽取故吴地至浙江，北破齐于徐州。而越以此散，诸族子争立，或为王，或为君，滨于江南海上，服朝于楚。

　　[讲解]　失去了范蠡、又赐死了文种的勾践，自己也终于死了。时在晋

出公十年①,当公元前 465 年。他的王位传了数代之后,一个叫无彊的新越王登基并开始了新的征伐。

无彊北攻齐国,西击楚国,目的是和中原以周王朝为中心的上方之国争强斗胜。他的计划是首先进攻齐国。但在发兵之初,他被齐威王派来的巧舌如簧的使者一顿神侃,便听从其计,放过齐国,转而攻打楚国,结果反被楚国打败,落得个国破身亡的可悲下场。

今日再回过头去,细绎当年齐国使者与无彊间的对答,可以发现齐使之所以能说动无彊攻楚,盖因其说辞既投新越王之所好,又并非全无实际的道理。

齐使的第一段说辞,开门见山,摆出了越国若不打楚国的后果:大不能称王,小不能称霸——这里的"伯",音义均同"霸"。接着指出:想来越之所以不攻打楚国,是因为没有得到三晋之地的韩、魏两国的帮助的缘故。但紧跟着又说,韩、魏本来就不会去打楚国,原因是他们如果进攻楚国,不光会损兵折将,还会使各自与楚接壤的城邑处于危难之中。所以结论就自然是:"故二晋之事越也,不至于覆军杀将,马汗之力不效。"意思就是韩、魏两国即使来帮助越国的话,也不会到损兵折将的地步,不会为你效汗马之劳。因此越国为何还这么看重韩、魏的帮助呢?

回应齐使的这段说辞,越王无彊针锋相对:我所要求韩、魏的,本来就没到要他们跟楚国舞刀动兵的程度,哪里谈得上什么围攻城邑呢?我所希望的只是,魏国军队汇聚到大梁城下,齐国在南阳、莒地一带练兵,而后集结至常、郯二邑的边境地区,那么楚国驻扎在方城的部队就不敢外出南攻,淮水、泗水之间的楚军也不敢东袭;商、于、析、郦、宗胡之等地,楚国通向中原的大路的左侧方面,不足以抵御秦国;长江以南、泗水之上,楚国也不足以对抗越国了。此计若能成功,无彊认为齐、秦、韩、魏都可以"得志于楚",即从楚国那里获得满足,也就是捞到好处——就韩、魏两国而言,便是不打仗就可以分到土地,不耕种就能够收获庄稼。而现在韩、魏不做向南集结部队,以等待瓜分楚国中部领土这样的好事,反而在北方的黄河、华山一带屯兵,被齐、秦两国当工具使唤,他们所期待的竟是这般失策的事情,还怎么可能靠这个

---

① 据《史记》本篇"勾践卒"句下《索隐》引《竹书纪年》。

称王呢?

　　无彊的这段回应确乎精彩,而齐国使者的反应也近乎神速:"啊呀真是万幸啊,越国还没灭亡!"这极度夸张而又耸人听闻的开头,预示着带有陷阱性质的第二段说辞,将更具迷惑力。接下来的"吾不贵其用智之如目,见豪毛而不见其睫也"句,便以其独特的哲理意趣,诱使无彊离开了原本的论说轨道。此句的意思,是我不崇奉如下的做法,即运用智慧如同眼睛,能看见别处的细微毫毛,却看不见自己的眼睫毛。齐使说这个比喻的目的,无非是想镇住无彊:你现在只知道韩、魏的失策,而不清楚越国自己的过错,那就是"目论"——与"见豪毛而不见其睫"的眼睛一样不聪明的见解。至于越国自己的过错究竟在哪里,齐使再一次绕回到先前的越国期待韩、魏帮助的话题。只是这回他顺着无彊前面的回应说话,而发言则一针见血:越国指望韩、魏的,既不是为越效汗马之劳,也不是汇合双方军队以成联盟之势,而只是期待他们能分散楚国大军的人马。聪明的齐使紧接着问:现在楚国大军的人马已经分散了,您还指望韩、魏什么呢?

　　楚国大军的人马已经分散了? 那真是连霸气十足的无彊也没听说过的爆炸性军事密闻。事已至此,无彊也只得将信将疑地领受齐使的第三段说辞。齐使也着实了得,探到了如下的重要军事情报:楚国两支大军,一支北围曲沃、於中,战线一直拉到无假关,长达三千七百里,另一支向北集结在鲁、齐、南阳一带。按曲沃、於中在当时楚国的西北,鲁、齐、南阳则在楚国的东北,所以齐使得意地问无彊:"分散兵力还有比这更大的么?"大约眼看着无彊心动了,齐使步步进逼,且不忘诱之以利:"复雠、庞、长沙,楚之粟也;竟泽陵,楚之材也。越窥兵通无假之关,此四邑者不上贡事于郢矣。"据《史记索隐》说,这段话开头的"复"字前面,少了一个"况"字;"雠",是"讎(音chōu)"字的误写;"竟泽陵",则当作"竟陵泽"。——古文献学上,描述这三种情况分别有三个术语,文字缺失叫"脱",文字误写叫"讹",变更文字顺序叫"乙"——由于郢是楚国的首都,所以"此四邑者不上贡事于郢"的意思,就是只要越国出兵占领讎、庞、长沙和竟陵泽,那么这四个楚国经济关键地区的出产,就不会再上贡到楚国都郢,而可以转贡到越国了。

　　越王无彊就这样被说服了,越国也就这样转攻楚国而终至失败,并且一败涂地,不仅灭吴国所得全部领土,和浙江以北其他原属越国的疆域,都被楚国占领,而且连国家也解体了。

这里顺便提一下由"尽取故吴地至浙江"句引出的一桩文字公案。唐代有个和尚诗人释处默,写过一联颇有意境的五言诗:"到江吴地尽,隔岸越山多。"诗里的"江",即指钱塘江,也就是浙江。十字之间,写尽一江两岸的历史与自然,向来为人称道。但清代梁玉绳看了,发现问题,谓"以《春秋》内外传考之,吴地止于松江,非浙江也。故《国语》云:'勾践之地,北至于御儿,西至于姑蔑。'"[①]御儿就是今天的嘉兴,姑蔑则是浙西的衢州,显然浙江从来都在越的领地内。但《史记》的那句"尽取故吴地至浙江",实在是易生歧义,也难怪处默和尚要误解了。

后七世,至闽君摇,佐诸侯平秦。汉高帝复以摇为越王,以奉越后。东越、闽君,皆其后也。

[讲解] 无彊被杀、越国解体以后的历史,尚可一说的只有秦汉时代的东越与闽越了。司马迁在《史记》里另有一篇《东越列传》,记的就是那两个小朝廷与汉王朝的诸番纠葛。

《越王勾践世家》里提到的闽君摇,就是《东越列传》里的被汉朝封为越东海王的摇。之所以称之为"闽君",是因为入秦以后,东越和闽越都划为闽中郡。《东越列传》另有闽越王无诸,与越东海王摇同为勾践后裔,而其闽越王的称号,也是入汉以后才封的。

东海王摇因为以东瓯(即今日的浙江温州)为都,所以俗称又叫东瓯王。东瓯王和闽越王都身历了发生在汉景帝时期的八王之乱。闽越王立场坚定,决不叛汉;东瓯王头脑机灵,始追随吴王濞反叛,而最后助汉杀之,结果两王都化险为夷,保住了性命与王国。

但闽越、东瓯两个兄弟之国,打打闹闹,竟闹到要汉武帝派兵解围的地步。围最后自然是解了,但东瓯王大概还是觉得不踏实,索性要求举国迁移

---

① 见《史记志疑》卷二十二"越句践世家第十一"。

到当时的"中国"境内,也就是汉王朝直接控制的区域里。事获恩准,东瓯百姓由此成了江淮间的新移民。

闽越还是不停地在南方惹麻烦。后来它的一个王叫馀善的,竟私刻"武帝"玺印闹独立,招来大批汉朝军队的围剿,最后被诸侯所杀。东越因此也在汉武帝下令将全部土著迁出后,名存实亡。

范蠡事越王句践,既苦身戮力,与句践深谋二十余年,竟灭吴,报会稽之耻,北渡兵于淮以临齐、晋,号令中国,以尊周室,句践以霸,而范蠡称上将军。还反国,范蠡以为大名之下,难以久居,且句践为人可与同患,难与处安,为书辞句践曰:"臣闻主忧臣劳,主辱臣死。昔者君王辱于会稽,所以不死,为此事也。今既以雪耻,臣请从会稽之诛。"句践曰:"孤将与子分国而有之。不然,将加诛于子。"范蠡曰:"君行令,臣行意。"乃装其轻宝珠玉,自与其私徒属乘舟浮海以行,终不反。于是句践表会稽山以为范蠡奉邑。

范蠡浮海出齐,变姓名,自谓鸱夷子皮,耕于海畔,苦身戮力,父子治产。居无几何,致产数十万。齐人闻其贤,以为相。范蠡喟然叹曰:"居家则致千金,居官则至卿相,此布衣之极也。久受尊名,不祥。"乃归相印,尽散其财,以分与知友乡党,而怀其重宝,间行以去,止于陶,以为此天下之中,交易有无之路通,为生可以致富矣。于是自谓陶朱公。复约要父子耕畜,废居,候时转物,逐什一之利。居无何,则致资累巨万。天下称陶朱公。

朱公居陶,生少子。少子及壮,而朱公中男杀人,囚于楚。朱公曰:"杀人而死,职也。然吾闻千金之子不死于市。"告其少子往视之。乃装黄金千溢,置褐器中,载以一牛车。且遣其少子,朱公长男固请欲行,朱公不听。长男曰:"家有长子曰家督,今弟有罪,大人不遣,乃遗少弟,是吾不肖。"欲自杀。其母为言曰:"今遣少子,未必能生中子也,而先空亡长男,奈何?"朱公不得已而遣长子,为一封书遗故所善庄生。曰:"至则进千金于庄生所,听其所为,慎无与争事。"

长男既行,亦自私赍数百金。

至楚,庄生家负郭,披藜藋到门,居甚贫。然长男发书进千金,如其父言。庄生曰:"可疾去矣,慎毋留!即弟出,勿问所以然。"长男既去,不过庄生而私留,以其私赍献遗楚国贵人用事者。

庄生虽居穷闾,然以廉直闻于国,自楚王以下皆师尊之。及朱公进金,非有意受也,欲以成事后复归之以为信耳。故金至,谓其妇曰:"此朱公之金。有如病不宿诫,后复归,勿动。"而朱公长男不知其意,以为殊无短长也。

庄生间时入见楚王,言"某星宿某,此则害于楚"。楚王素信庄生,曰:"今为奈何?"庄生曰:"独以德为可以除之。"楚王曰:"生休矣,寡人将行之。"王乃使使者封三钱之府。楚贵人惊告朱公长男曰:"王且赦。"曰:"何以也?"曰:"每王且赦,常封三钱之府。昨暮王使使封之。"朱公长男以为赦,弟固当出也,重千金虚弃庄生,无所为也,乃复见庄生。庄生惊曰:"若不去邪?"长男曰:"固未也。初为事弟,弟今议自赦,故辞生去。"庄生知其意欲复得其金,曰:"若自入室取金。"长男即自入室取金持去,独自欢幸。

庄生羞为儿子所卖,乃入见楚王曰:"臣前言某星事,王言欲以修德报之。今臣出,道路皆言陶之富人朱公之子杀人囚楚,其家多持金钱赂王左右,故王非能恤楚国而赦,乃以朱公子故也。"楚王大怒曰:"寡人虽不德耳,奈何以朱公之子故而施惠乎!"令论杀朱公子,明日遂下赦令。朱公长男竟持其弟丧归。

至,其母及邑人尽哀之,唯朱公独笑,曰:"吾固知必杀其弟也!彼非不爱其弟,顾有所不能忍者也。是少与我俱,见苦,为生难,故重弃财。至如少弟者,生而见我富,乘坚驱良逐狡兔,岂知财所从来,故轻弃之,非所惜吝。前日吾所为欲遣少子,固为其能弃财故也。而长者不能,故卒以杀其弟,事之理也,无足悲者。吾日夜固以望其丧之来也。"

故范蠡三徙,成名于天下,非苟去而已,所止必成名。卒老死于陶,故世传曰陶朱公。

[讲解]　在本篇行将结束的部分,司马迁又补叙了当年范蠡离开越王勾践后的行踪。其中先引述了他告别勾践时的君臣对答,继勾勒了他赴齐更号鸱夷子皮———一般认为这一名号源自吴王杀伍子胥,而盛在鸱夷子皮中投江的故事,范蠡以此自比伍子胥———居陶自称陶朱公,相继发财的传奇生涯。前者中颇有意味的,是当勾践以分国或者诛杀的选择来利诱威胁范蠡时,范蠡的回答很是潇洒:"君行令,臣行意。"意思是您下您的命令,我照我的意愿行事。后者里有必要提出来讨论的,是范蠡在陶地方"复约要父子耕畜,废居,候时转物,逐什一之利"之举。这里"约要"的"要",通"邀";"废居"一般的理解,"废"是出售,"居"是囤积;"候时转物"乃等待时机转手倒卖货物;而"逐什一之利"则是追逐十分之一的利润。据此可见后世经商的基本路数,陶朱公都已大体掌握。故《史记·货殖列传》里特辟一小段,记其治生之事。也无怪乎后来中国民间流行起供奉文武财神的时候,那被选中做文财神的,不是别人,就是陶朱公范蠡。

　　但在这补叙范蠡事迹的部分里,司马迁花最多笔墨传写的,不是范蠡的生意经,而是一个他派长子赴楚国营救次子的故事。

　　故事一波三折,极富戏剧性。说的是范蠡次子杀人而被关在楚国,范蠡本打算派小儿子拿黄金去设法营救,后因长子的坚决要求,范蠡转派老大前行。这位长子抵达楚国后,依照范蠡的吩咐,去拜见了一位姓庄的长者,并把黄金交给了他。庄生并不贪财,故得金后特地关照太太:"有如病不宿诫,后复归,勿动。"———所谓"有如病不宿诫",意即如果我得病去世,来不及在前一天晚上交待什么的话———同时设法让楚王不日举行大赦。不料范蠡长子听说楚王即将大赦,觉得把黄金白白给了庄生太可惜,就又去面见庄生,并取回了黄金。庄生觉得大失面子,就再到楚王跟前游说,让他先杀了范蠡次子,第二天大赦。范蠡那位自作聪明的长子,因此竟得个带着弟弟尸首回家的可悲结局。

　　造成这一结局的缘由,在故事末由范蠡的一番自我安慰,叙解明白:长幼二子生长环境不同，故长子惜财，幼子轻财。而司马迁在叙写范蠡后半生事迹时，以如许篇幅传写这样一个特殊的故事，自非闲笔，而其意何在，则颇堪玩味。

从文章结构的角度讲，司马迁在《越王句践世家》的结尾处，补叙这样一个范蠡事迹部分，而这部分的重心，又在其派长子赴楚国营救次子这一则故事，确乎超出一般史传作法的通常套路，故而颇引后世学者议论。宋人叶适就对此很是不满，以为这样写是把范蠡描绘成一个"逼侧乱世，以狡狯贾竖为业"的俗人，是"使蠡蒙羞"①。而明人钟惺则对此大为赞赏，谓：

> 古今事无大小，其成败只在明取舍，明取舍只在知人。越灭吴定伯，得力在一范蠡，史迁以活中子一事，为《越世家》终局，举此以见蠡之用财用人，所以事越之道，不出于此，此文字映带处②。

"映带"就是文章的前后照应。则相比之下，钟惺的看法，似乎更得太史公的心曲。

> 太史公曰：禹之功大矣，渐九川，定九州，至于今诸夏艾安。及苗裔句践，苦身焦思，终灭强吴，北观兵中国，以尊周室，号称霸王。句践可不谓贤哉！盖有禹之遗烈焉。范蠡三迁皆有荣名，名垂后世。臣主若此，欲毋显，得乎！

[讲解]　司马迁对于有着悠长历史的越国，怀有一种特殊的敬意。这种敬意之所以产生，重要的缘由，是越国祖先可以一直上溯到华夏族的巨人大禹。

盛赞大禹"渐九川，定九州，至于今诸夏艾安"的话，在《河渠书》里已经说过，司马迁不避重复，在本篇的"太史公曰"里再度书写；而在《东越列传》的"太史公曰"里，他又云："越虽蛮夷，其先岂尝有大功德于民哉，何其久

---

① 叶适《习学纪言序目》卷十九，中华书局，1977年。
② 见明葛鼎、金蟠辑评《史记》卷四十一引，清初昆山九松里刻本。

也!"由同一段下文推测"越世世为公侯"的根源在"盖禹之馀烈也",可知他所说的越国先人中"有大功德于民"者,也是大禹。显然,在他看来,越国历史之所以能延续如此之久,相当程度上应该归功于大禹的荫庇;或者换个说法,正因为有了大禹,蛮夷之国的越,才获得了成为中国一分子的当然资格。

但司马迁毕竟是个充满现实感的历史学家,所以他同时也十分看重大禹血脉与精神在越国现实中的双重胤续。他称赞勾践的"贤",而认为是"盖有禹之遗烈焉";他分析"越世世为公侯",也指出根源在"禹之馀烈也"。"烈"就是功业,可见能否继承大禹的功业,是司马迁评价越人优劣的一个重要标志。至于继承的合适方式,在司马迁看来,勾践的"苦身焦思,终灭强吴"是,范蠡的"三迁皆有荣名,名垂后世"也是,因为他们都为越国赢得了声誉。

也许可以这样说,正由于大禹有勇治洪水的弘伟业绩,而其高贵的血脉延续到勾践,又上演了一出君臣同心复仇的精彩悲喜剧,加上勾践的谋臣与后人,又各有展现自我个性的独特方式,所以司马迁才会费如许的笔墨,去为这僻处江南的小邦,一再地树碑立传。

第五讲

伯夷列传

《伯夷列传》又名《伯夷叔齐列传》，在《史记》的通行本中，它被排在七十列传之首的显著位置①。

　　"传"这个字在甲骨文里作 ，金文里作 ，都是从"人"，从"專"。由于"專"既表转动之意，又兼具声符之功，所以后来研究者一般认为"传"是个会意兼形声字，本义是供人转换车马的驿站驿舍。这和许慎《说文解字》的解释"传，遽也。从人，專声"，是大致接近的。因为驿站驿舍的功能，是迅速传递公文与消息，所以这个"传"字的含义后来就被逐渐引申，其中应用最持久也是最具有文化意蕴的一个引申义，就是特指一种专门记载历史事件尤其是个人事迹的文体，即传记。

　　在史书中专列"列传"一体以记古今人事，是司马迁的创举。"传"而又加称"列"，据章学诚《文史通义》考释，是由于"排列诸人为首尾，所以标异编年之传也"②。也就是说，在司马迁的意识里，已经体察到历史不单是事件的时间性推移，也包括了作为事件主体的个人的趋向与作用。而由司马迁的自述看，他的编写七十列传，其实还有更深刻的缘由。《太史公自序》在解释《史记》五体的撰述主旨时说："扶义俶傥，不令己失时，立功名于天下，作七十列传。"即暗示了他试图借列传的形式，来表达个人处世哲学的良苦用心。从这个角度看，将伯夷、叔齐的被列为列传之首，视作是司马迁当日的特殊安排，似乎也不无道理③。

　　伯夷、叔齐的名字，在《论语》中已经出现，但其中具有实际的史迹的文字，仅"饿于首阳山下，民到于今称之"等寥寥数语。《吕氏春秋》卷十二《诚

---

① 例外的情形，是唐代因老子姓李，与本朝皇帝同姓，开元年间曾敕令将《史记》的老子传升格排在七十列传之首，本传因此一度降居其次。
② 章学诚《文史通义》内篇四"繁称"，叶瑛《文史通义校注》本，中华书局，1985年。
③ 清代何焯在《义门读书记》卷十四"史记下"里说《伯夷列传》是"七十列传之凡例"，章学诚在《文史通义》的内篇一"书教下"说《伯夷列传》"乃七十篇之序例"，当皆由此而来。《义门读书记》，中华书局1987年标点本。

廉》篇中,开始出现相对丰富的伯夷、叔齐故事,但仍只是作为说理的事例,并未独立成传。将伯夷、叔齐二人事迹编撰为一篇单独而又相对完整史传,始于《史记》本篇。但由于史料缺失,传中有关叙述还是存在颇多疑点。

夫学者载籍极博,犹考信于六艺。《诗》、《书》虽缺,然虞夏之文可知也。尧将逊位,让于虞舜。舜、禹之间,岳牧咸荐,乃试之于位;典职数十年,功用既兴,然后授政。示天下重器,王者大统,传天下若斯之难也。而说者曰尧让天下于许由,许由不受,耻之,逃隐。及夏之时,有卞随、务光者。此何以称焉?太史公曰:余登箕山,其上盖有许由冢云。孔子序列古之仁圣贤人,如吴太伯、伯夷之伦,详矣。余以所闻由、光义至高,其文辞不少概见,何哉?

[讲解] 司马迁的时代,经过改造的儒家学说,已经逐渐成为西汉士人知识系统的主干部分。所以尽管"六经皆史"的说法,要晚至清代乾隆时期的章学诚才正式提出,而视六经所载为信史的观念,当时已颇流行。《伯夷列传》一开首强调的,就是学人即使读书再多,总还是要从"六艺"中寻求可信的史料——这里的"六艺",即通常所说的儒家六经:《诗》、《书》、《易》、《礼》、《乐》、《春秋》。

司马迁从六经里(准确地说,是从虽然已有缺失,但仍保留了相关记载的《诗经》和《尚书》里)拈出的,是上古王位更替传说中的经典故事:唐尧将王位禅让给虞舜,虞舜又禅让给大禹。而这两次禅让的共同点,是虞舜、大禹虽然得到"岳牧"的推荐——所谓"岳牧",是"四岳"与"九牧"的合称,"四岳"就是分掌四方诸侯的四位大臣,"九牧"则是九州的行政长官——但正式继位前,都经历了一段漫长的试用期。长时间的试用,然后才进行权力移交,司马迁认为,古人以此想要体现的,是天下为贵重之器,继位之王乃至高无上的统领,所以传位的事情才会如此费周折。

但是六经显然不能解答上古史的很多问题。顺着让贤的话题,司马迁提到了著名的隐士许由。

说是有一种说法,尧原本曾把天下让给许由,许由却不愿意接这个班,还以接班做帝王为耻,就逃出去做隐士了。这说法的来源,现在已知最早的出处,是《庄子·让王》一篇,但《庄子》里还没有许由"耻之,逃隐"一类的话;出现相关场景而使故事变得更为生动,则要到晋代皇甫谧的《高士传》。《高士传》里派给许由做的最出名的举动,是在据说尧再次邀请他出任九州长时,他因不愿听到这样的消息,而特意跑到隐居地附近的颍水边洗自己的耳朵。若果真如此,那么这许由实在是个很会作秀的家伙。

除了许由,还有据传是生活在夏代的卞随、务光。也是在《庄子》的《让王》篇里,记载着这两位贤者拒绝成汤让出王位的故事。说是成汤伐灭夏桀前,曾经分别和卞随、务光商量具体方案,均遭婉拒。伐桀成功后,成汤又谦虚异常,先是邀请卞随做老大,结果逼得认真的卞随投水自杀;继是恳请务光来接班,结果又让和卞随同样心性的务光背着石头自沉了卢水。这故事和上面的许由洗耳一样的别致,而更显离奇曲折,连司马迁这样喜欢传奇的史家也没有引录,反而怀疑:像许由、卞随、务光这样的事迹,为何不见于六经,而被人广泛传诵呢?

司马迁是位十分重视实地勘察的历史学家,他对于从文献角度发生的对许由故事的疑问,在他亲自登上传说是许由隐居的箕山,发现山上有许由墓时,得到了一定程度的解答;然而他在箕山"有许由冢"句前着一"盖"字,表示无法肯定墓主的真实身份,可见怀疑终究没有解决。甚至接下来他举孔子曾详细称说吴太伯、伯夷一类的古代圣贤的例子,目的也是为了更强烈地重复他的疑问:既然同样是有高尚道义的先贤,有关许由、务光的文字,在儒家典籍里却不能稍微见到一点梗概,这是为什么?

司马迁的疑问,在两千多年后,有学者给予了虽是部分却比较合理的解答。

章太炎认为,许由其实就是上古传说系统中的皋陶(也作"咎繇")。主要理由有两条:一是《汉书·古今人表》中将许由写作"许繇",其名和咎繇相同;二是《史记·夏本纪》称"封皋陶之后于英、六,或在许",而古代多以后嗣封邑的地方,上称祖先姓氏,所以因子姓封许,而称咎繇为许繇,也就好像商人称自己的先祖契为殷契一样。

杨宽在《中国上古史导论》中进一步发挥章氏的意见,以"许"古音读如

"虎","虎"古通作"皋",又"繇"、"由"、"陶"三字古声并属"幽"类,而证皋陶、许由实为同一神①。

孔子曰:"伯夷、叔齐,不念旧恶,怨是用希。""求仁得仁,又何怨乎?"余悲伯夷之意,睹轶诗可异焉。其传曰:

伯夷、叔齐,孤竹君之二子也。父欲立叔齐,及父卒,叔齐让伯夷。伯夷曰:"父命也。"遂逃去。叔齐亦不肯立而逃之。国人立其中子。

于是伯夷、叔齐闻西伯昌善养老,盍往归焉。及至,西伯卒,武王载木主,号为文王,东伐纣。伯夷、叔齐叩马而谏曰:"父死不葬,爰及干戈,可谓孝乎?以臣弑君,可谓仁乎?"左右欲兵之。太公曰:"此义人也。"扶而去之。

武王已平殷乱,天下宗周,而伯夷、叔齐耻之,义不食周粟,隐于首阳山,采薇而食之。及饿且死,作歌。其辞曰:"登彼西山兮,采其薇矣。以暴易暴兮,不知其非矣。神农、虞、夏忽焉没兮,我安适归矣?于嗟徂兮,命之衰矣!"遂饿死于首阳山。

由此观之,怨邪非邪?

[讲解] 因为对许由、卞随、务光的事迹心存怀疑,司马迁把注意的目光投向了曾被孔子称说的吴太伯与伯夷:他在《吴太伯世家》里述录了太伯的业绩,到了本篇,就着力表彰伯夷及其弟弟叔齐的德行。

司马迁所据以述录与讨论的伯夷、叔齐事迹,主要有两个来源,一是《论语》里的相关言说,一是六经及儒家正统著作之外的百家言。前者在司马迁看来无疑有相当的可信度,正因为伯夷、叔齐的名字见于《论语》,所以司马迁才会专给二人列传;但同时也应该看到,《论语》所记皆为片言只语的评论,无法充分展现两位贤人经历与风采。后者则相对完整地记载了伯夷、叔

---

① 章太炎的论说与杨宽的发挥,详吕思勉、童书业编《古史辨》第七册,第348—350页,上海古籍出版社,1982年。

齐的基本事迹,但是这事迹和《论语》所言却不无矛盾冲突。

作为史家的司马迁采用的方法,是将两种存在矛盾的说法同时传录,并真切地表达了他个人对此的困惑。

"伯夷、叔齐,不念旧恶,怨是用希。"语出《论语·公冶长》篇,意思是伯夷、叔齐不是总记着以前的恩恩怨怨,所以他们的怨气就很少了。"求仁得仁,又何怨乎?"则出自《论语·述而》篇,原是子贡和孔子之间一段对话的一部分:子贡先问孔子:"伯夷、叔齐何人也?"孔子回答:"古之贤人也。"子贡接着问:"怨乎?"孔子回答:"求仁而得仁,又何怨!"

孔子所坚持认为几乎没有任何怨气的古代贤人伯夷、叔齐,在别的史料里却有另一番模样。司马迁所谓"余悲伯夷之意,睹轶诗可异焉",指的就是他接着引用的那篇传记里,伯夷、叔齐所唱着采薇之歌的情形,让他深感悲戚;而这不见于其他文献的歌诗,尤其使他觉得十分异常。

这篇相对完整的伯夷、叔齐合传,是直接从某种典籍里抄录的,还是司马迁将有关史料整理排比而成的,现已无法详考。所知道的,只是它层次分明,情节曲折,而具有微型小说的意味。

故事的梗概大致如下:伯夷、叔齐是孤竹国国君的两个儿子——从名字判断,伯夷是老大,叔齐是老三,他们中间应该还有个老二,就是下面提到的"中子",因为中国传统的兄弟排次称呼,是以伯、仲、叔为序的——孤竹国国君打算立老三叔齐为王位继承人,但他去世后,叔齐却未遵父命掌管国家,而是要把王位让大哥伯夷。伯夷和叔齐说:"让你干,那是老爸的遗愿。"就跑了。叔齐也不肯干,也跑了。孤竹国的国人只好立了那个名字没传下来的老二为国君。

这时候伯夷、叔齐听说西伯昌(也就是《殷本纪》里已经出现的周文王姬昌)待老人很好,就想"何不去西伯那里呢"。等到去了,西伯却死了。西伯的儿子武王装载西伯的木制牌位,号为文王,出兵东伐商纣王。伯夷、叔齐特地拦住武王的马,进谏道:"父亲去世却不安葬,还立马就大动干戈,可以说是孝么?以臣子的身份,而干弑杀国君的勾当,可以说是仁么?"这是什么话!武王身边的侍卫听罢就要对他们俩动武。还好姜太公出来打圆场,说:"这可是节义之人啊。"这伯夷、叔齐总算被搀扶着离开了出征现场。

武王说话间就平定了殷商的动乱,天下也都以周朝为正宗,但伯夷、叔齐却以当周朝的臣民为耻,抱持节义,硬是不吃周朝的粮食,而隐居在首阳山,采摘山上的薇菜当主食。等到饿得快死了,还创作了一首歌诗。歌中唱道——

  登上那西山呵,采摘山中的薇菜。有人用暴力代替暴力呵,却不明白这办法本身就错了。神农、虞、夏转眼就不见了呵,我再回到哪里去好?唉嘿死就死呵,真是命该如此衰败!

唱着这样哀怨的歌,伯夷、叔齐最终饿死在首阳山上。

故事到此结束。而故事的细节与大旨,却引来后人的无数质疑。

对其中细节严加勘驳而又最为全面的,是清代梁玉绳的《史记志疑》。梁氏罗列了该传具有的如下十条"不可信",而得出《史记》所载"俱非也"的结论——

据《孟子》,伯夷、叔齐赴周,是在文王做西伯的时候,《史记》却说是在文王死后,这是第一个不可信。

《尚书》序谓武王伐纣时继位已经十一年,《史记·周本纪》也有"九年,武王上祭于毕"的记载,而毕是文王的墓地,怎么能说武王父死不葬?这是第二个不可信。

《礼·大传》记武王克商,然后追封先人三世为王,哪里有出征伊始,就封号文王的事。这是第三个不可信。

武王东伐商纣的时候,伯夷到周已经很久了,而且和姜太公一起住在岐山、丰镐一带,不可能不知道这一计划,却不在计划尚在策划阶段加以阻止,而一定要到发兵出征时刻才进谏。这是第四个不可信。

传里说"左右欲兵之",说太公"扶而去之",武王的军队不该如此没有纪律;要是真的动起武来,而旁人又来不及相救,那么那边纣王杀比干,这里武王杀伯夷、叔齐,不是真的成了"以暴易暴"么!这是第五个不可信。

空山里没东西吃,采薇而食是很平常的。但山也是周朝的山,薇也是周朝的薇,伯夷、叔齐却只是觉得吃周朝的粟是耻辱,从守节义的角度看,终究不够完整。这是第六个不可信。

《论语》只说伯夷、叔齐"饿于首阳山下",并未说他们饿死了。孔子也曾在陈、蔡挨饿,灵辄则在翳桑忍饥①,难道都一定要饿死么?这是第七个不可信。

即使是"不食周粟",也只是不食官家供应的精粮禄米,不是绝食。《战国策·燕策》记苏秦曾说"伯夷不肯为武王之臣,不受封侯",《汉书·王贡两龚鲍传》序说"武王迁九鼎于洛邑,伯夷、叔齐薄之,不食其禄",这哪里是不食而死呢?这是第八个不可信。

自遭到秦代焚书之祸后,佚失的古诗颇多。怎么能够证明这里的《采薇》诗是伯夷、叔齐的绝命辞呢?况且歌诗里面说的是"西山",怎么就可以把它当作首阳山呢?假如《诗经·唐风·采苓》是首佚诗,那么因为诗中明确提到首阳,难道就可以定为伯夷、叔齐写的了么?这是第九个不可信。

孔子称伯夷、叔齐无怨,而歌诗里哀叹"命之衰",则伯夷、叔齐有怨,看来是免不了了;再说歌诗的用意虽然是对摧毁殷商有所不满,而"以暴易暴"的话"甚戆",就伯夷、叔齐而言,肯定不会用在武王身上。这是第十个不可信。

这十条"不可信"并非全是梁玉绳的发现,其中像第五、第六、第八、第十诸条,又过多依靠逻辑推理,而难以得出切实的结论。但第二条驳武王绝非"父死不葬",第七条论伯夷、叔齐饿死于史无征,第九条疑佚诗并非夷、齐的绝命辞,确乎击中要害,而启发后人对于该传的文体实质,有一不同以往的全新的理解。

相对于梁玉绳十条"不可信"的细致,另有一批传统学者则从宏观的视角,对这篇伯夷、叔齐合传的宗旨及其内在矛盾,展开了更为激烈的辩论。

辩论的一方认为,武王伐纣乃正义之举,伯夷、叔齐视之为以暴易暴,完全错误。如宋人叶适在《习学纪言序目》里,就曾厉声发问:"武王、周公以至仁大义灭商,夷、齐奚为恶之?"②辩论的另一方则提出,武王伐纣虽属正义之

---

① 灵辄是春秋时的晋国人,在一个叫翳桑的地方受困时,曾得到赵盾提供的食物。后来他当了晋灵公的甲士,在灵公伏兵欲刺杀赵盾时,倒戈相救。赵盾问他何以援手,他自报家门曰:"翳桑之饿人也。"见《左传》宣公二年。
② 《习学纪言序目》卷二十《史记》二列传,中华书局,1977年。

举,但表彰伯夷、叔齐,也就是对企图颠覆至高无上君权的越轨理念进行狙击。这方面的代表性意见,可举唐代韩愈的《伯夷颂》末"微二子,乱臣贼子接迹于后世矣"句为例[1]。由于这一辩论的实质,是君权至上与正义至上两种不同政治原则的较量,而在中国传统社会的既定结构下,这基本上是不可讨论的禁区,所以到后来有人索性和稀泥,最奇的莫过于清人徐经撰《读伯夷传》,以为伯夷叔齐"饿死首阳,则惟去孤竹之故",跟武王伐纣毫不相干,司马迁传录伯夷故事,"遂致古人受诬千载,不能昭雪"[2]。仿佛他就是当年发现伯夷、叔齐尸首的大侦探。

当然也有人不参与纠谬与辩论,而别出心裁,解构了这一故事。解构也分两类,一类是从学术上考辨伯夷非人,而是神。这方面的代表是杨宽的《中国上古史导论》,其中考释伯夷当即皋陶,也即许由,实际是同一神[3]。还有一类是以文学的形式重新结撰故事,那便是现代作家鲁迅所撰、收入其历史小说集《故事新编》里的那篇《采薇》——

> 这时候,太阳已经西沉,倦鸟归林,啾啾唧唧的叫着,没有上山时候那么清静了,但他们倒觉得也还新鲜,有趣。在铺好羊皮袍,准备就睡之前,叔齐取出两个大饭团,和伯夷吃了一饱。这是沿路讨来的残饭,因为两人曾经议定,"不食周粟",只好进了首阳山之后开始实行,所以当晚把它吃完,从明天起,就要坚守主义,绝不通融了。

这是描写伯夷、叔齐离开周朝养老堂,前往首阳山做隐士的一节,洁净的文字下,饱含着深刻的讥讽。接下来写他们在首阳山中发现薇菜的一幕,则滑稽而多智——

---

[1] 后来毛泽东说:"唐朝的韩愈写过《伯夷颂》,颂的是一个对自己国家的人民不负责任、开小差逃跑、又反对武王领导的当时的人民解放战争,颇有些'民主个人主义'思想的伯夷,那是颂错了。"见《别了,司徒雷登》,收入《毛泽东选集》第四卷,人民出版社,1991年。毛氏的见解显然又和叶适一派的相近。
[2] 《雅歌堂文集》卷四《读伯夷传》,转引自杨燕起等编《历代名家评史记》第545—546页。
[3] 见《古史辨》第七册,第345—352页。

果然,这东西倒不算少,走不到一里路,就摘了半衣兜。他还是在溪水里洗了一洗,这才拿回来;还是用那烙过松针面的石片,来烤薇菜。叶子变成暗绿,熟了。但这回再不敢先去敬他的大哥了,撮起一株来,放在自己的嘴里,闭着眼睛,只是嚼。

"怎么样?"伯夷焦急的问。

"鲜的!"

两人就笑嘻嘻的来尝烤薇菜;伯夷多吃了两撮,因为他是大哥。

他们从此天天采薇菜。先前是叔齐一个人去采,伯夷煮;后来伯夷觉得身体健壮了一些,也出去采了。做法也多起来:薇汤,薇羹,薇酱,清炖薇,原汤焖薇芽,生晒嫩薇叶……

只是伯夷、叔齐在首阳山采薇而食的美梦,后来也被无名丫头的一句"'普天之下,莫非王土',你们在吃的薇,难道不是我们圣上的吗"而惊破,终至于无食而死。前后数个场景的相互照应,知识分子超越现实、高自标致的理想,就这样被鲁迅的锐笔无情地戳破了。

但是后人针对《史记·伯夷列传》所引录的这篇伯夷、叔齐合传所做的,无论是纠谬、辩论,还是解构,司马迁都无从知晓,恐怕也毫无兴趣知晓。他所执着追问的,还是那个看似极为简单的问题:就已有的两种记载看,伯夷、叔齐,他们到底是有怨气,还是没有怨气?

或曰:"天道无亲,常与善人。"若伯夷、叔齐,可谓善人者非邪?积仁洁行如此而饿死!且七十子之徒,仲尼独荐颜渊为好学。然回也屡空,糟糠不厌,而卒早夭。天之报施善人,其何如哉?盗跖日杀不辜,肝人之肉,暴戾恣睢,聚党数千人横行天下,竟以寿终。是遵何德哉?此其尤大彰明较著者也。若至近世,操行不轨,专犯忌讳,而终身逸乐富厚,累世不绝。或择地而蹈之,时然后出言,行不由径,非公正不发愤,而遇祸灾者,不可胜数也。余甚惑焉,傥所谓天道,是邪非邪?

[讲解]　司马迁关于伯夷、叔齐是否有怨的疑问,也许永远也得不到切实的结果。但是司马迁本人何以如此执着地关注这一问题,却在他传录伯夷、叔齐合传后写的这一段文字里找到了真实的答案。

按"天道无亲,常与善人",语见《老子》第七十九章,译成现代汉语,就是:"上天之道,是没有自己的亲人的,但常常扶助好人。"这里的"与",是"帮助"、"赞同"的意思。但司马迁对这一说法表示了极大的怀疑。他的理由很简单,从正面说,像伯夷、叔齐,可以说是真正的好人了,但就是那样地积累仁德,廉洁品行,到最后还是饿死!还有颜回,孔子在七十个弟子中唯独推荐他,说他好学;但就是这位颜同学,常常闹饥荒,连糟糠都吃不饱,最后英年早逝。看看这两个例子,上天报答好人,就是这个样子的么?再从反面说,那个名叫跖的大盗天天滥杀无辜,如食用动物肝脏那样吃人肉,残暴异常,而又恣意妄为,啸聚死党数千人,横行天下,最后竟然终享天年而死。这又是遵循什么样的德行呢?

司马迁的疑问还不光来自上古史的陈案,尽管他只举了其中"尤大彰明较著者",即特别明白显著的例子。他想说的,还有"近世",甚至还有他没有说,却分明想说的"当世",也就是他身处目见的当下。

"近世"乃至当下,与上古史惊人地相似。所谓"操行不轨,专犯忌讳,而终身逸乐富厚,累世不绝",指的似乎就是到了当下,还有田蚡一流,尽管田蚡的下场并不光明①。而"或择地而蹈之,时然后出言,行不由径,非公正不发愤,而遇祸灾者",虽然"不可胜数",而明眼人看了就明白,其中必有他司马迁本人。

按"择地而蹈之",是说选好了地方再踩下去;"时然后出言",是说等待合适的时机再说话。所以这两句是指不妄动,不妄言。而"行不由径",是说走路不走小道;"非公正不发愤",是说不是公正的事情不会发愤去干。言下之意,是做事正派,光明磊落。总而言之,四者汇聚一身,给我们展示的,是一个言行谨慎、作风正派的君子形象。但是就是这样的好人,按司马迁的说法,是遇到灾祸的,多得数也数不过来。

司马迁悲愤地质问上苍:如果有所谓天道,那么这天道真的是这样的

---

① 田蚡的劣迹,参见本书第三讲《河渠书》的有关讲解。

么?还是不是这样的?

我们也终于明白,司马迁其实并不特别关心他传录的那篇伯夷、叔齐合传,是否完全合乎史实。他近乎固执地坚持探求《论语》与该传的矛盾,着眼点却只在伯夷、叔齐是否有怨,根源就在于,在他的价值世界里,凡俗所谓的天人感应、因果报应之说已经轰然倒塌。而正义与权势、气节与财富之间不可避免的冲突,也正以一种特殊的形式,在他的心头重起波澜。

想象起来,司马迁落笔至此,一定回想起了当年不期然降临到自己头上的厄运:当庭为李陵辩护,终遭汉武帝强势贬斥;又因无钱赎罪,而不得不身受痛苦无比、屈辱无限的腐刑。痛定思痛,其痛何如!

大概也只有像宋代程颢、程颐兄弟那样的无情之人,看了司马迁的问天之语,还会说:"天道之大,安可以一人之故,妄意窥测。"①

子曰:"道不同,不相为谋。"亦各从其志也。故曰:"富贵如可求,虽执鞭之士,吾亦为之;如不可求,从吾所好。""岁寒,然后知松柏之后凋。"举世混浊,清士乃见。岂以其重若彼,其轻若此哉?

[讲解] 但是司马迁还是有他的价值判断。他再次回到孔子,从《论语·卫灵公》"道不同,不相为谋"这样高度简洁的哲理中,找到了"或择地而蹈之,时然后出言,行不由径,非公正不发愤,而遇祸灾者"们特立独行的理论支撑;从《论语·子罕》"岁寒,然后知松柏之后凋"那般唯美的类比里,顿悟了惟有整个世界都仿佛淹没在浑浊之中,清洁之士才会凸显出来的简单道理。

然而,为什么这中间要引《论语·述而》里的"富贵如可求,虽执鞭之士,吾亦为之;如不可求,从吾所好"一段呢?这一段说的,可是"如果富贵可以求得,那么即使拿着鞭子当车夫,我也愿意干;如果富贵无法求得,那还是做我自己喜欢的事情",乍一看,真会觉得孔子好俗,司马迁也未能免俗哦。

其实求富贵在孔子的时代,抑或司马迁的时代,都被认为是正当的人生

---

① 《二程遗书》卷十八,影印《文渊阁四库全书》本。

选择。富贵也就是出仕做官,获取利禄。在儒家的价值系统中,只要"行不由径",光明正大,则由从政而得富贵,不失为士人实现自我的一条佳径。但同时,从孔子开始也已经强调,当求富贵之路无法走通时,士人也不必失望与强求,按照个人的爱好,做自己喜欢的事情也不错。从这个意义上说,富贵的求得与否,与人生的有无价值无关,关键的一点也就是司马迁所说的,要"各从其志",每个人按自己的心性行事。

那么,作为一个总括,"岂以其重若彼,其轻若此哉",是什么意思呢?历来对于此语有多种解释。典型的有如下三种——

《史记索隐》以为:"伯夷让德之重若彼,而采薇饿死之轻若此。"大概觉得这样解释毕竟和这一段上面的文字几乎没有关系,所以又提供了另一种参考答案:"操行不轨,富厚累代,是其重若此;公正发愤,而遇祸灾,是其轻若此也。"后来《史记正义》所说"重,谓盗跖等也;轻,谓夷齐由光等也",和这第二种解释大致相同。但这种解释文意晦涩,似与原篇上下文也难以契合。

第三种解释出自清代学者顾炎武。他的说法比较明晰:"其重若彼,谓俗人之重富贵也;其轻若此,谓清士之轻富贵也。"[1]如果据此把司马迁的原话译成现代汉语,就是:"难道不是因为一些人那样地重视富贵,才显出另一些人这样地轻视富贵吗!"联系上面"举世混浊,清士乃见"一句,这"这样地轻视富贵"的"另一些人",自然就是指"清士",而"清士",自然也包括了伯夷、叔齐乃至司马迁本人在内。

值得注意的是,在传统话语系统中,轻与重,常常是一对与价值观念相连的意义范畴。出自司马迁《报任安书》里的那段著名的话,"人固有一死,死有重于泰山,或轻于鸿毛",原本是指人们对待死的两种态度:一些人把死看得和泰山一样重,珍惜生命,不轻易赴死;而另一些人则把死看得比鸿毛还轻,只要现实需要,视死如归。但就是这简单的一段话,就曾被后人误读,成了对两类人死去的道德判词:一类人道德高尚,其死比泰山还重;另一类人卑鄙龌龊,其死比鸿毛还轻[2]。对古文如此解读,也许是有意误读。但不论如何,轻与重这两个字,在中国人心中其实还指称道德的分量,与价值观

---

[1] 据《史记会注考证》卷六十一引。
[2] 见毛泽东《为人民服务》,收入《毛泽东选集》第三卷。

念相连,此例堪称典型。

"君子疾没世而名不称焉。"贾子曰:"贪夫徇财,烈士徇名;夸者死权,众庶冯生。""同明相照,同类相求。""云从龙,风从虎,圣人作而万物睹。"伯夷、叔齐虽贤,得夫子而名益彰。颜渊虽笃学,附骥尾而行益显。岩穴之士,趣舍有时若此,类名堙灭而不称,悲夫!闾巷之人,欲砥行立名者,非附青云之士,恶能施于后世哉?

[讲解] 司马迁也许和所有的清士一样轻视富贵,但他绝对不轻视个人的名声。同样出自《论语·卫灵公》的一句"君子疾没世而名不称焉",也就是说"君子是非常恨到死还名声不为人所知的",引得他感慨无限。他从同时代不幸才子贾谊所写的《鵩鸟赋》里,选取了"贪夫殉财兮,烈士殉名;夸者死权兮,品庶每生"两句而略加改动①,虽然罗列的,是贪心者为财丧命,功烈之士为名牺牲,以及夸耀权力的人为争权夺利而死,大众百姓无物可求只有贪生,共计四种典型生活方式,而实际赞赏的,只是"烈士徇名"这一种。换言之,名声在司马迁看来,是比生命更重要的东西。

但是名声的获取与传扬,却不是个人尤其是地位低下的士人所能控制的,司马迁深谙此理。他从儒家六经之一的《周易》的"乾卦"里,引来两句格言,一句是"同明相照,同类相求",一句是"云从龙,风从虎,圣人作而万物睹",意谓在物以类聚的前提下,云追龙而动,风随虎而来,只有圣人出世,万物才会随之显露。而实际的意思,则是接下来所说的:伯夷、叔齐虽然品德高尚,但也只有得到孔夫子的赞赏,才名声更大;颜回尽管读书很专心,也只有名列孔门七十弟子,他的行为才广为人知。

司马迁说这些,目的还是说自己。如何说自己?这里我们且放一放,先来讨论一下这里"岩穴之士,趣舍有时若此,类名堙灭而不称"句的标点。这句话明代以来还有另一种点法,作"岩穴之士,趣舍有时,若此类名堙灭而不

---

① 这是指司马迁将贾谊赋中的虚词删去,而使所引文字近似于《论语》一类的格言。至于《伯夷列传》所引与《文选》所收《鵩鸟赋》原文文字尚有多处不同,则可能是传抄版本不同所致,而未必是司马迁的改作。

称"。二者从文意上说都说得通,不同的是在对"若此类"三字的语法结构如何理解上。如果依后者,则"若此类"就是明清近古汉语中的平常语,意思是"像这样的"。但我们想,以司马迁个人的笔力,似乎不会在行将结束篇章的关键时刻,用这样凡常的句式;而司马迁的时代,语感也不应如此平滑。反之如果依前者,那么文句所要表达的就是:尽管身处穷乡僻壤的士人,进退都如此地合乎时宜,但是,他们往往还是声名埋没,不为人知!这样,文句里因为有了"如此(若此)"与"往往(类)"这样功能特定的字词,句子的内涵就得到了特别的强调。

也许由此我们已经窥见,司马迁是如何表述他个人当下的生存困境的。"岩穴之士"也好,平常巷陌中"欲砥行立名者"(也就是想要通过修炼个人的德行而获取名声的人)也好,其中都有作者本人的影子在。但司马迁实在很悲观,他的结论竟是:"非附青云之士,恶能施于后世哉?""青云之士"自然是指高高在上的士大夫;而"恶能施"三字里的"恶"是疑问副词,"施"读作 yí,意思是延续,所以"恶能施"就是"怎么能延续"之意。这样看下来,司马迁的意思,是除非攀附高级官僚,普通士人要想名传后世,几乎是不可能的。这话也许发自真心,也许只是激愤中的反语,无论如何,我们都可以透过这话知晓,这篇《伯夷列传》绝非单为伯夷、叔齐两人而作,相反它更多是司马迁为自己而写,所以才会如此地不合史传体裁的常型,才会有如此多的疑问、议论与感慨。

说到《伯夷列传》的文体,前人多有讨论,而以明代陈仁锡的点评最为切要。陈氏以为此传"颇似论,不似传,是太史公极得意之文,亦极变体之文"[1]。《伯夷列传》是否太史公"极得意之文",今日已无法确证,但说它是"极变体之文",则是确当无疑的,事实上《史记》列传之部的其他篇章,也罕见有如许多的疑问、议论与感慨。

因为有如许多的疑问、议论与感慨,所以这篇史实方面颇为史家诟病的奇特传记,却一再受到文学家们的青睐。清人李慈铭即以"其文抑扬往复"而誉之为"古今第一文字"[2]。吴见思则更用典型的文学化的语言,对《伯夷

---

[1] 转引自《史记评林》卷六十一。
[2] 见李慈铭《史记札记》卷二,收入《越缦堂读史札记全编》,北京图书馆出版社影印本,2003年。

列传》的文章结构大加赞美：

> 通篇纯以议论咏叹，回环跌宕，一片文情，极其纯密；而伯夷事实只在中间一顿序过。如长江大河，前后风涛重叠，而中有澄湖数顷，波平若黛，正以相间出奇①。

充满诗意的描述，展示的，正是作家们对这篇奇文的不同凡俗的理解。而大约也正是有了这份理解，历代追随其体式而创作的，颇不乏其人。明人李涂就曾指出，唐代韩愈所作的《王承福传》，"叙事议论相间，颇有《伯夷传》之风"②。而宋人罗大经则在《鹤林玉露》里一再说："太史公《伯夷传》，苏东坡《赤壁赋》，文章绝唱也。其机轴略同"；《赤壁赋》"东坡步骤太史公者也"。③

按李涂所说的《王承福传》，全称《圬者王承福传》，是韩愈为一位长安籍的"圬者"也就是泥水匠所写的传记。该传的特点是大部为传主王承福的自述，最后殿以韩愈的评说与感想，而王氏的自述里，又颇多议论④。所以李涂认为它文体近似《伯夷传》。相比之下，苏轼的《赤壁赋》别有意趣。《赤壁赋》文字不长，不妨全文逐录在此，以供参读：

> 壬戌之秋，七月既望，苏子与客泛舟游于赤壁之下。清风徐来，水波不兴，举酒属客，诵"明月"之诗，歌"窈窕"之章。
> 　少焉月出于东山之上，徘徊于斗牛之间。白露横江，水光接天。纵一苇之所如，凌万顷之茫然。浩浩乎如冯虚御风，而不知其所止；飘飘乎如遗世独立，羽化而登仙。于是饮酒乐甚，扣舷而歌之。歌曰：
> > 桂棹兮兰桨，击空明兮溯流光。渺渺兮予怀，望美人兮天一方。
> 客有吹洞箫者，倚歌而和之。其声呜呜然，如怨如慕，如泣如诉。余音袅袅，不绝如缕。舞幽壑之潜蛟，泣孤舟之嫠妇。苏子愀然，正襟危坐，

---

① 《史记论文》卷六十一，清康熙二十六年尺木堂刻本。
② 转引自《史记评林》卷六十一。
③ 见《鹤林玉露》甲编卷六"伯夷传赤壁赋"条，中华书局，1983年。
④ 《圬者王承福传》见《昌黎先生文集》卷十二，《四部丛刊》本。

而问客曰:"何为其然也?"

客曰:"'月明星稀,乌鹊南飞。'此非曹孟德之诗乎?'西望夏口,东望武昌。山川相缪,郁乎苍苍。'此非孟德之困于周郎者乎?方其破荆州,下江陵,顺流而东也,舳舻千里,旌旗蔽空,酾酒临江,横槊赋诗,固一世之雄也。而今安在哉?况吾与子渔樵于江渚之上,侣鱼虾而友麋鹿。驾一叶之扁舟,举匏尊以相属。寄蜉蝣于天地,眇沧海之一粟。哀吾生之须臾,羡长江之无穷。挟飞仙以遨游,抱明月而长终。知不可乎骤得,托遗响于悲风。"

苏子曰:"客亦知夫水与月乎?逝者如斯,而未尝往也。盈虚者如彼,而卒莫消长也。盖将自其变者而观之,则天地曾不能以一瞬;自其不变者而观之,则物与我皆无尽也。而又何羡乎?且夫天地之间,物各有主。苟非吾之所有,虽一毫而莫取。惟江上之清风,与山间之明月,耳得之而为声,目遇之而成色,取之无禁,用之不竭。是造物者之无尽藏也,而吾与子之所共适。"

客喜而笑,洗盏更酌。肴核既尽,杯盘狼籍,相与枕藉乎舟中,不知东方之既白。①

虽然通篇文字风神清朗,格调与《伯夷列传》的激愤困惑大不相同,篇章的构思与布局,确乎与司马迁的那一名作不无相似——不同的只是司马迁是面向苍穹,自问自答;而苏东坡则创造了一位在场的"客",一问一答。而最关键的,是二者都从一个点(人或地)出发,借叙事的策略,来探讨十分深邃的人生哲理;哲理的深邃,往往会使文字变得晦涩干枯,两位作者却都充分保持着各自的感性,故而千年以后,人们重读其作,仿佛依然可以看到他们书写时的迅疾笔触。

---

① 《苏轼文集》卷一。

第六讲

刺客列传

《史记》七十列传,按照后世研究者的区分,原有以人为纲与以事为统两类[1]。以人为纲,即我们熟悉的《孟尝君列传》、《廉颇蔺相如列传》之类,专述一人或数人的生平大略;而以事为统,则诸如《游侠列传》、《匈奴列传》、《货殖列传》等,其中虽有人物,但人物的叙写,实为呈现某一类特异的历史事象或某一种独特的文化面貌。这样的以事为统的列传,后来被赋予专门的名称,叫"汇传"。

　　《刺客列传》从篇名和性质上看,即应归入这种汇传之列;因为它记叙的,是春秋战国时期五个特殊人物劫持行刺的故事。这五人的来历,篇中解说皆十分简略,其去踪,则大都以死事告终,或者竟只字不提(如第一个故事的主人公曹沫)。但关于劫持或行刺事件本身,篇中不惜笔墨,详为叙述,及至关键场景,又颇加文辞渲染。以此故事的情节,充满了紧张感;故事中的人物,因情节的展开而个性凸显。所以如果从比较现代的视角去审视,其中所载的每一则故事,距离严格的历史叙述较远,而与文学体式中的历史小说或报告文学倒十分接近。

　　但是传统的评论家,还是多将《刺客列传》视为一重要的史传加以讨论。讨论的结果,还不乏微辞。如北宋大文学家苏东坡的弟弟苏辙,就认为司马迁所传写的五个刺客,都不过是齐豹、公孙翩一类的人物——齐、公孙二氏一杀贵族、一弑国君,在《春秋》里只被记录为"盗",连名都留不了——《史记》专为之列传,是"失《春秋》之意"。他甚至认为,即便荆轲刺秦王是一件听众都感到快意的事,但"以盗贼乘人主不意,法不可长"[2]。换言之,尽管秦始皇是个暴君,但荆轲的行刺,终究是犯上作乱的举动,不适宜作为正面教材广为宣传[3]。

---

[1] 此采朱希祖之说,见所著《中国史学通论》第75页。
[2] 详苏辙《古史》卷三十六。
[3] 同样地在南宋王应麟《困学纪闻》的卷十一里,记一位说斋唐氏对《刺客列传》的批评,其中亦将曹沫、专诸、聂政、荆轲四人判为"贼礼贼义贼仁贼信之人"。

一篇列传,从不同的视角评说,会有如此不同的结论,这大概也是《史记》一类中国早期传记文本内涵丰富的证明吧。但是太史公何以要择取这样一类特殊的史事来撰写一篇前无古人后无来者的《刺客列传》①,这一传记又何以会采用如此文学化的写法,还是需要我们细读如下的本文,才能获得比较切实的答案。

曹沫者,鲁人也,以勇力事鲁庄公。庄公好力。曹沫为鲁将,与齐战,三败北。鲁庄公惧,乃献遂邑之地以和。犹复以为将。

齐桓公许与鲁会于柯而盟。桓公与庄公既盟于坛上,曹沫执匕首劫齐桓公,桓公左右莫敢动,而问曰:"子将何欲?"曹沫曰:"齐强鲁弱,而大国侵鲁亦甚矣。今鲁城坏即压齐境,君其图之。"桓公乃许尽归鲁之侵地。既已言,曹沫投其匕首,下坛,北面就群臣之位,颜色不变,辞令如故。桓公怒,欲倍其约。管仲曰:"不可。夫贪小利以自快,弃信于诸侯,失天下之援,不如与之。"于是桓公乃遂割鲁侵地,曹沫三战所亡地尽复予鲁。

[讲解] "刺客"一称,在现代汉语里的意思,照《辞海》的解释,是"行刺暗杀的人"②。但太史公撰《刺客列传》,第一个故事写的,却是曹沫于大庭广众之中,劫齐桓公定约。可见那时所谓的刺客,并非现代人理解的蒙面大盗。

曹沫的故事颇为简单:他是鲁国大将,和齐国打了三仗都被打败。他的主子鲁庄公不得已,把鲁国一个叫遂的城邑,送给齐国,才算收场。但这曹沫颇不甘心,趁齐桓公和鲁庄公在齐国的柯邑会盟时,他拿匕首劫持了齐桓公,逼迫对方答应全部归还所占领的鲁国领土,方才罢手。而齐桓公倒也信守承诺,果然把已经得手的土地,如数还给了鲁国。

《史记》状写这则故事的原文,流畅生动,仅"今鲁城坏即压齐境,君其图

---

① 《汉书》及以后的正史,承续了《史记》首创的《儒林列传》一类的名目,但不再有任何形式的《刺客列传》。
② 见《辞海》1999 年版缩印本(音序)第 249 页,上海辞书出版社,2002 年。

之"一句文辞稍显晦涩,需略加疏通。按此处的"齐境",自是指齐国边境。鲁国的"城坏"也就是城墙被齐攻破了,如何会压到齐国的边境呢?这得倒过来理解,因为齐鲁接壤,齐国每攻破一个鲁城,它的边境就深入鲁国内部一步;在鲁国看来,换用一种自慰的说法,就是我们的城墙倒了,便压到了齐国的新国境上。既已发生如此严重大问题,曹沫对被他劫持的齐桓公说:"君其图之。"这里的"图",就是"考虑"的意思;"其"表示强调的口气。所以四个字连起来讲,就是:您马上给我考虑一下这事!

然而春秋时代,果真发生过这样一件奇特的劫持案么? 一直以来,很多学者对此表示怀疑。

唐人司马贞在《史记索隐》里就指出:本篇传写的故事,大致是根据《春秋公羊传》而来的,但《春秋公羊传》只说故事的主人公是"曹子",并无其名。而据《左传》,鲁庄公十年,鲁国曾用一位名叫曹刿的人的计谋,打败齐国,但《左传》里并没有曹刿劫持齐桓公的记载。《春秋》鲁庄公十三年有"盟于柯"的记载,《公羊传》所谓曹子事,就是发生在此时;但《穀梁传》同一年的解说中,只提到"曹刿之盟,信齐侯也",而没明著事情的具体时间。

此后宋代的苏辙,就径直把《左传》的曹刿和《史记》的曹沫,视为同一人,而谓:"沫盖知义者也,而肯以其身为刺客之用乎?"[①]至清代,更有学者从宏观的视角,否定曹沫劫齐桓公事件的真实性。如何焯即说:"曹沫之事,亦战国好事者为之,春秋无此风也,况鲁又礼仪之邦乎?"而梁玉绳也以"《公羊》汉始著竹帛,不足尽信"、"曹子非操匕首之人,春秋初亦无操匕首之习"等理由,与何氏一派持相同的意见[②]。

但是所有的质疑,动摇《刺客列传》曹沫部分的,只是事件发生的具体时间及曹沫战败次数等一般问题,却并未能从根本上否定曹沫劫持齐桓公这一中心问题。

《春秋》三传于相关史实记此而不记彼,本是出于不同的情境。曹沫是一位深明大义的人,这与他充当"刺客"也没有冲突,因为当时的刺客,本来

---

① 苏辙《古史》卷三十六。
② 何焯之说见《史记会注考证》卷八十六引;梁玉绳之说,见所著《史记志疑》卷三十一"刺客列传第二十六"。

就不是宋代及以后人理解的那样子。春秋时代没有劫持之风,与鲁国为礼仪之邦,诚然都是史实;但因此说当时当地,绝不会出现曹沫劫桓公那样的特殊事件,恐怕并不合乎逻辑。而《公羊传》,连梁玉绳也承认只是"不足尽信",并非完全不可信。至于说曹子不是专门操持匕首的人,那如何可以推出曹子在一个特殊的场合,就不会执一次匕首?算下来,只有春秋初并无操匕首之习一条,颇具新意;但其是否就能作为否定曹沫劫齐桓公事的证据,则仍有必要研究。

按"匕首"一词,现已知最早见于战国文献,《战国策》卷七云:"王使人代武安君,至使韩仓数之曰:'将军战胜,王觞将军。将军为寿于前而捍匕首,当死。'"其得名,据《艺文类聚》卷六十引《通俗文》,乃"其头类匕,故云匕首"。而所谓匕,原是一种青铜食器;又《刺客列传》司马贞《索隐》引刘氏注匕首为"短剑也",可知匕首又是短剑的别称。

考古发现的先秦青铜短剑,较早的大抵属商代晚期之物,而均出土于北方草原地区。其形制有曲柄、直柄两种,刃呈宽叶形,一般长 20—30 厘米或 20—40 厘米左右。在中原地区,从稍后的商末至东周,流行的剑式则为扁茎柳叶形,剑身一般长 20—30 厘米左右。这种短剑固然未足以成为白刃战用的格斗利器,但作为防身兵器,则颇为合用。《释名·释兵》云:"剑,检也,所以防检非常也。"可见"剑"之得名,其中就包含有防身护体的意思。

就现存文献论,这类短剑在战国前都不以"匕首"为名,而书面语言大量出现"匕首"一词,始于汉代。值得注意的是,汉人往往将先秦用短剑的情形,表述为用"匕首"。如本篇《刺客列传》下面记专诸刺吴王僚事,谓其"置匕首鱼炙之腹中而进之。既至王前,专诸擘鱼,因以匕首刺王僚"。而《左传》昭公二十七年载此事,则云专诸"置剑于鱼中以进,抽剑刺王"。此剑既能藏于鱼中,则自是短剑无疑。司马迁依汉代习俗改称其为"匕首",正说明由于兵器种类的增加,分类进一步细密,汉代已将传统剑器中的短剑一类,归并至后起的"其首类匕"的短式兵器之列,而共同赋予"匕首"的通称了[①]。

如此看来,梁玉绳所说"春秋初亦无操匕首之习",基本是合乎史实的。

---

① 以上有关匕首的讨论,参考了萧海扬君的未刊稿《关于匕首的一点考察》。特此说明,并向萧君致谢。

但以此作为否定曹沫劫齐桓公事的证据,则并不合理。原因很简单,曹沫所持的,其实可能并非"其首类匕"的"匕首",而是短剑。

需要指出的是,历代许多怀疑曹沫劫齐桓公事真实性的学者,都注意到了《左传》所载曹刿、《公羊传》所载曹子,与《史记·刺客列传》所载曹沫的名字区别。虽然有人认为曹刿就是曹沫,而专注的方向,仍多是曹沫的"沫"当读作"刿"(guì)之类。其实,值得重视的,倒是曹刿的"刿"字,本义就是刺伤的意思。《说文》:"刿,利伤也。"段注:"利伤者,以芒刃伤物。"某人取刺伤什么的做自己的名字,毕竟比较怪异;但如果那名字是后人因其干某件事出名而赋予的外号,就完全顺理成章了——因此,这位曹子名字里的"刿"字,或许根本就不是他的大名,只不过是个外号;而这外号,乃因他曾经劫持过齐桓公而得,亦未可知。至于他的真名,则很可能就是《史记》所记的曹沫了。

《史记》描写曹沫劫持齐桓公获得承诺后,有"投其匕首,下坛,北面就群臣之位"诸语,据此可知该事件是发生在齐鲁柯邑会盟的盟誓之坛上。盟誓之坛是何模样?二十世纪八十年代发现的河南温县春秋晚期盟誓遗址,给我们提供了实物佐证。据考古报告,盟誓遗址位于当地春秋州城遗址外东北隅,原为一高约2米的土台,台基纵长135米,横宽50米①。设想一下,在城外旷野之地,如此巨型的会盟坛上,忽然冒出一个身份不明的刺客,直奔盟主而去,并且在众目睽睽之下,手持短剑劫持了对方,那是如何惊心动魄的事!

司马迁传写的曹沫故事末尾,记齐桓公打算反悔盟誓坛上被迫作出的约定,而最终听从名臣管仲的劝谏,践行了诺言。此事颇堪玩味。按现代的信用规则,书面承诺的效用,无疑要远远高出口头承诺;至于因胁迫等因素非自愿所作的承诺,反悔亦属当然合理。但是管仲竟以"贪小利以自快,弃信于诸侯,失天下之援,不如与之"的寥寥数语,就令齐桓公放弃他念,可见在春秋时代诸侯的交往游戏规则中,信用原则处于极为崇高的地位,而当众口头承诺,也被视为不可变更的重要证词。成语"一言既出,驷马难追",源出《论语·颜渊》"驷不及舌"句下的郑玄注,所谓"过言一出,驷马追之不及舌也",反映的正是早期中国人的信用理念里,既出之言居于绝对重要的

---

① 河南省文物研究所《河南温县东周盟誓遗址一号坎发掘简报》,《文物》1983年第3期。

位置。

其后百六十有七年而吴有专诸之事。

专诸者，吴堂邑人也。伍子胥之亡楚而如吴也，知专诸之能。伍子胥既见吴王僚，说以伐楚之利。吴公子光曰："彼伍员父兄皆死于楚，而员言伐楚，欲自为报私仇也，非能为吴。"吴王乃止。伍子胥知公子光之欲杀吴王僚，乃曰："彼光将有内志，未可说以外事。"乃进专诸于公子光。

[讲解]　相比于曹沫的磊落，本篇第二个故事的主人公专诸，其行径倒与现代人理解的刺客颇为相似。

专诸的名字，在《左传》昭公二十七年里写作"鱄设诸"。鱄是一种鱼，《吕氏春秋·本味》即有"鱼之美者，洞庭之鱄"的记载。据此专诸的姓氏，大概和他的祖先是渔民，其先祖所在的部落以鱄鱼为图腾有关。而鱄姓的本籍，或许就在楚地的洞庭湖一带，亦未可知；不过到了专诸，已经是春秋吴国的堂邑(今江苏六合附近)人了。

司马迁写专诸，先落笔介绍的，却是让专诸走上刺客之路的伍子胥。

伍子胥本名伍员，其事迹在《越王句践世家》里已经有一个侧面的展现。在那篇以讲述吴越两国殊死争斗为主的历史记录中，伍氏是一个屡屡在吴王跟前进谏，最后被迫自杀的悲剧式人物。到了《刺客列传》，伍子胥的出处有了一些关键性的补叙。原来伍氏是从楚国逃亡来吴国的；并且据吴国公子光的转述，来吴国前，他的父兄皆已在楚国被害。而子胥赴楚后的头等大事，便是说服吴国最高统治者进攻自己的祖国——楚国。只是由于看出现任吴王很可能被公子光干掉——所谓"彼光将有内志，未可说以外事"，"内志"指的便是公子光将在国内策划政变的企图，"外事"则是他伍子胥建议的伐楚计划——所以他也在公子光那里投了个赌注，把他熟悉的专诸，推荐给了这个很可能成为下任吴王的野心家。

那么，伍子胥何以会从楚国逃往吴国，并一心要报复楚国呢？在《史记》中还有一篇《伍子胥列传》，为我们最终解答了这个疑问。

原来伍子胥的父亲伍奢,是楚平王的太子的两位老师之一,另一位老师名无忌。这无忌为了讨好楚平王,把本来从秦国娶来给楚太子做太太的一位美女,转而介绍给太子他爸楚平王做了妃子;同时还一个劲儿地在平王跟前说太子的坏话。伍奢看不下去,劝谏平王不要听信谗言而疏离骨肉,结果反被囚禁。连伍奢的两个儿子伍尚、伍员(子胥),也面临被害的危险。

由于楚平王和太子关系彻底破裂,伍奢必死无疑。伍子胥的哥哥伍尚选择随父就义,子胥则承应兄长日后必报杀父之仇的请求,辗转出逃,最终来到吴国。这时的楚国,对他而言,自然已经失去了祖国的意义,而只是纯粹的仇家了。

后来楚平王之子昭王执政时期,吴国果然一再进攻楚国,并曾一度占领楚国首都——郢。伍子胥得以掘楚平王墓,鞭打平王尸体三百下。而这雪耻之举之所以能够完成,追溯起来,当年伍氏向公子光推荐专诸,实为关键的一着。因为正是这位专诸先生,帮公子光杀死了老吴王,登上了新王位,使伍子胥名正言顺地成为吴国重臣,实现了他蓄谋已久的伐楚计划。

顺便提一下,同一个伍子胥,其事迹在《史记》里分别见于世家、列传二体的三篇,而表述各有特色:《伍子胥列传》乃正面的综述;《越王句践世家》里的伍氏,则是侧面的后期肖像;而到了本篇《刺客列传》,子胥的出场,又成为专诸刺杀吴王的重要背景。三篇内容互有关联,但对同一事件的叙述,则此详彼略,此简彼繁。太史公传叙历史人物时的匠心,于此可见一斑。

讲到这里,我们已经明了伍子胥何以要推荐一位刺客给公子光了。但是,他何以选中了专诸呢?

专诸的为人,《史记》只着了一个"能"字。其"能"如何? 篇中未言。而《吴越春秋》的如下一个故事,倒正好可以做那个"能"字的脚注。

说的是伍子胥刚逃亡到吴国的时候,半路上看见专诸正要和人打架,但见"其怒有万人之气,甚不可当";而当他太太一声召唤,这专诸马上就息事回家。子胥觉得好玩,就问他转变如此迅速的原因。专诸的回答是:"夫屈一人之下,必申万人之上!"伍氏因此大为器重他,就和他做了朋友。而专诸的后半生,也就此和吴国的政坛风云紧紧地联系在了一起。

光之父曰吴王诸樊。诸樊弟三人：次曰余祭，次曰夷眛，次曰季子札。诸樊知季子札贤而不立太子，以次传三弟，欲卒致国于季子札。诸樊既死，传余祭。余祭死，传夷眛。夷眛死，当传季子札；季子札逃不肯立，吴人乃立夷眛之子僚为王。公子光曰："使以兄弟次邪，季子当立；必以子乎，则光真適嗣，当立。"故尝阴养谋臣以求立。

光既得专诸，善客待之。九年而楚平王死。春，吴王僚欲因楚丧，使其二弟公子盖余、属庸将兵围楚之灊；使延陵季子于晋，以观诸侯之变。楚发兵绝吴将盖余、属庸路，吴兵不得还。于是公子光谓专诸曰："此时不可失，不求何获！且光真王嗣，当立，季子虽来，不吾废也。"专诸曰："王僚可杀也。母老子弱，而两弟将兵伐楚，楚绝其后。方今吴外困于楚，而内空无骨鲠之臣，是无如我何。"公子光顿首曰："光之身，子之身也。"

[讲解] 介绍了专诸和让他走上刺客之路的伍子胥，司马迁又说起了专诸此番行刺的现实背景。

还是那个在《吴太伯世家》里已经讲过的传位故事，因为公子光的四叔季札谦让，吴王之位传到了三叔之子僚的手上，令身为老吴王诸樊之子的公子光大为不满。由于司马迁在本篇里讲述这个故事时文辞颇简，所以《吴太伯世家》里原本具有的兄弟谦让温情，已被抽除得几无踪影，而读者可以感觉到的，多半是公子光不得继位的一腔怨气——"光真適嗣"一句里的"適"，通"嫡"字，公子光如此强调自己身为吴王血脉正传，正为日后其派专诸刺杀现任吴王僚，埋下了逻辑上合法的伏笔。

在接下来描写公子光和专诸谋划行刺的一段文字中，我们看到公子光再度强调自己是"真王嗣"，也就是真正的王位继承人。他甚至想象自己已经夺取王位，而认为，即使四叔季札从观察诸侯动静的晋国返回吴国，也"不吾废也"——这是一个倒装式的否定句，意思是"不会废除我"。

这段文字里前人讨论最多的，是临结束时专诸和公子光的对话。

专诸说："王僚是可以杀掉的。他妈年老，儿子弱小，两个弟弟又带部队攻打楚国,被楚国断了后路。如今吴国是外面受到楚国的围困,国内空虚,没有强有力的大臣执政。这正是拿我们没办法的时候。"

对于专诸的这番赤裸裸的政变建议,公子光回答是:"我公子光的身体,就是你的身体。"言下之意,是请你帮我杀了吴王僚,你身后的一切由我帮你操办。

这样的对话,本来并不费解。但这对话本出自《左传》,而《左传》里原本专诸说的,只有简单的"王可弑也。母老子弱,是无若我何"两句,接着就是公子光的承诺"我,尔身也"。自来解释《左传》的注家,都把"母老子弱"理解为是专诸的自述。如杜预就说,"是无若我何"相当于"我无若是何",是专诸"欲以老弱托光",所以公子光才会以自身比方专诸之身,使其放心[①]。

但是杜预的解释不无可商榷处:"是无若我何"与"我无若是何"的互换缺乏依据,即使可以互换,它似也难以和希望公子光照顾自己老小的意思相沟通。所以后来又有一位叫彭仲博的,认为"是无若我何"确实存在语序颠倒,但不该改为"我无若是何",而当作"是无我若何",意思是"母老子弱"的这个情形,要是又没有了我专诸,会是怎样?到了清代的顾炎武,虽然注意到《史记》文辞与之不同,而有关"是无若我何"句的解释,还是倾向于杜预的专诸"欲以老弱托光"说,理由是专诸行刺成功后,公子光也就是吴王阖闾确实封专诸的儿子做了上卿[②]。

另一方面,魏晋以来王肃、司马贞等人则不采纳杜预之说,而沿着司马迁的文本逻辑,把"是无若我何",理解为与字面意义相同的"这正是拿我们没办法"一类的解释。司马贞还指责杜预等人的说法"义非允惬",也就是解释的意思不准确,不能让人感到满意[③]。

围绕着传统经传与正史对同一事件的不同叙述,而展开的阐释较量,在今天看来,其实更有意义的,不是在一句"是无若我何"的正解是什么(由于文字详略不同,两种解释各有其合理性),而是由此凸显了不受正统意识牢笼的杰出的史学家,处理历史人物对话的独特方式。

---

① 详《左传》昭公二十七年杜预注。
② 彭、顾二氏的见解,均转引自《史记会注考证》卷八十六。
③ 王肃、司马贞的解说,均见《史记》本篇《索隐》。

正如《史记索隐》所言,《刺客列传》里专诸说"母老子弱"后的那一段话,所谓"而两弟将兵伐楚,楚绝其后。方今吴外困于楚,而内空无骨鲠之臣"云云,大概本无更早的文本依据,只是作者根据当时情境加上去的。但正是这一增加,把原先不甚明了的刺杀前夜的吴国内外局势,极为逼真地显露了出来。自然,《史记》的亦史亦文,于此又得一证明。

四月丙子,光伏甲士于窟室中,而具酒请王僚。王僚使兵陈自宫至光之家,门户阶陛左右,皆王僚之亲戚也。夹立侍,皆持长铍。酒既酣,公子光详为足疾,入窟室中,使专诸置匕首鱼炙之腹中而进之。既至王前,专诸擘鱼,因以匕首刺王僚,王僚立死。左右亦杀专诸,王人扰乱。公子光出其伏甲以攻王僚之徒,尽灭之,遂自立为王,是为阖闾。阖闾乃封专诸之子以为上卿。

[讲解] 刺杀计划终于实施了。时在当年的四月丙子,地点是公子光家里一个带有"窟室"的处所。"窟室"的本义是掘地所为之室;而《史记集解》引徐广的说法,谓"窟"字在其他版本里写作"空"。不论是地下室还是空房间,反正公子光已经预先安排了全副武装的士兵。吴王僚则似有所察,所以虽然是应邀去喝酒的,还是如临大敌,把警卫部队从王宫一直排到了公子光的家门口。连门户台阶旁边,也都是王僚的"亲戚"——这里的"戚"字,在《左传》和《史记·吴太伯世家》写同一事件的部分里都没有,也许是个衍字;而单表一个"亲"字,似乎已经说明王僚预感事情不妙,所以最近处安排的,全是自己的亲信。且这些侍卫亲信夹道护卫,手里拿的,竟都是"长铍",也就是长杆双刃刀。这哪里还是去赴宴,简直就是来格斗的!

但是吴王僚还是被杀了。出面刺杀他的,就是专诸。专诸所用的谋杀工具,是一把藏在煮熟的鱼的肚子里面的匕首(想来也应当是短剑)。王僚出发前护卫计划十分周密,何以最后还是命归黄泉?说起来简直令人难以置信:只因该王太贪吃,而他的最爱就是鱼。这缘由不见于《史记》,但在《吴越春秋》里有明确的记载:专诸从公子光那里得知王僚爱吃鱼的信息后,还特意跑到太湖,练了三个月的烹鱼术呢。

其后七十余年而晋有豫让之事。

豫让者,晋人也,故尝事范氏及中行氏,而无所知名。去而事智伯,智伯甚尊宠之。及智伯伐赵襄子,赵襄子与韩、魏合谋灭智伯,灭智伯之后而三分其地。赵襄子最怨智伯,漆其头以为饮器。豫让遁逃山中,曰:"嗟乎!士为知己者死,女为说己者容。今智伯知我,我必为报仇而死,以报智伯,则吾魂魄不愧矣。"乃变名姓为刑人,入宫涂厕,中挟匕首,欲以刺襄子。襄子如厕,心动,执问涂厕之刑人,则豫让,内持刀兵,曰:"欲为智伯报仇!"左右欲诛之。襄子曰:"彼义人也,吾谨避之耳。且智伯亡无后,而其臣欲为报仇,此天下之贤人也。"卒释去之。

[讲解]　讲述了两个成功的刺客故事后,太史公接着传写的,是一个最终失败的暗杀者——豫让。

豫让是晋国人。讲他的故事,牵涉到春秋历史上晋国末叶的六卿专权,和最后的三家分晋,所以有必要和《史记·晋世家》对照着看。

按《晋世家》的记载,晋国昭公、顷公之际,"六卿强,公室卑"。六卿据《史记索隐》的注解,分别是韩、赵、魏、范、中行、智六姓大臣。六卿在其最辉煌的时期,不仅权倾晋国朝野,甚至曾经有共同平息周王朝诸王子争立的赫赫功勋。但不久他们就开始自相残杀,其中的范氏和中行氏二卿最早被击败,两家之地,在晋出公时被余下的韩、赵、魏、智氏四家所瓜分。其中智氏又最为强大,至哀公时期已经是"晋国政皆决知伯,晋哀公不得有所制"了。但好景不长,仅过了四年,智伯就又被韩、赵、魏三家所杀。而本篇所讲的豫让为智伯复仇的故事,就发生在这晋国诸侯政治云谲波诡的当口上。

豫让先后侍奉过六卿中的三位:范氏、中行氏和智伯。只有智伯对他格外"尊宠",也就是尊敬和爱护。因此智伯被害后,他又和杀害智伯的六卿中的其余三位成了仇家,而最大的仇家,就是赵襄子。因为襄子以"漆其头以为饮器"方式,对死去的智伯加以深重的侮辱。

"饮器"一词,在《史记·大宛列传》里也曾出现,所谓"匈奴破月氏王,以其头为饮器",其方式与赵襄子漆智伯头以为饮器如出一辙。但"饮器"究为何物?历来众说纷纭。归纳诸说,大致可分为酒器、亵器两大类;而酒器一类,又别为盛酒器、饮酒杯两种。

诸说中最特异的,是释"饮器"为亵器一说。此说最早见于《史记集解》的《大宛列传》篇,其中引晋灼语谓:"饮器,虎子之属也。"虎子就是小便壶,因其外形像一只伏虎而得名。但晋氏对此说也不能肯定,所以接着加了句:"或曰饮酒器也。"而把此说向前更推进一步的,是司马贞的《史记索隐》。司马氏在注《刺客列传》时称,晋灼之所以认为饮器是亵器,乃因《韩非子》、《吕氏春秋》都说,"襄子漆智伯头为溲杅"。"溲"就是小便,"杅"则通"盂"字。

但是事实上,《韩非子·难三》篇里说的,只是"知伯无度,从韩康、魏宣,而图以水灌灭其国。此知伯所以国亡而身死,头为饮杯之故也";《吕氏春秋·义赏》篇中说的,则是"襄子可谓善赏矣……击智伯,断其头为觞"。所以日本学者泷川资言认为,司马贞谓《韩非子》、《吕氏春秋》有"襄子漆智伯头为溲杅"语的说法,恐怕是有问题的①。而这在我们看来,很可能是因为司马贞所据的《韩非子》,是一个存在文字讹误的本子——把"饮杯"二字错讹为"溲杅"了。

这一段文字里另外值得一说的,是豫让自述其决意为智伯报仇的理论根据,即那句流传至今的俗语:"士为知己者死,女为说己者容。""说己"的"说",在这里音义均通"悦"字。

按"士为知己者死"一语的出典,另有一个版本,见于《初学记》卷十八所引《韩诗外传》。说的是春秋时的齐国名流管仲,因挚友鲍叔得病,为之不吃不喝。有人问其何故,管仲回答:"生我者父母,知我者鲍子。士为知己者死,马为知己者良。鲍子死,天下莫吾知。"悲哀的话语,传达的却是一份超越死生的契友情谊。

管仲和豫让同说一句"士为知己者死",可见春秋时代士人对于知己的极端看重。豫让的誓死报仇,更显示出在当时人的心目中,个人的私谊,其实要远高于公理——因为他并不计较智伯前此的政治劣迹,坚持以独特的方式,回报智伯生前对自己的知遇之恩。

不过比较管仲和豫让的言辞,可以发现,与"士为知己者死"句相联的下

---

① 见《史记会注考证》卷八十六。

一句,由管仲时的"马为知己者良",变成了豫让时的"女为说己者容"。"士"、"马"联言,反映的尚是春秋前期贵族阶层兼重私谊与私物的价值取向;"士"、"女"对举,显现的则已经是春秋末期世俗社会对于人际关系普遍重视的态度了。

居顷之,豫让又漆身为厉,吞炭为哑,使形状不可知,行乞于市。其妻不识也。行见其友,其友识之,曰:"汝非豫让邪?"曰:"我是也。"其友为泣曰:"以子之才,委质而臣事襄子,襄子必近幸子。近幸子,乃为所欲,顾不易邪?何乃残身苦形,欲以求报襄子,不亦难乎!"豫让曰:"既已委质臣事人,而求杀之,是怀二心以事其君也。且吾所为者极难耳!然所以为此者,将以愧天下后世之为人臣怀二心以事其君者也。"

[讲解] 豫让的第一次厕所刺杀行动,因为赵襄子的心灵感应(天知道这是否是真的),而告失败。只是因了襄子的大度,他免遭惩处。但他依然不死心,尝试着"漆身为厉,吞炭为哑",伺机再度出手。"厉"通"疠"字,即癞疮,所以所谓"漆身为厉",就是在自己身上涂漆,使漆的毒素发作而生疮;"哑"在这里不是指哑巴,而是说使声音变沙哑,所以"吞炭为哑",就是吞食木炭,使自己的声音改变。

这种以极度的自我戕害的方式,寻求复仇机遇的做法,自然不为常人所理解。一位朋友就因此劝说豫让,不妨用个更简便的办法——"委质而臣事襄子",去接近赵氏。"委质"的"委",是弯曲的意思;"质"在此作"形体"解。所以合起来讲,"委质"就是归顺。

但是豫让断然拒绝了朋友的这一建议,理由是:"既已委质臣事人,而求杀之,是怀二心以事其君也。"而他之所以坚持做"漆身为厉,吞炭为哑"那样"极难"的事,目的只有一个,即"将以愧天下后世之为人臣怀二心以事其君者也"。

这其中的关键词,显然是"二心"。"二心"在主臣关系的特定框架里,指的就是对主人不能专心侍奉,而心怀二意。而说到这样的"二心",就自然会让人联想起传统中国社会的一个基本的道德范畴——忠。

在已经定型的中国政治伦理系统中,忠是指个人对于政治上级的忠诚,政治上级的顶端,在古代中国就是名义上的朝廷,实质上的皇帝。这样意义上的忠,在某些情境里,自然会与下级对一般上级的忠诚发生矛盾以至冲突。解决这一矛盾或冲突的办法,官方公开认可的方式,是可以为了朝廷与帝王的大忠,而舍弃一般性的小忠。以此在汉代以后的中国政治史上,"二心"一词所指的,主要是臣僚对国家最高统治者心怀二意,而一旦发生改朝换代的大变更,前朝旧臣出就新朝之职,就会被具有遗民倾向者贬称为"贰臣"。

豫让所谓的"二心",与汉代以后形容贰臣的"二心",显然有所区别。

豫让虽然坚持不臣事赵襄子,但他同时认为,如果自己做了赵氏的臣下,就不能再杀赵氏,否则便是"怀二心以事其君"。这里值得注意的是,豫让强调的,不是不可以在改朝换代之后出仕新朝,而是一旦侍奉新君,就只能一心一意,不可以再行使攻击对方的计划。因此,在豫让的思维逻辑里,"二心"不是政治立场的摇摆,而是私人道德的混乱。这一逻辑之所以成立,乃是由于在豫让的时代,"忠"的概念,主要通行在主仆之间,而与最高当局关联甚浅。现成的例子,是当时晋国名义上的最高统治者为晋哀公,豫让显然不关心或者说不效忠于哀公,而只对智伯负责。

既去,顷之,襄子当出,豫让伏于所当过之桥下。襄子至桥,马惊,襄子曰:"此必是豫让也。"使人问之,果豫让也。于是襄子乃数豫让曰:"子不尝事范、中行氏乎?智伯尽灭之,而子不为报仇,而反委质臣于智伯。智伯亦已死矣,而子独何以为之报仇之深也?"豫让曰:"臣事范、中行氏,范、中行氏皆众人遇我,我故众人报之。至于智伯,国士遇我,我故国士报之。"襄子喟然叹息而泣曰:"嗟乎豫子!子之为智伯,名既成矣,而寡人赦子,亦已足矣。子其自为计,寡人不复释子!"使兵围之。豫让曰:"臣闻明主不掩人之美,而忠臣有死名之义。前君已宽赦臣,天下莫不称君之贤。今日之事,臣固伏诛,然愿请君之衣而击之焉,以致报仇之意,则虽死不恨。非所敢望也,敢布腹心！"于是襄子大义之，乃使使持衣与豫让。豫让拔剑三跃而击之，曰："吾可以下报智伯矣！"遂伏剑自杀。死之日，赵国志士闻之，皆为涕泣。

[讲解]"漆身为厉，吞炭为哑"的豫让，在一座桥下再次行使了他的暗杀计划，不幸的是他再次失败了。作为一种心理补偿，他要求剑击赵襄子的衣服，以象征性地表示自己已经完成了为智伯复仇的壮举。在这一奇特的要求得到满足后，他义无反顾地持剑自杀。

豫让虽死，但他自杀前与赵襄子的那段对话，意味深长，颇可一说。

赵襄子指责豫让："你不是曾经侍奉范氏、中行氏么？智伯把他们全杀了，你不为他们报仇，反而归顺智伯，做了他的臣下。现在智伯也已经死了，你为何单单为他报仇的心思这样地强烈呢？"

豫让回答："小臣我侍奉范氏、中行氏，范氏、中行氏都以一般人的待遇对待我，我所以也用一般人的方式回报他们。至于智伯，他用'国士'的待遇对待我，我所以也用'国士'应有的方式回报他。"这里的"国士"，相当于今天所说的国家级优秀人才。

联系前两部分所讨论"士为知己者死"与"二心"的话题，豫让与赵襄子的对答，正好可以作二者的总结：智伯和豫让的关系，在后人看来当属主臣关系，但在豫让当时，更以为它是一种建立在相互信任基础上的知己朋友关系，再加上一些双方都可以接受的等价交换关系。因为互相信任，所以就不存在"二心"；因为等价交换，所以死对于豫来说，也就是异常坦然的事了。

其后四十余年而轵有聂政之事。

聂政者，轵深井里人也。杀人避仇，与母、姊如齐，以屠为事。

久之，濮阳严仲子事韩哀侯，与韩相侠累有郤。严仲子恐诛，亡去，游求人可以报侠累者。至齐，齐人或言聂政勇敢士也，避仇隐于屠者之间。严仲子至门请，数反，然后具酒自畅聂政母前。酒酣，严仲子奉黄金百溢，前为聂政母寿。聂政惊怪其厚，固谢严仲子。严仲子固进，而聂政谢曰："臣幸有老母，家贫，客游以为狗屠，可以旦夕得甘毳以养亲。亲供养备,不敢当仲子之赐。"严仲子辟人,因为聂政言曰:"臣有仇,而行游诸侯众矣;然至齐,窃闻足下义甚高,故进百金者,将用为大人粗粝之费,得以交足下之欢,岂敢以有求望邪!"聂政曰:"臣所以降志辱身居市井屠者,徒幸以养老母;老母在,政身未敢以许人也。"严仲子固让,聂政竟不肯受也。然严仲子卒备宾主之礼而去。

[讲解]《刺客列传》的第四位主人公,是仿佛只有家乡、没有祖国的聂政。

轵音 zhǐ,其地战国时属魏国,当太行八陉的第一陉,为军事要冲。聂政是当地一个名叫深井里地方的人,但因为犯了杀人的事,所以和老妈、姐姐一起逃到齐国,做起了杀狗的生意。

聂政原本是想躲避,却不料被人看中,要他继续干杀人的勾当——还是跨国犯罪,帮一个叫严仲子的到韩国去,杀掉其仇家韩相侠累。

严仲子据《史记·刺客列传》的记载,是韩哀侯的臣下,他之所以要杀韩相侠累,是因为与之"有郤"。"郤"通"隙",是嫌隙、矛盾的意思。但有嫌隙而至于要到开杀戒的地步,可见双方已势同水火。

聂政显然不愿意再卷入新的杀人事件里,所以虽然严仲子"数反",也就是来回跑了好几趟,他还是不答应。严仲子正面说服不得,只好改走聂政母亲的路子,"具酒自觞聂政母前"。"具酒自觞"的"觞",在《战国策》里写作"觯"。觯本是一种酒杯,这里作动词,就是喝酒。而"觞"前着一"自"字,又其现场在聂政的老妈跟前,实在是很可以见出严仲子的无赖与执着。不仅如此,这自斟自饮的严仲子还就这么喝多了,结果忽然"奉黄金百溢,前为聂政母寿"。"溢"乃古代计量黄金的专用量词,一溢相当于后来的二十两,则百溢就是两千两。出手如此大方,而严氏的理由,不过是孝敬聂家老太太而已。

于是双方有了一番你来我去的推让:聂政"固谢严仲子",严仲子"固进",连续两个"固"字,坚拒与坚赠之意,跃然纸上。

聂政的拒绝,理由充分:我老妈有我杀狗所得供养着,开销够用,不用您送钱。这其中"且夕得甘毳以养亲"一句里的"毳"字,音义均通"脆"字;所以"甘毳"就是指适宜老人食用的甜脆食物。

严仲子的赠与显然有些不可告人,所以先要"辟人",也就是支开旁人,然后把自己有仇家的事告诉聂政。当然此时还不能把啥都说得太直白,所以只好在给聂政送去一顶"义甚高"的高帽子后,说明送黄金不过是"将用为大人粗粝之费,得以交足下之欢",意思是给老太太一点儿买粗米的小钱,算是和您交个朋友。这里的"大人",专指对方的长辈,而非指对方本人。

但聂政还是没有答应。他的最后陈词带着些许的悲凉。他明确表示,自己"降志辱身居市井屠者",也就是放弃远大志向,自贬其身,混迹于市井屠夫之列,完全是为了供养年迈的母亲;只要老母亲活着,他是不会把自己的生命献给任何人的。

这里就牵涉到中国传统的"孝"的观念。按"孝"字本义,实与祖先崇拜有关。但自西周以后,其义逐渐转向敬奉父母的意思。至孔子提出孝的关键在"无违",无违的具体做法,是对父母"生,事之以礼;死,葬之以礼,祭之以礼"(《论语·为政》),中国传统的孝道意识便固定为对在世父母"奉养"与去世父母"追孝"两个方面,而"奉养"尤其重要。

成年子女对父母尤其是高年父母的"奉养",除了应当使之衣食无忧外,还应该遵循多条基本原则。其中比较直接的,有"父母在,子不远游;游必有方";相对间接的,如"身体发肤受之父母,不敢毁伤"等等①。后者之所以被提出,由"孝"的一面说,是为了使父母精神上的愉悦,显现血缘关系的无比重要。

聂政老母还健在,严仲子就想把他招去干死生难卜的勾当,那是明显会置聂氏于不孝境地的事情,所以聂政断然拒绝了。

久之,聂政母死。既已葬,除服,聂政曰:"嗟乎!政乃市井之人,鼓刀以屠;而严仲子乃诸侯之卿相也,不远千里,枉车骑而交臣。臣之所以待之,至浅鲜矣,未有大功可以称者,而严仲子奉百金为亲

---

① "父母在,子不远游;游必有方",见《论语·里仁》;"身体发肤受之父母,不敢毁伤",语出《孝经·开宗明义章》。

寿,我虽不受,然是者徒深知政也。夫贤者以感忿睚眦之意而亲信穷僻之人,而政独安得嘿然而已乎!且前日要政,政徒以老母;老母今以天年终,政将为知己者用。"乃遂西至濮阳,见严仲子曰:"前日所以不许仲子者,徒以亲在;今不幸而母以天年终。仲子所欲报仇者为谁?请得从事焉!"严仲子具告曰:"臣之仇韩相侠累,侠累又韩君之季父也,宗族盛多,居处兵卫甚设,臣欲使人刺之,终莫能就。今足下幸而不弃,请益其车骑壮士可为足下辅翼者。"聂政曰:"韩之与卫,相去中间不甚远,今杀人之相,相又国君之亲,此其势不可以多人,多人不能无生得失,生得失则语泄,语泄是韩举国而与仲子为仇,岂不殆哉!"遂谢车骑人徒,聂政乃辞独行。

杖剑至韩,韩相侠累方坐府上,持兵戟而卫侍者甚众。聂政直入,上阶刺杀侠累,左右大乱。聂政大呼,所击杀者数十人,因自皮面决眼,自屠出肠,遂以死。

[讲解] 不过严仲子的一番诚意,还是感动了身处市井的聂政,而使他最终在老母亲辞世之后,再度走上了杀人之路。

聂政的母亲是严仲子登门造访过后多时才去世的。按照"死,葬之以礼"的孝行祖训,聂政完成了从"葬亲"到"除服"的全过程。"除服"的"服",指丧服,而"除服"则既指脱下丧服这一动作,更指传统的服丧礼仪的结束。按照中国传统习俗,葬礼之后,子女应该为亡亲服丧三年——精确地说,是自闻丧之日起的二十七个月,但不包括闰月——服丧期间,子女不可以出仕、应考、嫁娶,自然更不能去做杀人越货的事情。

服丧的结束,使聂政暂时解除了孝道的束缚。此时摆在他面前的,是和上一则故事的主人公豫让曾面临的同样问题:"士为知己者死。"当年严仲子的礼贤下士,给了这位讲究道义的前杀人犯以沉重的心理负担,所以结局几乎可以说是命中注定的:他在大庭广众之中,为严仲子杀了韩相侠累,然后自杀——为了不连累家人,他残忍地"自皮面决眼,自屠出肠",即把自己的脸面割破,眼睛剜出,乃至剖开腹部,任肠子流出!

韩取聂政尸暴于市，购问，莫知谁子。于是韩县购之，有能言杀相侠累者予千金。久之，莫知也。

政姊荣闻人有刺杀韩相者，贼不得，国不知其名姓，暴其尸而县之千金，乃于邑曰："其是吾弟与？嗟乎，严仲子知吾弟！"立起，如韩，之市，而死者果政也，伏尸哭极哀，曰："是轵深井里所谓聂政者也。"市行者诸众人皆曰："此人暴虐吾国相，王县购其名姓千金，夫人不闻与？何敢来识之也？"荣应之曰："闻之。然政所以蒙污辱自弃于市贩之间者，为老母幸无恙，妾未嫁也。亲既以天年下世，妾已嫁夫，严仲子乃察举吾弟困污之中而交之，泽厚矣，可奈何！士固为知己者死，今乃以妾尚在之故，重自刑以绝从，妾其奈何畏殁身之诛，终灭贤弟之名！"大惊韩市人。乃大呼天者三，卒于邑悲哀而死政之旁。

晋、楚、齐、卫闻之，皆曰："非独政能也，乃其姊亦烈女也。乡使政诚知其姊无濡忍之志，不重暴骸之难，必绝险千里以列其名，姊弟俱僇于韩市者，亦未必敢以身许严仲子也。严仲子亦可谓知人能得士矣！"

[**讲解**] 聂政刺杀了韩相，韩国自然予其最严厉的报复，把他的尸体"暴"在集市上。这里的"暴"，读作 pù，通"曝"字，本义是晒的意思，用在这里，则有公开展览的意味。不光暴尸，韩国还悬赏调查这个已经面目全非的刺客的身份，即所谓"购问"。"购"的这种用法，在《史记·淮阴侯列传》里已经有过，所谓"乃令军中毋杀广武君，有能生得者，购千金"即是，"购千金"的"购"，就是"赏"的意思。本文写聂政死后的这一段接下来又说韩国"县购"刺客身份，"县"通"悬"，所以"县购"就是"悬赏"了。

但是韩国的悬赏在国内没有任何回音。倒是消息传到齐国，令聂政的姐姐聂荣很是"于邑"，也就是郁闷。当她只身前往韩国，证实自己的揣测，确实是自己的亲兄弟聂政被暴尸于市时，这位与聂政有同样刚烈性格的女子，竟然不顾危险，伏在聂政的尸身上失声痛哭，并向韩国人当场宣布："这是轵深井里地方的一个名叫聂政的人!"面对韩国人的质疑,她不仅道出了聂政自毁容貌的缘由,即因为她做姐姐的尚在人世,致使弟弟"重自刑以绝从",也就是特意自我施刑,以免除亲人遭受连坐之害,还把事情的原委连锅端出,让严仲子主使一节也曝光于众人之前——所谓"严仲子乃察举吾弟困污之中而交之,泽厚矣,可奈何",语气中分明有着一重悲愤与无奈。

严仲子是否因此也招了报应,《史记》无文,不得而知。所可知者,因为过度悲伤,聂荣当时就死在了弟弟聂政的尸首旁。聂氏姐弟结局如此惨烈的事件,在晋、楚、齐、卫诸国引起强烈的反响。意味深长的是,舆论关注的焦点,并不在聂政刺杀韩相的是非曲直,而在作为刺客之姐的聂荣"无濡忍之志,不重暴骸之难,必绝险千里以列其名",亦即不软弱隐忍,不惜暴尸于市,一定要不远千里去韩国,和兄弟一起承担罪名;舆论由此给了这位杀人者的姐姐以"烈女"的崇高称誉。"烈"即刚烈。显然,这样的评介已经超越了具体事件,而带有了肯定个人超越凡俗的勇气和与众不同的个性的特殊意向。

其后二百二十余年秦有荆轲之事。

荆轲者,卫人也。其先乃齐人,徙于卫,卫人谓之庆卿。而之燕,燕人谓之荆卿。

荆卿好读书击剑,以术说卫元君,卫元君不用。其后秦伐魏,置东郡,徙卫元君之支属于野王。

荆轲尝游过榆次,与盖聂论剑,盖聂怒而目之。荆轲出,人或言复召荆卿。盖聂曰:"曩者吾与论剑有不称者,吾目之;试往,是宜去,不敢留。"使使往之主人,荆卿则已驾而去榆次矣。使者还报,盖聂曰:"固去也,吾曩者目摄之!"

荆轲游于邯郸,鲁句践与荆轲博,争道,鲁句践怒而叱之,荆轲嘿而逃去,遂不复会。

荆轲既至燕,爱燕之狗屠及善击筑者高渐离。荆轲嗜酒,日与狗屠及高渐离饮于燕市,酒酣以往,高渐离击筑,荆轲和而歌于市中,相乐也,已而相泣,旁若无人者。荆轲虽游于酒人乎,然其为人沈深好书;其所游诸侯,尽与其贤豪长者相结。其之燕,燕之处士田光先生亦善待之,知其非庸人也。

[讲解] 讲了曹沫、专诸,讲了豫让、聂政,《刺客列传》最后也是花了最大篇幅讲的,是大名鼎鼎的荆轲刺秦王故事。

太史公首先交待的,是荆轲的身世。荆氏祖上乃齐国人,到荆轲时已迁居到卫国。荆轲在卫国,被称为"庆卿",后来他出国到了燕国,燕人才叫他"荆卿";"卿"自然是对他的尊称,而其姓由"庆"一转为"荆",则是古代因方言不同而形成的语音差异。

荆轲的爱好,据说是"读书击剑"。书、剑二者,一文一武,在宋代以后的一般人看来,是代表了完全不同的两种人生路径。但在唐以前,二者合一,却是被读书人视为人生完美的重要象征。荆轲身处战国时代,已有此好,可见此一风尚由来已久。

但是好读书击剑的荆轲,似乎于书剑两道,皆未精通。证据之一,是其好读书却企图以"术"游说国君卫元君。游说无果倒还在其次,关键是讲求权变的"术",与重视读书的"学",毕竟是两条道路。证据之二,是他曾和一个名叫盖聂的剑客在榆次探讨剑术,因为所论"有不称者",也就是说的不在点子上,很为对方所轻视,结果只能灰溜溜地离开榆次——这一走,还被盖聂嘲笑:"固去也,吾曩者目摄之!"翻译成白话,就是:"我算准他必定离开了。我先前对他瞪眼,就已经吓住他了!"

甚至跟人"博",荆轲也会因为"争道"而被对方呵斥,只得悻悻地逃开。按这里的"博",当指簙篡,是一种中国早期流行的赌博游戏。因为簙篡要"行五道"也就是在划定五道线掷骰子,所以所谓"争道",显然是指参与者在赌博过程中有反悔或作弊之举。

然而荆轲真的这般无能么? 好像不是。他来到燕国以后的作为,渐次显出他的本色,令燕人中的智者与长者,皆明了其绝非等闲之辈。

文章铺叙至此,显然已经到了峰回路转的关头。作者因此顺势邀出了两位燕国名士,来做荆轲事迹的侧应:一位是高渐离,一位是田光。处士田先生与荆轲的故事颇有波澜,司马迁只在这里埋了个伏笔,以待下一节再来细表;高渐离则因为擅击筑,又与"酒酣以往"也就是酒喝多了以后的荆轲乐歌相和,出场即表现不俗,所以尽管这一段文字颇短,主人公荆轲之外,还夹带着个佚名的杀狗朋友,读者还是难以忘怀那位在燕国市井里和两个醉汉一起"相乐"继而"相泣"的高乐师。

高氏的看家本领是击筑。筑是一种击奏型的弦鸣乐器,外形似筝,颈细肩圆,首尾各嵌五钉,以布五弦。乐手左手执其颈部或按弦,右手持竹尺击弦。此器虽早在战国时期就已流行,如《战国策·齐策》即有"临淄甚富而实,其民无不吹竽,鼓瑟,击筑,弹琴"的记载,但迄今考古发现的实物,均为汉代之作①。不过考之文献,六朝时代的《相和歌》,还是以筑为伴奏乐器之一②,则高渐离与荆轲、狗屠当年在燕市上击筑和歌,虽是朋友聚会的偶然之举,从艺术史上讲,亦可算是源远流长了。

居顷之,会燕太子丹质秦亡归燕。燕太子丹者,故尝质于赵,而秦王政生于赵,其少时与丹欢。及政立为秦王,而丹质于秦。秦王之遇燕太子丹不善,故丹怨而亡归。归而求为报秦王者,国小,力不能。其后秦日出兵山东以伐齐、楚、三晋,稍蚕食诸侯,且至于燕,燕君臣皆恐祸之至。太子丹患之,问其傅鞫武。武对曰:"秦地遍天下,威胁韩、魏、赵氏,北有甘泉、谷口之固,南有泾、渭之沃,擅巴、汉之饶,右陇、蜀之山,左关、殽之险,民众而士厉,兵革有余。意有所出,则长城之南,易水以北,未有所定也。奈何以见陵之怨,欲批其逆鳞哉!"丹曰:"然则何由?"对曰:"请入图之。"

居有间,秦将樊於期得罪于秦王,亡之燕,太子受而舍之。鞫武谏曰:"不可。夫以秦王之暴而积怒于燕,足为寒心,又况闻樊将军之所在乎?是谓'委肉当饿虎之蹊'也,祸必不振矣!虽有管、晏,不

---

① 参见王子初《中国音乐考古学》第335—340页,福建教育出版社,2003年。
② 据郭茂倩《乐府诗集》卷三十"相和歌辞五·平调曲"、卷四十一"相和歌辞十六·楚调曲"序,二者的伴奏乐器中都有筑。中华书局1979年标点本。

能为之谋也。愿太子疾遣樊将军入匈奴以灭口。请西约三晋,南连齐、楚,北购于单于,其后乃可图也。"太子曰:"太傅之计,旷日弥久,心惛然,恐不能须臾。且非独于此也,夫樊将军穷困于天下,归身于丹,丹终不以迫于强秦而弃所哀怜之交,置之匈奴,是固丹命卒之时也。愿太傅更虑之。"鞠武曰:"夫行危欲求安,造祸而求福,计浅而怨深,连结一人之后交,不顾国家之大害,此所谓'资怨而助祸'矣。夫以鸿毛燎于炉炭之上,必无事矣。且以雕鸷之秦,行怨暴之怒,岂足道哉!燕有田光先生,其为人智深而勇沉,可与谋。"太子曰:"愿因太傅而得交于田先生,可乎?"鞠武曰:"敬诺。"出见田先生,道"太子愿图国事于先生也"。田光曰:"敬奉教。"乃造焉。

[讲解] 交待了荆轲的身世与交游,司马迁转入正题。但开局就充满了紧张气氛,因为所述乃强秦即将逼近燕国的危急情势。

此刻出场的主要人物,是燕国太子丹和他的老师鞠武。太子丹经历曲折,曾两度作为人质出使到赵、秦二国,两次都与后来成为秦始皇的嬴政有过密切的交往。只是在赵国他们处境相同,所以是玩得很好的朋友;到了秦国则由于双方地位悬殊,结果反目,而太子丹竟中途出逃回国。作为国家人质而并未通过外交途径就不辞而别,这已是国际交往中的大忌,而太子丹因为私忿还打算报复嬴政,加上在这么敏感的时节又接纳叛逃来燕的秦国将军樊於期,一系列的麻烦,令老谋深算的鞠武非常担忧。

鞠老师是明确反对报复秦王的。理由是秦国人多兵强,装备充足,一旦发动攻击,那么位于"长城之南,易水以北"的燕国,就难有安生了。所以他埋怨太子:怎么可以因为个人曾被欺负,就打算"批其逆鳞"也就是冒犯秦王呢!这里鞠武用了一个出自《韩非子·说难》里的典故,说的是龙可以耍着玩,也可以骑,但龙头颈下喉部有倒着长的龙鳞(所谓逆鳞),宽度有一尺左右,人如果去碰了它,就一定会被龙杀死。后来中国人把龙视为帝王的象征,所以"批其逆鳞"(直译即"击打龙喉下倒长着的鳞")也就喻指严重冒犯统治者,其结果可想而知。

鞠老师也不赞成让秦将樊於期呆在燕国。他用了两个当时俗语"委肉当饿虎之蹊"与"资怨而助祸",来喻示太子丹此计的失策。前者是说"把肉放在饥饿的老虎要经过的路上",意思是明摆着让对方吃了自己;后者里的"资",与"助"同义,所以"资怨而助祸"是说助长怨恨与灾祸。为了说明事情的严重性,鞠老师又打了个比方:"夫以鸿毛燎于炉炭之上,必无事矣"。言下之意,燕国就像一根鸿毛,秦国则如一盆燃烧的炉炭;把鸿毛放在炉炭上稍过火,鸿毛自然顷刻不见踪影,而这对炉炭来说,实在不算什么事情。

燕国既已陷入如此巨大的危难之中,太子丹也不知如何是好了。还是鞠武老师厉害,最后的一招,是帮太子丹请来了那位在前一节已经出现、对荆轲颇加青眼的田光先生。

太子逢迎,却行为导,跪而蔽席。田光坐定,左右无人,太子避席而请曰:"燕秦不两立,愿先生留意也。"田光曰:"臣闻骐骥盛壮之时,一日而驰千里;至其衰老,驽马先之。今太子闻光盛壮之时,不知臣精已消亡矣。虽然,光不敢以图国事,所善荆卿可使也。"太子曰:"愿因先生得结交于荆卿,可乎?"田光曰:"敬诺。"即起,趋出。太子送至门,戒曰:"丹所报,先生所言者,国之大事也,愿先生勿泄也!"田光俛而笑曰:"诺。"偻行见荆卿,曰:"光与子相善,燕国莫不知。今太子闻光壮盛之时,不知吾形已不逮也,幸而教之曰'燕秦不两立,愿先生留意也'。光窃不自外,言足下于太子也,愿足下过太子于宫。"荆轲曰:"谨奉教。"田光曰:"吾闻之,长者为行,不使人疑之。今太子告光曰:'所言者,国之大事也,愿先生勿泄',是太子疑光也。夫为行而使人疑之,非节侠也。"欲自杀以激荆卿,曰:"愿足下急过太子,言光已死,明不言也。"因遂自刎而死。

[讲解] 对于老师鞠武推荐来的谋臣田光,太子丹给予了足够的尊敬:他先是"却行为导",就是自己倒退着走,以给田光引路;接着"跪而蔽席",就是跪着为田光抹拭坐席("蔽"在此处用作动词,在《战国策》里则径作"跪而拂席");最后还"避席而请",就是离开自己的坐席,去恳请田光帮助。

田光老先生显然是被感动了。所以尽管把自己已逝的盛年比作"骐骥"也就是骏马,而称今日的衰老为驽马不如,但为了不使太子过于失望,他还是郑重地推荐了荆轲。这之后由于太子一句无心的失言,更由于他自己一心要激将荆轲协助太子,这位高傲的田光先生竟然自杀了。

颇堪玩味的是,田光自述其自杀的理由,是"为行而使人疑之,非节侠也",也就是说:"一个人做事情而让别人怀疑,那他就不是个有气节的侠。"显然,田光认为自己本是个"侠"。然而何以做事让人怀疑就不是个有气节的侠,不是个有气节的侠就该自杀呢?这就涉及春秋战国时代对"侠"的理解。

正如不少研究者指出的,中国早期的侠或者叫游侠,原本是指那些在特定的社交活动圈内发号施令、具有在正常权力结构之外行使个人强力影响的权威主体①。这样的侠,在社会集团中显山露水,主要依靠的,既不是个人的高强武艺,也不是一般意义上的财大气粗,而是个人拥有的广泛复杂的社交网络,以及他人难以企及的个人智慧与人格魅力。田光以一处士而能令太子丹俯首,原因即在于他其实就是这样意义上的侠。然而太子丹竟然怀疑他这样层次上的大侠也可能泄漏国家机密,这对田光来说,意味着身为大侠却被视为可能操守不严,这无疑是信誉发生了严重危机的事情;加上太子丹策划的计谋实在过于重大危险,他田光即使推荐了荆轲,荆轲也可能退却,所以万全之策,还是以一种激烈而悲壮的方式——自杀,来保全个人精心构筑的节义之侠的光辉形象。

荆轲遂见太子,言田光已死,致光之言。太子再拜而跪,膝行流涕,有顷而后言曰:"丹所以诫田先生毋言者,欲以成大事之谋也。今田先生以死明不言,岂丹之心哉!"荆轲坐定,太子避席顿首曰:"田先生不知丹之不肖,使得至前,敢有所道,此天之所以哀燕而不弃其孤也。今秦有贪利之心,而欲不可足也。非尽天下之地,臣海

---

① 参见章培恒先生《从游侠到武侠——中国侠文化的历史考察》,《复旦学报》1994年第3期;又陈广宏《中国早期游侠身份的重新检讨》,收入汪涌豪、陈广宏合著《侠的人格与世界》第352—373页,复旦大学出版社,2005年。

内之王者,其意不厌。今秦已虏韩王,尽纳其地。又举兵南伐楚,北临赵;王翦将数十万之众距漳、邺,而李信出太原、云中。赵不能支秦,必入臣,入臣则祸至燕。燕小弱,数困于兵,今计举国不足以当秦。诸侯服秦,莫敢合从。丹之私计愚,以为诚得天下之勇士使于秦,窥以重利;秦王贪,其势必得所愿矣。诚得劫秦王,使悉反诸侯侵地,若曹沫之与齐桓公,则大善矣;则不可,因而刺杀之。彼秦大将擅兵于外而内有乱,则君臣相疑,以其间诸侯得合从,其破秦必矣。此丹之上愿,而不知所委命,唯荆卿留意焉。"久之,荆轲曰:"此国之大事也,臣驽下,恐不足任使。"太子前顿首,固请毋让,然后许诺。于是尊荆卿为上卿,舍上舍。太子日造门下,供太牢,具异物,间进车骑美女,恣荆轲所欲,以顺适其意。

[讲解] 田光自杀,本则故事的真正主人公荆轲才正式登场。但登场后的荆轲还是寡言少语,倒是出现在他跟前的太子丹,像个碎嘴的老太,唠叨个不停。先是竭力撇清自己和田光自杀的瓜葛,继而给荆轲大上当前形势与任务课,末了频做春梦,设想了颠覆秦国的多种可能——或"窥以重利"即用大笔钱财引诱秦王,或劫持秦王,再不行就索性杀了秦王。然而这样一股脑儿和盘托出后,太子丹得到的回音,却是荆轲长久的沉默,与沉默之后简单明了的拒绝。可见田光的死,其实并不能激起荆轲为太子效力的责任心。

太子丹没辙,只好重新磕头装孙子,才让荆轲勉强答应下来。这一答应可是了得:燕国马上把荆轲尊为"上卿"也就是高级干部,让他"舍上舍"也就是住高级宾馆(前一个"舍"作动词)。太子天天上门探视,还为他提供牛、羊、猪三牲齐备的太牢式大餐(按照《礼记·王制》,太牢原本是天子祭祀时才用的动物牺牲规格),具备各种珍稀物品,还不时提供车马、美女,让他尽情享用,以求这位燕国未来救星万事舒心。出自笔记小说《燕丹子》的一个未经证实的故事,甚至说太子丹有一回在一个叫华阳台的地方设宴,席间唤出一美人弹琴,在座的荆轲见美人玉手纤纤,赞了一句:"好手也。"太子竟让人当场斩了美人手,盛在一个玉盘子里送上来。

到此明眼人大致已经可以看出,这位荆轲先生虽然是田光处士推荐的,但他与田先生其实是两个层次上的人。田光的自杀,虽然有现实的缘由,还不免带有矫情的成分,但其轻死重节,彰显的是一个能够掌控局面也能决定自我的大侠的磊落与无畏。而荆轲的"恣欲",恰好证明他根底里不过是个刺客,一个供人驱使、也会适时地企求被驱使的回报的现实小卒。

久之,荆轲未有行意。秦将王翦破赵,虏赵王,尽收入其地,进兵北略地至燕南界。太子丹恐惧,乃请荆轲曰:"秦兵旦暮渡易水,则虽欲长侍足下,岂可得哉!"荆轲曰:"微太子言,臣愿谒之。今行而毋信,则秦未可亲也。夫樊将军,秦王购之金千斤,邑万家。诚得樊将军首与燕督亢之地图,奉献秦王,秦王必说见臣,臣乃得有以报。"太子曰:"樊将军穷困来归丹,丹不忍以己之私而伤长者之意,愿足下更虑之!"

荆轲知太子不忍,乃遂私见樊於期曰:"秦之遇将军可谓深矣,父母宗族皆为戮没。今闻购将军首金千斤,邑万家,将奈何?"於期仰天太息流涕曰:"於期每念之,常痛于骨髓,顾计不知所出耳!"荆轲曰:"今有一言可以解燕国之患,报将军之仇者,何如?"於期乃前曰:"为之奈何?"荆轲曰:"愿得将军之首以献秦王,秦王必喜而见臣,臣左手把其袖,右手揕其匈,然则将军之仇报而燕见陵之愧除矣。将军岂有意乎?"樊於期偏袒搤捥而进曰:"此臣之日夜切齿腐心也,乃今得闻教!"遂自刭。太子闻之,驰往,伏尸而哭,极哀。既已不可奈何,乃遂盛樊於期首函封之。

于是太子豫求天下之利匕首,得赵人徐夫人匕首,取之百金,使工以药焠之,以试人,血濡缕,人无不立死者。乃装为遣荆卿。燕国有勇士秦舞阳,年十三,杀人,人不敢忤视。乃令秦舞阳为副。荆轲有所待,欲与俱;其人居远未来,而为治行。顷之,未发,太子迟之,疑其改悔,乃复请曰:"日已尽矣,荆卿岂有意哉?丹请得先遣秦舞阳。"荆轲怒,叱太子曰:"何太子之遣?往而不返者,竖子也!且提一匕首入不测之强秦,仆所以留者,待吾客与俱。今太子迟之,请辞决矣!"遂发。

[讲解] 就这样吃喝玩乐地过了好一阵,荆轲还是没出征的意思。临到秦国的军队破赵逼燕,太子丹实在紧张,跑来求他赶紧行动时,他却顺水推舟,道:"微太子言,臣愿谒之。""微"在这里作"没有"解,所以这话的大意,是太子您就是不说,我本来也要为此事去拜访您了。而接下来他给太子开出的赴秦条件,一是要从秦国逃到燕国的樊於期将军的头颅,二是要一张燕国"督亢之地图"。

樊将军的头颅,最终倒是荆轲自己拿到的。他用了个快刀斩乱麻的方法,直接找到樊於期本人,动之以情,以一句"秦之遇将军可谓深矣"起首,把秦国将这位叛逃将领全家斩尽的深刻恶毒剖析得直白无比;而后晓之以理,先用唯有报仇才能雪恨的原理来规劝,继用得到你的头颅我就可以接近秦王、为你报仇的逻辑作开导,最后用一个激烈而富于动感的未来刺杀画面去激励——所谓"臣左手把其袖,右手揕其匈",也就是我左手扯住秦王的衣袖,右手用匕首直刺他的胸口。这里的"揕"读作 zhèn,是刺的意思;"匈"通"胸"字——如此层层逼进,令樊将军这武夫也招架不住,扯开半边衣服、扼住手腕(即所谓"偏袒搤捥"),激动地说,这正是令我日夜咬牙切齿而又心碎不已(即所谓"腐心")的事啊!言罢他就自杀了。

燕国"督亢之地图",自然是要从太子那里取。太子必给之,由下文看,也无问题。问题在于什么是"督亢",以及何以要给秦国送这"督亢之地图"。

"督亢"之意,旧说有三。一以为"督亢"是燕国的一个地名,其地大致在汉唐时代涿郡、幽州附近(即今天河北涿州、固安一带),说见《战国策》鲍彪注,以及《史记正义》;一以为"督亢"是肥沃的意思,说见刘向《别录》;一以为"督亢"是指首尾全部,语词源于中医,因经脉之说称人身督脉在尾闾穴,亢为咽喉,所以首尾称作督亢,说见清代黄生《义府》①。三说之中,前二说文献出典较早,而第三说较有新意。若以送地图与秦的逻辑合理性,以及下文秦

---

① 详黄生《义府》卷下"督亢"条,清歙浦黄氏家刻江州黎氏重修本。

臣蒙嘉转述的燕国"愿举国为内臣"等话而论,则第三说所指的送燕国全图给秦王,似更胜前二说。

除了荆轲要的樊将军头颅和燕国督亢地图,太子丹也主动给荆轲置办行装与助手,那是一把名为徐夫人匕首的赵国凶器,和一个名叫秦舞阳的燕国小勇士。徐夫人匕首加过毒药焠炼,所以只要让人出一丝血,就会使对方送命;秦舞阳据《史记·匈奴列传》的记载,乃是燕国名将、曾经被派赴胡地做人质的秦开的孙子。本篇说他只有十三岁,就有杀人的经历,所以人人都不敢小看他——不过他进了秦宫以后的表现,大失水准,当然那是后话了。

就在荆轲这当发未发的时节,他还和太子丹闹了点不愉快。事情的起因是荆轲打算让自己的另一个朋友一块去,而那朋友住得远,一时还没赶到。太子丹则总疑心荆轲会反悔,所以又多嘴,催其出征,还说要不咱先派秦舞阳去吧。这令荆轲大为恼怒,当即顶撞道:"何太子之遣!往而不返者,竖子也!"意思是哪有你太子这样派遣的!出征而不再能回来,那是冒失鬼啊!

太子及宾客知其事者,皆白衣冠以送之。至易水之上,既祖,取道,高渐离击筑,荆轲和而歌,为变徵之声,士皆垂泪涕泣。又前而为歌曰:"风萧萧兮易水寒,壮士一去兮不复还!"复为羽声慷慨,士皆瞋目,发尽上指冠。于是荆轲就车而去,终已不顾。

[讲解] 但为了表明自己讲究信用,荆轲最后还是连朋友也不等,就此出发了。于是易水岸边,上演了一幕经典的送行悲剧。

这里首先应当解释的,是"既祖"与"取道"两个相互关联的语词。按所谓"祖",是古人为远行者送行时举行的一种祭祀的名称,其名义是以酒祭祀道路之神——所以又有"祖道"的说法——实际则是行者饮酒;到后来发展成为送行的请出行者吃一顿告别酒宴,叫作"饯行","饯"是以酒食相送的意思。由"祖道"而变为"饯行",敬神仪式巧妙地转换成了娱人大餐,中国这个讲究吃的民族的无穷智慧,于此可见一斑。本篇所谓"既祖",是说荆轲与太子丹等已经完成了祖道这一仪式,所以接着是"取道",就是沿着已经祭祀的道路出发了。

这里接着值得讨论的,是"取道"之后由高渐离击筑、荆轲和歌而引出的两个音乐术语——"变徵"("徵"音 zhǐ)和"羽声"[1]。按传统的说法,先秦古乐的音阶,只有宫、商、角、徵、羽五声,五声也叫五音,相当于现代乐谱上的 Duo、Rue、Mi、Sol、La,所以今天人们形容某人唱不好歌,还叫"五音不全"。五声之中的羽声,既然与 La 音相当,则显然发音低沉,唱"风萧萧兮易水寒,壮士一去兮不复还"那般悲壮的骊歌,表现慷慨悲凉、视死如归的情绪,正相适合。但是在这前面,高渐离击筑、荆轲和歌,据《史记》记载,用是"变徵之声"。而所谓"变徵",按照后世的研究,实指位据徵音之前而比徵音又低半音的音,其声大致相当于今天的"Fa"。此音按旧说既不在先秦古乐的五声音阶之内,所以二十世纪六七十年代,郭沫若等推测,荆轲所唱"变徵",也许是由西南亚洲传来的外国音乐。所幸到了八十年代,在河南舞阳的贾湖新石器时代遗址中,出土了二十五支骨笛。这些骨笛的年代,距今约八千年左右,而据测试,其音阶结构已经宫、商、角、变徵、徵、羽、变宫七声齐备。据此战国末期高渐离、荆轲所奏唱"变徵之声",是纯粹的中国音乐,决无问题;先秦只有五声音阶的旧说,不攻自破;而中国音乐系统中七声音阶的发明时代,也因此大幅度地提前了。

遂至秦,持千金之资币物,厚遗秦王宠臣中庶子蒙嘉。嘉为先言于秦王曰:"燕王诚振怖大王之威,不敢举兵以逆军吏,愿举国为内臣,比诸侯之列,给贡职如郡县,而得奉守先王之宗庙。恐惧不敢自陈,谨斩樊於期之头,及献燕督亢之地图,函封,燕王拜送于庭,使使以闻大王,唯大王命之。"秦王闻之,大喜,乃朝服,设九宾,见燕使者咸阳宫。

荆轲奉樊於期头函,而秦舞阳奉地图柙,以次进。至陛,秦舞阳色变振恐,群臣怪之。荆轲顾笑舞阳,前谢曰:"北蕃蛮夷之鄙人,未

---

[1] 以下有关"变徵"、"羽声"的介绍,主要根据王子初的有关述论撰写,详王著《中国音乐考古学》第51—56页,福建教育出版社,2003年。

尝见天子，故振慴。愿大王少假借之，使得毕使于前。"秦王谓轲曰："取舞阳所持地图。"轲既取图奏之，秦王发图，图穷而匕首见。因左手把秦王之袖，而右手持匕首揕之。未至身，秦王惊，自引而起，袖绝。拔剑，剑长，操其室。时惶急，剑坚，故不可立拔。荆轲逐秦王，秦王环柱而走。群臣皆愕，卒起不意，尽失其度。而秦法，群臣侍殿上者不得持尺寸之兵；诸郎中执兵皆陈殿下，非有诏召不得上。方急时，不及召下兵，以故荆轲乃逐秦王。而卒惶急，无以击轲，而以手共搏之。是时侍医夏无且以其所奉药囊提荆轲也。秦王方环柱走，卒惶急，不知所为，左右乃曰："王负剑！"负剑，遂拔以击荆轲，断其左股。荆轲废，乃引其匕首以擿秦王，不中，中桐柱。秦王复击轲，轲被八创。轲自知事不就，倚柱而笑，箕踞以骂曰："事所以不成者，以欲生劫之，必得约契以报太子也。"

于是左右既前杀轲，秦王不怡者良久。已而论功，赏群臣及当坐者各有差，而赐夏无且黄金二百溢，曰："无且爱我，乃以药囊提荆轲也。"

[讲解] 在介绍了荆轲的身世，述说了燕国迫在眉睫的危难，穿插了两位义士的自杀情节，外带描绘了易水祖道的悲壮声势后，本则故事的中心情节——荆轲刺秦王，才总算拉开帷幕。

荆轲刺秦王无论在当时还是今天，看去都是一出活脱脱的戏剧。既是戏剧，就有场面，有声色，更有起伏与高潮。

当秦王听说燕王将举国相赠，燕使带来了叛将樊於期首级和燕国督亢地图时，"大喜，乃朝服，设九宾，见燕使者咸阳宫"。按"九宾"的"宾"，本写作"傧"。傧就是傧相(亦作傧相)，是朝廷礼仪大殿上的礼宾接待人员。设九宾，是说由九位礼宾接待人员先后传呼接引，把贵客迎入帝王所在的宫殿，这是古代外交场合中最隆重的迎宾礼节。而秦王不仅特意身穿了上朝的正式服装，把接见安排在著名的咸阳宫，还以九宾之礼对待荆轲一行，正说明在他的心目中，这次接见将具有历史性，所以场面自然应当宏大。

宏大的场面,要显出戏剧的神韵,自然又少不了演员的活动与对话。这方面荆轲堪称表演到家。他在秦舞阳为秦宫大排场所震慑(所谓"振慑",意义同此)时,不失时机地以调笑处之,用一句"愿大王少假借之,使得毕使于前",也就是"希望大王您稍稍宽容他一下,以使他能够在陛下跟前完成使者的任务",及时地化解了眼前的危难。而当最后刺杀失败时,他一改初态,"箕踞"也就是伸直两脚瘫坐在地上,破口大骂起来。

当然最惊心动魄的,还是"图穷而匕首见"后荆轲追杀秦王,与秦王竭力躲避的曲折情节。面对突如其来的刺客,秦王拟拔剑相对而未果,是因为"剑长",只能先"操其室"。按此处的"室",指藏剑之室,也就是剑鞘;"操其室"因此即指按住剑鞘。秦剑的长度,由现代考古发现看,比当时六国通行的剑要长,其中有长达 91 厘米的①。这样的长剑斜挎在腰间,自然不易很快抽出。所以后来追逐之际,秦王左右忽然悟出长剑出鞘的办法,马上提醒:"王负剑!"所谓"负剑",就是把斜挎着的长剑,推到背后去,那样抽剑,就比直接顺势拔剑要容易得多。事实上秦王也确实靠了这一句提醒,而迅速拔出长剑,斩断了荆轲的左腿。

这真是令人眼花缭乱而又惊险刺激的场面。但太史公写来,却既不错乱,又不拖沓,曲折回环,丝丝入扣。清人吴见思在所著《史记论文》里,特别赞赏此一节里作者随情节的推进,运用连续短句或重复语,传写时间极为短暂的那一刻里的突发情境。如荆轲刺秦开场后的描述:"未至身,秦王惊,自引而起,袖绝。拔剑,剑长,操其室。时惶急,剑坚,故不可立拔。"二十九个字,分作十句,且几乎全是两三字的短句,促迫的语感,正与充满悬念的紧张气氛相契合。此后两度出现的秦王"环柱走"的表述,意在提示文本的中间虽有夹叙,但现实的时间几无间隔;而文本中间夹叙的,则是宕开一笔的有关秦王左右不得持兵器上殿的说明,与御医夏无且的登场②。

夏医生在秦王生死攸关之际出手相援,用药囊"提"了一下刺客荆轲。这里的"提",音 dǐ,是投掷的意思。这一"提"虽然没令荆轲罢手,但大概是打乱了荆轲一点阵脚。以此事后这位原本无名的夏郎中,忽然发财,赚得黄

---

① 参见袁仲一《秦兵马俑坑》第 66 页,文物出版社,2003 年。
② 参见《史记论文》卷十六《刺客列传》行间评语。

金二百溢。以通行的一溢等于二十两计,二百溢就是四千两;不仅如此,秦王金口一开,就是"无且爱我"。扔了个药袋子,就赚了数千两,还被帝王钦定为爱领袖的人,这真是一个保健医生莫大的实惠与光荣了。

不过这夏医生的名字——无且,实在有点儿奇怪。作为御医,他竟可以跟宦官一样,直接上朝呆在秦王的近旁,也颇有些蹊跷。研究者经过一番考证,从古汉语的角度提出,"无且"的"且"(音 jū),通"祖",当指男性生殖器,因此夏无且恐怕应该是个精通医术的阉人[①]。如果这一说法能够成立,则夏氏的本名,绝对不可能叫"无且"(那大概不过是夏御医在宫内所通行的一个绰号);而秦王的那句"无且爱我",实在也是一句粗俗得可以的即兴赞辞。

因为说到荆轲刺秦王故事的戏剧性,不妨在此谈一下长久以来学界对《史记》相关文本性质的讨论。

虽然郭沫若所谓《史记》"或者就说他是一部历史小说集也可以"的说法不免夸张[②],但《史记》的不少篇章,具有小说的意味,是学者们已经反复指出过的[③];而像荆轲刺秦王一类的故事,自然也是经常被举为例证的。

不过,也有另一种不同的声音曾经出现,值得一提。1922 年春,国学大师章太炎在上海向公众讲授"国学",其中"国学的本体"部分,特意标出"历史非小说传奇"一题加以解析;而其所举的例子中,恰好也有《史记·刺客列传》的荆轲刺秦王——

> 《刺客列传》记荆轲刺秦王事,《项羽本纪》记项羽垓下之败,真是活龙活现。大家看了,以为事实上未必如此,太史公并未眼见,也不过如《水浒传》里说武松、宋江,信手写去罢了。实则太史公作史择雅去疑,慎之又慎。像伯夷、叔齐的事,曾经孔子讲及,所以他替二人作传。那许由、务光,就缺而不录了。项羽、荆轲的事迹,昭昭在人耳目,太史公虽没亲见,但传说很多,他就可凭着那传说写出了。……如果太史公有意伪述,那么《刺客列传》除荆轲外,行刺的情形,只曹沫、专诸还有些叙

[①] 参见胡渐逵《范雎理应作范雎》,《书屋》2001 年第 2 期。
[②] 郭沫若《关于"接受文学遗产"》,转引自杨燕起等《历代名家论史记》第 39 页。
[③] 如徐朔方的看法是:"《史记》的传记文学从艺术特点上看与短篇小说没有本质的差别。"见所著《史汉论稿》第 20 页,江苏古籍出版社,1984 年。

述,豫让、聂政等竟完全略过,这是什么道理呢?《水浒传》有百零八个好汉,所以施耐庵不能个个描摹,《刺客列传》只五个人,难道太史公不能逐人描写么?这都因荆轲行刺的情形有传说可凭,别人没有,所以如此①。

章太炎的这段讲演,值得重视的地方,是它指出了《史记》里荆轲刺秦王一类的故事,之所以具有很强的戏剧性,并非作者的创作(章氏表述为"信手写去"、"有意伪述"),而是由于采纳了"传说"并且这"传说"本身就比较详细生动。这符合司马迁自述的撰述《史记》的基本方式,即《太史公自序》里说的"余所谓述故事,整齐其世传,非所谓作也";也跟明末清初著名批评家金圣叹对《史记》和《水浒传》的如下评点,旨意相近:

> 《史记》是以文运事,《水浒》是因文生事。以文运事,是先有事生成如此如此,却要算计出一篇文字来,虽是史公高才,也毕竟是吃苦事。因文生事即不然,只是顺着笔性去,削高补低都由我。②

章太炎的上面那段讲演,稍显不足的,是没有区分他所说的"传说"的类别,因而对于《史记》的相关部分定性,略显笼统与武断。其实《史记》所本的"传说",在我们看来,应该大致分为两类。

一类是目见者的口述,或这类口述的近层次转述。比如荆轲刺秦王,乃目睹了当时情形的夏御医讲给两位朋友听,这两位朋友又向太史公转述,太史公即据此起草了《刺客列传》的相关部分③。这样的"传说",可信度自然比较高,而以此为基础诞生的《史记》相关故事的文本性质——大多是秦末汉代故事——也就类似于今天的报告文学了。

另一类是其他早期文本中记载的传说,或辗转流传的口头传说。比如《苏秦列传》,描写战国纵横家苏秦、苏代、苏厉三兄弟的故事,而篇末的"太

---

① 章太炎讲演、曹聚仁整理《国学概论》第5页,上海古籍出版社,1997年。
② 金圣叹《贯华堂第五才子书水浒传》卷首"读第五才子书法",《金圣叹全集》本,江苏古籍出版社,1985年。
③ 参见本篇末"太史公曰"及其讲解。按此处的太史公,据考为司马迁之父司马谈,详下文讲解。

史公曰",谓"世言苏秦多异,异时是有类之者皆附之苏秦",可见因为异说太多,司马迁传写此篇时,事实上已经颇难分辨真伪。而1973年在湖南长沙马王堆三号汉墓出土的帛书《战国纵横家书》,据研究其中保存了真实可信的关于苏秦的书信和谈话十四章。两相对照,研究者发现司马迁由于没有见到有关苏秦的第一手资料,不仅把苏氏兄弟的排行搞错了(苏代非苏秦之弟,而是其兄),而且把公元前三世纪初的苏秦事迹,误置到了四世纪末,还使历史上原本真实的张仪(另一位同样著名的纵横家)、苏秦顺次,颠倒为苏秦在前而张仪在后[1]。这样,《史记·苏秦列传》的征信程度便大打折扣,而其文本的性质,客观上也就大致相当于今天所谓的历史小说了[2]。

于是秦王大怒,益发兵诣赵,诏王翦军以伐燕。十月而拔蓟城。燕王喜、太子丹等尽率其精兵东保于辽东。秦将李信追击燕王急,代王嘉乃遗燕王喜书曰:"秦所以尤追燕急者,以太子丹故也。今王诚杀丹献之秦王,秦王必解,而社稷幸得血食。"其后李信追丹,丹匿衍水中,燕王乃使使斩太子丹,欲献之秦。秦复进兵攻之。后五年,秦卒灭燕,虏燕王喜。

其明年,秦并天下,立号为皇帝。于是秦逐太子丹、荆轲之客,皆亡。高渐离变名姓为人庸保,匿作于宋子。久之,作苦,闻其家堂上客击筑,傍偟不能去。每出言曰:"彼有善有不善。"从者以告其主,曰:"彼庸乃知音,窃言是非。"家丈人召使前击筑,一坐称善,赐酒。而高渐离念久隐畏约无穷时,乃退,出其装匣中筑与其善衣,更容貌而前。举坐客皆惊,下与抗礼,以为上客。使击筑而歌,客无不流涕而去者。宋子传客之,闻于秦始皇。秦始皇召见,人有识者,乃曰:"高渐离也。"秦皇帝惜其善击筑,重赦之,乃矐其目。使击筑,未

---

[1] 参见唐兰《司马迁所没有见过的珍贵史料——长沙马王堆帛书〈战国纵横家书〉》,收入马王堆汉墓帛书整理小组编《战国纵横家书》,文物出版社,1976年。
[2] 唐兰认为司马迁的《苏秦传》"等于后世的传奇小说"(见所著《司马迁所没有见过的珍贵史料——长沙马王堆帛书〈战国纵横家书〉》),与我们这里所说的"大致相当于今天所谓的历史小说",论述的视角又有古今的区别。

尝不称善。稍益近之,高渐离乃以铅置筑中,复进得近,举筑朴秦皇帝,不中。于是遂诛高渐离,终身不复近诸侯之人。

鲁句践已闻荆轲之刺秦王,私曰:"嗟乎,惜哉其不讲于刺剑之术也!甚矣吾不知人也!曩者吾叱之,彼乃以我为非人也!"

[讲解] 荆轲刺秦王在悲剧式的高潮中结束了。其连带的后果,是尽管燕王被迫杀了太子丹,秦王还是不依不饶地灭了燕国,致令前此劝说燕王喜杀太子的代王嘉所谓的"社稷幸得血食",成了一句十足的空话。按"血食"之意,本指宰杀活的牺牲以祭拜社稷神;所以"社稷幸得血食"直译成白话,就是社稷还可以侥幸获得不断杀牲祭祀的机会,言下之意,是国家还可以侥幸延续。顺便一提,说此话的代王嘉,本是赵国公子,赵王迁的兄弟,因赵王迁被秦俘虏,赵国大片土地为秦所得,所以他继立为王时,只能保守代地,故称代王。具有讽刺意味的是,代王嘉劝说燕王喜杀太子丹以保社稷后不久,与燕王喜在同一年里都被秦军俘虏,赵国也与燕国一样就此彻底灭亡。

倒是那位擅长击筑的高渐离,改名换姓,替一位姓宋的人家做佣工酒保,亦即所谓"庸保",而侥幸逃过一劫。他虽然"匿作",也就是躲藏在劳务工作中,而喜爱击筑的天性难以泯灭,结果被人发现,而至于被召入秦宫,虽获"重赦"也就是特赦,到底还是被秦王下令"矐其目"亦即弄瞎了双眼。瞎了眼还得为秦王击筑,这对当年与荆轲一同慷慨悲歌的高渐离来说,无疑是一种莫大的痛苦,所以他最后还是设法用筑击杀秦王。刺杀行动与荆轲一样不成功,他也因此被杀。然而一而再地出现的刺客,令秦王恐惧到了极点,这位不可一世的帝王,据说自此终身不再接近六国之人。

太史公曰:世言荆轲,其称太子丹之命,"天雨粟,马生角"也,太过。又言荆轲伤秦王,皆非也。始公孙季功、董生与夏无且游,具知其事,为余道之如是。自曹沫至荆轲五人,此其义或成或不成,然其立意较然,不欺其志,名垂后世,岂妄也哉!

[讲解] 《刺客列传》里最费笔墨的,自然是最后一则荆轲刺秦王故事。故事之所以能述说得如此生动完整,据篇末"太史公曰",乃因故事的素材得自作者两位友人公孙季功、董生的亲口讲述;而公孙、董氏二人之所以具悉其事,又因他们和那位亲眼目睹荆轲刺秦王过程的夏医生有过交往。

按荆轲刺秦王的年代,据《六国年表》,在燕王喜二十八年、秦始皇二十年,当公元前227年。夏无且时已为御医,则依常理,其年龄至少在三十岁以上,故其生年似不当晚于公元前256年。公孙季功、董生既"与"夏无且游,而非"从"夏无且游,则显然是夏氏的同辈人。司马迁的生年,有中元五年(前145)和建元六年(前135)两说①。无论是前一说还是后一说,他如果确实能亲耳听到并听懂公孙季功和董生给他讲荆轲刺秦王的故事,最小也总该有七八岁的年纪,而此时的两位讲述者,算下来至少已是一百一十多岁的高龄了。这可能么?

由于时间与年龄上的这一问题,研究者就提出一种推测,《刺客列传》末"太史公曰"里"为余道之如是"的"余",并非司马迁,而是司马迁之父司马谈。因为司马谈从公孙季功和董生那里听得了荆轲的故事,所以推定荆轲刺秦一节乃至全篇《刺客列传》,均是司马谈之作②。——全篇的推测,想来是依据本篇"太史公曰"乃一整体,其中既有"自曹沫至荆轲五人"的说法,则自可推定荆轲之外的其余传记亦为司马谈撰写。

这样的推测,自然还不能说是定论③。退一步说,即使《刺客列传》全篇都是司马谈起草的,司马迁将之收入《史记》时,不加以任何的剪裁润色,也不太可能。值得注意的,倒是由此我们可以知道《史记》各篇的"太史公曰",在最后纂成全书的司马迁那里,并非单指他个人的看法,而是包括了其父司马谈和他本人两代太史令的历史见解;至于两代太史令的历史见解何以不称"太史令曰",而必称"太史公曰",则我们在本书的《导论》已有解说,可参阅。

此外值得注意的是,由于部分素材得自目击者的口述,有充分的新鲜度,史传之接近史实的程度,也因此大大提高。本篇"太史公曰"即特地指

---

① 参见本书第八讲《太史公自序》的有关讲解。
② 详顾颉刚《司马谈作史》,收入所著《史林杂识初编》第226—233页,中华书局,1963年。
③ 由现有资料看,大概只能基本肯定《刺客列传》的荆轲传为司马谈起草,"太史公曰"内有司马谈的原文。

出,同时流行的一些传闻,如说太子丹在秦做人质时,秦王执意不放其归国,对他说:"除非乌鸦头变白,马长出角来,才能回去!"也有的记载,谓老天感动,而下起了粟米;又如说荆轲刺伤了秦王,诸如此类,都是不可靠的。而现代研究者由作者述说这些时的确定无疑的口吻,联系《战国策》与《史记·刺客列传》所记荆轲事迹文辞几乎完全相同的事实,推考其成因,普遍认为不是《史记》沿袭了《战国策》,而多半是相反,后人因《战国策》相关文字缺失,故取《史记》之文来补足①。

当然在本篇的这最后一段"太史公曰"里,我们最感兴趣的,还是作者对他笔下描绘的那些大小刺客的整体评价。所谓"立意较然,不欺其志",曾经被有些研究者提到不同寻常的高度,以为代表了作者对刺客这一类人的极度褒扬。然而如果我们仔细推敲,这八个字所表述的实际意思,不过是指刺客们做事的志向是明白的,在实施其目标的过程中间,他们也没有亏欠、隐没自己的本来意愿;这用现在的话来说,就是目标明确,敢做敢当,如此而已。目标明确,敢做敢当,作为一类人的特性,自然不无可爱之处。但因此说司马迁抑或司马谈崇尚刺客,恐怕未尽合乎这两位高屋建瓴的历史学家的本意。其实本篇太史公曰最后所说的"名垂后世,岂妄也哉",倒是可以显出一点作者为刺客列传的真实意图,即不论是何种品性的人,只要他能以一己的作为,在现实世界里留下并不虚妄的声名,在作者看来就是值得重视的,因为正是这样一些人,创造或者改变了历史。而从这样的角度看去,近人齐树楷在《史记意》里说《刺客列传》是《史记》全书中"结战国之终"的作品②,可谓意味深长。

---

① 这一点清人方苞已经指出,见《方望溪先生全集》卷二《书刺客传后》,《四部丛刊》本。
② 见齐树楷《史记意》之"史记读法五",转引自杨燕起等《历代名家评史记》第 124 页。

第七讲
刘敬叔孙通列传

《史记》的七十列传,由横的内在叙事性质方面看,可以分为以人为纲与以事为统两类,已如上述。从纵的外在纪事时间方面论,则所传上起三代,下讫汉世,与十二本纪、十表、八书、三十世家一起,共同营筑了一个庞大而有序的通史架构。

　　具体地说,《史记》的列传部分,之所以有一种其他正史难以超越的特质,很大程度上应当归功于司马迁将相当的篇幅,给予了他同时代的著名人物。七十列传之中,汉朝人的传记超过了三分之一,而诸如《魏其武安侯列传》《魏将军骠骑列传》等篇的主人公,还为司马迁所亲见,正可见司马迁的历史观,是贯古通今,而且"今"的位置,似乎更为重要。

　　《刘敬叔孙通列传》位于七十列传的第三十九篇,所记乃汉朝建国初期两位文臣的事迹。由它表面的叙述方式看,似乎更接近以事为统一类。所以明朝的唐顺之浏览了此篇,便说:"此等传似不为本人,但为汉叙事耳。"①但既只是为叙汉朝史事,何以不完全归入《高祖本纪》,却要另立刘敬、叔孙通二人的名目,来专门写一篇传记呢？以理学名家的唐顺之似乎没有想过。而如果我们细绎本传的文字,尤其注意一下叔孙通传记的前半部分,还颇费笔墨地叙写了主人公在秦末及楚汉相争之际东奔西颠的辛苦经历,就可以了解,司马迁在这篇列传里真正关注的,还是人,而不单是事。自然,因为刘、叔孙二氏的行迹时常关涉汉朝大事,而司马迁可以利用的相关资源想来又比较容易闻见,所以作者写人,会相对详细地叙述有关事件,借事件的前因后果,来显现个人在特定时期里不免卷入政治漩涡的复杂的历史镜像。

　　刘敬者,齐人也。汉五年,戍陇西,过洛阳,高帝在焉。娄敬脱輓辂,衣其羊裘,见齐人虞将军曰:"臣愿见上言便事。"虞将军欲与

---

① 《精选批点史记》卷五,转引自杨燕起等编《历代名家评史记》第652页。

之鲜衣,娄敬曰:"臣衣帛,衣帛见;衣褐,衣褐见:终不敢易衣。"于是虞将军入言上。上召入见,赐食。

[讲解] 刘敬这位山东汉子的名字,在本篇的开始部分又写作娄敬,那是他的本名。至于他何时改了姓,下面会讲。他的出场,是在汉高祖刘邦尚未定都长安,还在临时首都洛阳举棋不定的时候。而其亮相的姿势,所谓"脱挽辂,衣其羊裘",就颇有夺人眼球的新闻效应。按"挽"是牵着的意思;"辂"这里读作 hé,是指绑在车辕上以供牵拉的横木。所以"脱挽辂"三字直译,就是放下牵着的车前横木,意即刚一下车。而"羊裘"则是指羊皮袍子——千万别以为那是贵重礼服,在汉代,只有"衣帛"也就是穿丝织品制成的衣服,才算高档;穿件羊皮袍子只能算是"衣褐",也就是穿兽毛或粗麻制成的衣服,稀松平常得很。

不过娄敬穿的虽然只是羊皮袍子,心中的志向却颇为远大。他此番到洛阳,一心要和最高领袖见个面,谈点"便事"也就是利国利民的事。他性格倔强,也不理会同乡虞将军的一番好意,坚持不换套光鲜点儿的衣服去见汉高祖。好在那时的将军和领袖也都还比较好说话——穿着羊皮袍子的娄敬就这样见到了当今皇帝,皇帝还请他吃了顿饭。

已而问娄敬,娄敬说曰:"陛下都洛阳,岂欲与周室比隆哉?"上曰:"然。"娄敬曰:"陛下取天下与周室异。周之先自后稷,尧封之邰,积德累善十有余世。公刘避桀居豳。太王以狄伐故,去豳,杖马箠居岐,国人争随之。及文王为西伯,断虞芮之讼,始受命,吕望、伯夷自海滨来归之。武王伐纣,不期而会孟津之上八百诸侯,皆曰纣可伐矣,遂灭殷。成王即位,周公之属傅相焉,乃营成周洛邑,以此为天下之中也,诸侯四方纳贡职,道里均矣,有德则易以王,无德则易以亡。凡居此者,欲令周务以德致人,不欲依阻险,令后世骄奢以虐民也。及周之盛时,天下和洽,四夷乡风,慕义怀德,附离而并事天子,不屯一卒,不战一士,八夷大国之民莫不宾服,效其贡职。及周之衰也,分而为两,天下莫朝,周不能制也。非其德薄也,而形势弱也。今陛下起丰沛,收卒三千人,以之径往而卷蜀汉,定三秦,与项羽战荥阳,争成皋之口,大战七十,小战四十,使天下之民肝脑涂地,父子暴骨中野,不可胜数,哭泣之声未绝,伤痍者未起,而欲比隆于成康之时,臣窃以为不侔也。且夫秦地被山带河,四塞以为固,卒然有急,百万之众可具也。因秦之故,资甚美膏腴之地,此所谓天府者也。陛下入关而都之,山东虽乱,秦之故地可全而有也。夫与人斗,不扼其亢,拊其背,未能全其胜也。今陛下入关而都,案秦之故地,此亦扼天下之亢而拊其背也。"

高帝问群臣,群臣皆山东人,争言周王数百年,秦二世即亡,不如都周。上疑未能决。及留侯明言入关便,即日车驾西,都关中。

于是上曰:"本言都秦地者娄敬,'娄'者乃'刘'也。"赐姓刘氏,拜为郎中,号为奉春君。

[讲解] 吃完了饭,汉高祖言归正传,让娄敬说说正事。娄氏不说则已,一说就是一大篇。而其中的关键词,不过四个字——迁都关中。

何以娄敬所谓的"便事"会是迁都关中? 这还得从汉高祖打天下讲起。按《史记·高祖本纪》,汉高祖刘邦本是沛地泗水亭长,因为秦末爆发陈胜起义,也趁势举兵,被推立为沛公。之后他投奔由项梁扶植的楚怀王政权,屡破秦军,并领先项梁的侄儿项羽一步,占领秦都咸阳。项羽自立为西楚霸王后,曾经出尽风头的沛公只得了个统领巴、蜀、汉中的汉王头衔。不过这以后楚汉相争,楚霸王最终还是以自刎了断,汉王刘邦如愿以偿地当起了汉朝的开国皇帝。而汉朝最初的临时首都,则选在了洛阳。

对于暂居洛阳的汉高祖打算长都洛阳,娄敬显然是反对的。但他并没有正面攻击这一举措,只是机智地问高祖:您老人家现在定都洛阳,是不是想和周朝王室一比高低啊? 在得到肯定的回答之后,他马上提醒高祖,汉代得天下,和周朝是不一样的。周朝从始祖后稷受封于邰开始,到周成王、周公时代营建洛邑也就是后来的洛阳为首都,是经历了许多代君王的艰苦努力的。

娄敬为此先后列举了到武王伐纣时为止,周先民的多次迁居,以及周统治者因道德高尚而远近归化的感人事迹。这些事迹在《史记》的《周本纪》里大都有记载,可见并非娄氏杜撰。如"太王以狄伐故,去豳,杖马箠居岐,国人争随之",说的就是因为一支名为"薰育"的戎狄反复骚扰,后来被追尊为周太王的古公亶父不得不放弃经营已久的豳地,渡过漆水和沮水,翻越梁山,移居到岐山之下的艰难经历。"杖马箠"之说不见于《周本纪》,盖因《诗经·大雅·绵》里,有"古公亶父,来朝走马。率西水浒,至于岐下"的句子,所以娄敬取而敷衍成古公亶父执着马鞭(即所谓"箠")的情节了。而"文王为西伯,断虞、芮之讼,始受命,吕望、伯夷自海滨来归之",记的则是周文王姬昌被商封为西伯后,行善积德,致诸侯遇到纠纷都喜欢找他解决。当时虞、芮两个小国的国君,因为田地问题闹得不可开交,只好相约赴周请西伯裁断。待两君进入周境,看到的是一派人人谦让的情形,颇感惭愧,结果还没请出西伯,两人就谦让着离开了。此事传开后,诸侯们都认为,西伯差不多可以当"受命之君"也就是接受天命的真正的君主了。此后伯夷来归的情节,在《周本纪》和《伯夷列传》里都有记载;吕望——也就是著名的姜太公——归顺西伯,则虽不见于《周本纪》,却在《齐太公世家》的开头部分就有叙述。算下来只有"公刘避桀居豳"一则,未知出处,日本学者中井积德以为"盖当时流传之说"[①],也未可知。

娄敬讲这些故事的目的,很明显是要汉高祖意识到,周之所以能在洛阳定都,是长期积累的成果,是国家已经完全稳定,进入和平年代之后才可能成就的事业,而稳定与和平的最好标志,就是出现"四夷乡风"、"附离而并事天子"的大同局面。这里的"乡风"的"乡",繁体本作"鄉",其音义均通"嚮",写成简体字就是向往的"向";所以"四夷乡风"就是周边国家都向慕周朝文明的意思。"附离"则是一种使动句式,意思是"使离散的人重新附着"。

相比之下,娄敬认为当前的汉朝不具备与周代盛世相比附的实力。因此汉朝都城的选择,还是应该看重地缘因素。而这方面最合适的地区,他认为还是秦故都一带的关中。他接下来提出的迁都关中的理由里,有两点颇

---

① 见《史记会注考证》卷九十九引。

值得注意:一是按当时的说法,关中是所谓的"天府";二是他用与人相斗要"扼其亢,拊其背",来形容定都关中将给汉王朝统治全国带来的实际便利。

按"天府"之称,起于《周礼》,本是周官名称,隶属于春官,专掌祖庙的守护保管。因为祖庙所守不乏民册、盟书、簿籍等重要文件,所以后来把朝廷的仓库乃至天下物产丰饶之地都称为天府。称关中秦地为天府,在战国时期已经出现。《战国策·秦策》载苏秦游说秦惠王之辞,即有"大王之国……田肥美,民殷富……蓄积饶多,地势形便,此所谓天府"的说法。本篇中娄敬说"因秦之故,资甚美膏腴之地,此所谓天府者也",显然承苏秦之说而来。但后来中国的"天府"美誉,由关中转移给了巴蜀。其缘由虽尚待详考,却从一个侧面说明,关中的自然环境,在几个世纪内已经发生了重大的改变。

又"扼其亢,拊其背"句中的"亢",是指喉咙,"拊"则是拍打的意思。所以"扼其亢,拊其背"全句直译,就是掐住他的喉咙,拍打他的后背。这一说法使我们联想起前人对《刺客列传》里荆轲刺秦王时所献"督亢地图"的一种解释,即"督亢"是用人身体的首尾来形容国土的全部。也许在中国古代,以人体来形容地形,是一种通行的修辞手法。不论如何,事实上由"扼其亢,拊其背"一句演变而来的"拊背扼喉",至晚到唐代已经成为描述控制险要处所的习用成语了[①]。

由于娄敬的分析十分透彻,加上高祖的军师、留侯张良的支持,所以尽管一帮来自山东六国的臣僚竭力反对,汉高祖还是毅然选择了迁都长安。长安——也就是今天的西安——就此成为西汉一朝不再变更的首都。娄敬也因为这次具有历史意义的进言,而被刘邦赐姓刘氏,从此更名为刘敬。

汉七年,韩王信反,高帝自往击之。至晋阳,闻信与匈奴欲共击汉,上大怒,使人使匈奴。匈奴匿其壮士、肥牛马,但见老弱及羸畜。使者十辈来,皆言匈奴可击。上使刘敬复往使匈奴,还报曰:"两国相击,此宜夸矜见所长。今臣往,徒见羸瘠老弱,此必欲见短,伏奇兵以争利。愚以为匈奴不可击也。"是时汉兵已逾句注,二十余万兵

---

① 如《旧唐书》卷一八五上"良吏上"薛大鼎传,引薛氏劝高祖勿攻河东,宜从龙门直渡,据永丰仓诸语,末即自称"斯亦拊背扼喉之计"。

已业行。上怒,骂刘敬曰:"齐虏!以口舌得官,今乃妄言沮吾军。"械系敬广武。遂往,至平城,匈奴果出奇兵围高帝白登,七日然后得解。高帝至广武,赦敬,曰:"吾不用公言,以困平城。吾皆已斩前使十辈言可击者矣。"乃封敬二千户,为关内侯,号为建信侯。

[讲解] 刘邦虽然在娄敬的参谋下选定了首都,但没过两年就遇上了更麻烦的事情,乃至一时间连性命都差点丢掉。这麻烦事,便是发生在高祖七年的白登之围。

白登是位于今天山西大同东北的一座山的名称,山在汉代平城境内。刘邦之所以会被围困在那么偏远的一座山上,是因为他刚愎自用,亲自率部追击叛逃的韩王韩信,结果中了匈奴的埋伏。

按《史记》所载汉高祖时代的著名人物中,有两位韩信,都是军人,一生都以悲剧告终。司马迁分别为他们写了传记《淮阴侯列传》与《韩信卢绾列传》,前后相次,列在《史记》的卷九十二和九十三。《淮阴侯列传》的主人公韩信,出身贫寒,早年曾以胯下之辱被人轻视,后成一代名将,所谓"韩信将兵,多多益善"者,即是此公。《韩信卢绾列传》里的韩信,即本篇提到的韩王信,本是战国时代韩襄王的后裔,楚汉相争时被张良发现,后因战功受封韩王;高祖六年,考虑到这位韩王实力强盛,原封地颍川乃军事要冲,刘邦下诏把他的封地迁往太原以北,以备匈奴边患。结果他反被匈奴围困,致不得不派遣使者向匈奴求和。一边求和未成,一边中央政府已经怀疑他有贰心,结果他索性投降了匈奴,因而引出了高祖亲自率兵追击、被围白登的惊险一幕。

刘邦此番因韩信叛国而出征匈奴,刘敬是持反对意见的,因为他亲自去匈奴统治地区打探过虚实。但此时刘邦怒气正盛,又大兵已发,自然听不进劝告,刘敬就只好落得个遭痛骂、被关押的下场。"齐虏"这一辱称,以《史记·货殖列传》所记"齐俗贱奴虏"的情形推测,大概是当时的习俗语[①]。"械系"一词中的"械",本指犯人戴的枷锁;"系"读 jì 音,是拴起来的意思。所以

---

① 参见陈直《史记新证》第 157 页,天津人民出版社,1979 年。

"械系敬广武"直译,就是在广武这个地方用枷锁套住刘敬,意思也就是把刘敬关押在了广武。

但是匈奴有伏兵,却不幸而被刘敬言中了。刘邦作为汉朝的开国皇帝,竟在平城白登山被匈奴围困了足足七天!虽然在本篇里,这七日之围的情形究竟若何,语焉未详,但宋代司马光编《资治通鉴》的卷十一,却是颇为详细地记载了被围经过,与事变突起时高祖部下为解决危机所作的艰苦努力——

> 帝先至平城,兵未尽到。冒顿纵精兵四十万骑,围帝于白登七日,汉兵中外不得相救饷。帝用陈平秘计,使使间厚遗阏氏。阏氏谓冒顿曰:"两主不相困。今得汉地,而单于终非能居之也。且汉主亦有神灵,单于察之。"冒顿与王黄、赵利期,而黄、利兵不来,疑其与汉有谋,乃解围之一角。会天大雾,汉使人往来,匈奴不觉。陈平请令强弩傅两矢外乡,从解角直出。帝出围,欲驱。太仆滕公固徐行。至平城,汉大军亦到,胡骑遂解去,汉亦罢兵归①。

按这段文字里提到的王黄、赵利,是与韩王信合谋攻汉的当地土人。"陈平请令强弩傅两矢外乡"句里,"强弩"是指强悍的弩弓手,"傅"是布陈的意思,"矢"指弓箭,"外乡"的"乡",通"向";所以"令强弩傅两矢外乡"的意思,就是下令两个强悍的弩弓手分别张弓,箭头向外,护送高祖撤离。至于高祖出围后"欲驱"的"驱",是指策马快跑。而绎此全文,高祖之所以能摆脱困境,关键是采纳了部下陈平所献的一条秘计——派使者偷偷地送厚利给匈奴冒顿单于的阏氏(音 yān zhī)也就是妻子。但为何送厚礼就能使阏氏劝说冒顿解围呢?《资治通鉴》没有说。后来元代给《资治通鉴》作注的胡三省,发现了一条汉代史料,那是应劭的一段话:

> 陈平使画工图美女,间遗阏氏,曰:"汉有美女如此。今皇帝困急,

---

① 《资治通鉴》的这段文字本自《史记·匈奴列传》而更详细,当同时还参考了《史记》之外的其他早期史料,故此处引之。

欲献之。"阏氏畏其夺己宠,言于冒顿,令解围。

原来陈平的秘计,是一个子虚乌有的美人计:画一张美人像给阏氏,跟她说,咱皇帝实在没办法了,打算把这美女送给您家单于。这样的秘计,如何可以载入史册。所以胡三省引了应劭的话后说:"余谓秘计者,以其失中国之体,故秘而不传。"

高祖脱险,也就是刘敬重获自由之时。这回他实封二千户,成为关内侯,而侯名是"建信侯"。按二千户是他受封后实际的奉邑内所有的户口数。关内侯是汉代的一个爵位等级。汉承秦制,也是实行二十等爵制。二十等爵的名称,据《汉书·百官公卿表》,从低到高,依次是:一公士,二上造,三簪袅,四不更,五大夫,六官大夫,七公大夫,八公乘,九五大夫,十左庶长,十一右庶长,十二左更,十三中更,十四右更,十五少上造,十六大上造,十七驷车庶长,十八大庶长,十九关内侯,二十彻侯。据此刘敬所封关内侯,实为仅次于一等爵位彻侯的高级爵位。汉代的关内侯居于首都或京郊,本来是没有奉邑的,刘敬却受封二千户,所以他实际享受的,已经是最高爵位的待遇了。

高帝罢平城归,韩王信亡入胡。当是时,冒顿为单于,兵强,控弦三十万,数苦北边。上患之,问刘敬。刘敬曰:"天下初定,士卒罢于兵,未可以武服也。冒顿杀父代立,妻群母,以力为威,未可以仁义说也。独可以计久远子孙为臣耳,然恐陛下不能为。"上曰:"诚可,何为不能!顾为奈何?"刘敬对曰:"陛下诚能以適长公主妻之,厚奉遗之,彼知汉適女,送厚,蛮夷必慕以为阏氏,生子必为太子,代单于。何者?贪汉重币。陛下以岁时汉所馀彼所鲜数问遗,因使辩士风谕以礼节。冒顿在,固为子婿;死,则外孙为单于。岂尝闻外孙敢与大父抗礼者哉?兵可无战以渐臣也。若陛下不能遣长公主,而令宗室及后宫诈称公主,彼亦知,不肯贵近,无益也。"高帝曰:"善。"欲遣长公主。吕后日夜泣,曰:"妾唯太子、一女,奈何弃之匈奴!"上竟不能遣长公主,而取家人子名为长公主,妻单于。使刘敬往结和亲约。

[讲解]　白登之围以后,匈奴逐渐强盛,号称"控弦三十万"("控弦"是张弓的意思),开始成为汉代北部边境的一个巨大威胁。刘邦在寻求解决问题途径时,再次向多次贡献良策的刘敬咨询。刘敬这次给高祖出的主意,则是后来既影响深远、又毁誉参半的"和亲"。

所谓"和亲",就是以国际联姻的方式,将汉代公主远嫁匈奴,以换取和平。和亲的目的,在当下是化干戈为玉帛;从长远看,则是期望逐渐同化对方人种,使之彻底臣服。所以这实际上是要打一场没有厮杀的血缘之战。刘敬为何会提出这般特异的对策?那还得回过头去,说说匈奴是怎样的一个民族。

《史记》有一篇《匈奴列传》,称匈奴的远祖名叫淳维①,是夏后氏的"苗裔"也就是直系后代。但早在唐尧、虞舜时代以前,淳维的后代就有山戎、猃狁、荤粥等多个支派,活动在北方边疆。到了夏商周三代,它基本上被中原统治者划归四夷中的"戎狄"的范畴。入秦而简称"胡"。而稍晚于《史记》的诸家说法,多认为荤粥、猃狁不过是夏代和商周时代匈奴的别称。至于匈奴的称号,则《史记》所载与诸家之说不异,应该是始于秦朝;而其意思,则带有极其强烈的贬义——凶恶的奴隶②。

匈奴民族的基本的生活方式,据《史记·匈奴列传》,是"宽则随畜,因射猎禽兽为生业,急则人习战攻以侵伐"。其最高统帅称为"单于"("单"音chán),单于之妻叫"阏氏"。其文化特征,则以"苟利所在,不知礼义"的实用价值观,和"贵壮健,贱老弱。父死,妻其后母;兄弟死,皆取其妻妻之"的乱伦风俗,最让汉人诧异。

刘敬曾深入匈奴刺探虚实,故颇晓这个北方少数民族的特殊性。对于那位现任单于——冒顿,刘敬仅举其"杀父代立,妻群母,以力为威"的简历,就已足以说明用汉人通行的仁义道德,是根本无法感化那样的魔鬼式人物的。所以他建议高祖以另一种更现实的方式解决问题,那就是和亲。在刘敬看来,和亲的最大效用,就是"兵可无战以渐臣",即部队用不着打仗,而对

---

① 据考"淳维"其实就是战国以来匈奴最高首领"单于"名号的另一种音写,详姚大力《追溯匈奴的前史——兼论司马迁对"史道"的突破》,载《复旦学报》2004年第4期。
② 参见《剑桥中国秦汉史》第413页注15,中国社会科学出版社,1992年。

方却会逐渐臣服。

按照《史记》的记载，刘敬当时是提出了具体的和亲人选的，那就是"適长公主"，也就是汉高祖的嫡亲大女儿。但此议虽获高祖赞同，却遭到吕后的强烈反对，最后汉朝只能派遣一位冒牌公主，去承担和亲的历史重任。

然而《史记》的这一说法，遭到清代著名学者钱大昕的质疑。据钱氏考证，平城事件前，汉高祖的"长公主"也就是长女鲁元公主已经嫁给赵王张敖，事见《史记·张耳陈馀列传》末附张耳之子张敖传，其中还有"高祖从平城过赵，赵王朝夕上食，有子婿礼"的记载。钱氏反问："讵有夺赵王后以妻单于之理？"以此断定"此事未可信也"[①]。

不过如果我们把鲁元公主已嫁，和冒牌公主远遣，这两件《史记》都曾记载的史事，联系起来考察，可以推知，和亲之议当是真实的；只是在和亲的人选方面，当时官方或许为了迷惑匈奴，而故意散发某种虚假的消息——"夺赵王后以妻单于"，在汉人看来自是匪夷所思的事，在匈奴却未尝不可——而汉朝最终送一冒牌公主给冒顿，其中实也有不得已处。

高祖时代因刘敬的建议而实行的此番和亲以后，和亲政策的实施时断时续，匈奴单于也终究没有像刘敬设想的那样，因为与那些远嫁的汉族阏氏结合而变得更为文明。远的不说，就是眼前这位娶了汉朝"公主"的冒顿单于，在他老丈人刘邦死后，给丈母娘吕后写信，信的内容竟是——

> 孤偾之君，生于沮泽之中，长于平野牛马之域，数至边境，愿游中国。陛下独立，孤偾独居。两主不乐，无以自虞。愿以所有，易其所无。

这信译成现代汉语，大概是：

> 我这个孤独的帝王，出生在烂泥滩里，成长在旷野牛马出入的地方。曾多次来到贵国边境，希望能游历中国。陛下您现在是一个人过日子，我这孤独佬也是一个人呆着。我们两个君主都不快乐，也没什么办法可以自娱自乐。那么希望就用各自所有的，来换自己所没有的吧。

[①] 详《廿二史考异》卷五"史记五"，上海古籍出版社标点本，2004年。

这简直就是一封无赖的恶作剧情书。耐人寻味的是,此信不见于《史记》,但却收入了《汉书》的《匈奴传》里。

刘敬从匈奴来,因言"匈奴河南白羊、楼烦王,去长安近者七百里,轻骑一日一夜可以至秦中。秦中新破,少民,地肥饶,可益实。夫诸侯初起时,非齐诸田,楚昭、屈、景莫能兴。今陛下虽都关中,实少人。北近胡寇,东有六国之族,宗强,一日有变,陛下亦未得高枕而卧也。臣愿陛下徙齐诸田,楚昭、屈、景,燕、赵、韩、魏后,及豪桀名家居关中。无事,可以备胡;诸侯有变,亦足率以东伐。此强本弱末之术也。"上曰:"善。"乃使刘敬徙所言关中十余万口。

[讲解] 因为在定都关中、预测白登之围等一系列问题上建言有功,刘敬已俨然是汉高祖的高级智囊了。他也确乎眼界弘阔,能从国际大局来考虑国内政策,所以这回的新建议,是移民。

刘氏移民策的关键,是要把在秦代时原本属于山东六国大族的后人,从他们的老家,迁往现在的首都长安及其附近地区。之所以提出这样的建议,首要的原因,是"匈奴河南白羊、楼烦王,去长安近者七百里,轻骑一日一夜可以至秦中",而汉"虽都关中,实少人"。这里说的"秦中"、"关中",在汉代是与"长安"可以大致互换近义词,指的都是现在陕西西安一带。

按所谓"匈奴河南白羊、楼烦王",是指匈奴境内的两支胡人部落。其中楼烦一支,在战国时期曾被胡服骑射的赵武灵王所击破,后又复苏;白羊一支,据说居于现在内蒙古境的黄河以南,所以又称白羊河南王。楼烦、白羊,在秦汉之际已被冒顿所统的匈奴吞并,因其地界与汉朝相接,所以冒顿一旦入侵中国,威胁首都,自然要派他们做先锋了。

当然刘敬的移民策还有一箭双雕之功,那就是他自称的"强本弱末"。其实中国历史上较大规模的移民,除了因战争原因被迫迁徙的外,当数出于类似目的移民最为常见,即削弱地方豪强、充实首都民力。远的不说,汉高祖以前,秦始皇就已经实施过类似的移民政策,"徙天下豪富于咸阳十二万户"(见《史记·秦始皇本纪》秦始皇二十六年)。高祖之后,汉武帝以修建自己日后葬所茂陵为借口,也曾强行迁徙豪强富贵入关中。《史记·游侠列传》记当时河内轵人、大侠郭解被人举报为豪强;郭氏的家财,据说并未到朝廷规定必迁的三百万以上,为此连大将军卫青都代他向武帝求情;但汉武帝说:"一个布衣百姓,竟有本事让将军出面来为他说话,就凭这点,可以证明他家不穷!"结果照迁不误。而汉武帝之所以连姐夫卫青的面子也不给,究其缘故,即因郭解这类有本事通天的大侠,实为威胁中央政府顺利统辖地方的大患,所以必须把他们迁出原籍,编入首都管制。

叔孙通者,薛人也。秦时以文学征,待诏博士。数岁,陈胜起山东,使者以闻,二世召博士诸儒生问曰:"楚戍卒攻蕲入陈,于公如何?"博士诸生三十余人前曰:"人臣无将,将即反,罪死无赦。愿陛下急发兵击之。"二世怒,作色。叔孙通前曰:"诸生言皆非也。夫天下合为一家,毁郡县城,铄其兵,示天下不复用。且明主在其上,法令具于下,使人人奉职,四方辐辏,安敢有反者!此特群盗鼠窃狗盗耳,何足置之齿牙间。郡守尉今捕论,何足忧。"二世喜曰:"善。"尽问诸生,诸生或言反,或言盗。于是二世令御史案诸生言反者下吏,非所宜言。诸言盗者皆罢之。乃赐叔孙通帛二十匹,衣一袭,拜为博士。叔孙通已出宫,反舍,诸生曰:"先生何言之谀也?"通曰:"公不知也,我几不脱于虎口!"乃亡去,之薛,薛已降楚矣。

[讲解] 与敢说敢当的刘敬相比,本传的另一位主人公叔孙通,则要复杂许多。

司马迁介绍叔孙通,首先讲的,是叔孙氏的一件往事——当面阿谀奉承秦二世。而叔孙氏之所以要面谀当朝皇帝,乃因他发现,当时虽爆发了声势浩大的陈胜农民起义,但秦二世为了一己的颜面,不愿承认在其治下有人敢于反叛。所以叔孙通就顺着二世的心思,送去一摞"明主在上"之类的高帽子,睁眼说瞎话,称陈胜辈不过是一群小盗贼小打小闹,让郡县守尉"捕论"也就是捕捉论罪就行了,根本不必担忧。有关陈胜起义的详情,《史记》有《陈涉世家》一篇,专载其事。叔孙通为了自己赶紧"脱于虎口",而大幅度地淡化这次起义的严重程度,无意中倒为反秦势力的迅速扩大规模,帮了一个大忙。

这一段里尚可略作讨论的,有如下两点:一是当秦二世提出如何对付陈胜暴动的问题时,秦国一帮博士儒生回答:"人臣无将,将即反,罪死无赦。"这句话是何意思,有何来历?二是叔孙通"秦时以文学征",秦代所谓的"文学",与今天我们所谓文学,是否有相同的内涵。

按"人臣无将,将即反,罪死无赦"中的"将",不是"将军"的"将",而是指一种既有其意、未行其事的处事状态。所以这句话的完整意思,是做臣子的不可以在心里想那些出格的事情,只要是想了,那就是谋反,罪该万死,不可宽恕。这么厉害的话,自然不是那些没主见的博士儒生杜撰的,而出自《春秋公羊传》。《公羊传》的庄公三十二年里,有"君亲无将,将而诛焉"等语,一般认为就是上述秦博士儒生们所言的蓝本。"无将"自然是为了遏制接近最高统治者的一班人谋反,但"将"而便要受到"诛"的严厉惩处,毕竟有些神经过敏。后来中国传统语境里有一个说法,叫"诛心之论",指称的就是与上述情形相关联的一种专门指责他人的行为动机的论断。

至于秦代所谓的"文学",比今天我们所说的文学,涵盖的范围要宽广得多,几乎包括了所有的学术学问或文物制度。其中自然有"文"。但这"文",并不单是今日文学领域内所指的美文,而同时包括了所有的实用体文辞[①]。

及项梁之薛,叔孙通从之。败于定陶,从怀王。怀王为义帝,徙长沙,叔孙通留事项王。汉二年,汉王从五诸侯入彭城,叔孙通降汉王。汉王败而西,因竟从汉。

叔孙通儒服,汉王憎之;乃变其服,服短衣,楚制,汉王喜。

叔孙通之降汉,从儒生弟子百余人,然通无所言进,专言诸故群盗壮士进之。弟子皆窃骂曰:"事先生数岁,幸得从降汉,今不能进臣等,专言大猾,何也?"叔孙通闻之,乃谓曰:"汉王方蒙矢石争天下,诸生宁能斗乎?故先言斩将搴旗之士。诸生且待我,我不忘

---

① 参见罗根泽《中国文学批评史》第44—46页,上海书店出版社,2003年。

矣。"汉王拜叔孙通为博士,号稷嗣君。

[讲解]　脱离了秦二世虎口的叔孙通,在秦末楚汉相争的动荡世界里,奔东家,跑西家,最后选择的主子,是当时还是汉王的刘邦。又因为给"方蒙矢石"的汉王推荐"斩将搴旗之士",所以得以官拜博士。按"方蒙矢石"中的"矢"和"石",分别指古代冷兵器中的箭和礌(一种射击用的小石块);所以"方蒙矢石"的意思,就是正冒着枪林弹雨。而"斩将搴旗之士",则指能斩杀敌将、夺取战旗的勇士——不过在叔孙通的弟子们看来,这些出身"群盗"的"壮士"其实都是"大猾",也就是大奸人。

细心的读者大概已经注意到,叔孙通最初出场时,是秦国的待诏博士,因为面谀二世,得以实授博士之职。现在到了汉王手下,又被再度封为博士。那么,这个中式的"博士"头衔,究竟是一个怎样的称号呢?

据王国维《汉魏博士考》,博士乃是始于战国、盛于秦汉的一种学官的名称。较早有文献可征的,是秦始皇时期设置的诸子百家博士,名额有七十位,职责是通晓古今,以备皇帝顾问。汉承秦制,而由诸子百家博士,逐渐扩充、更换,至武帝时完成《诗》、《书》、《易》、《礼》、《春秋》的五经博士的新设置,在制度上形成了独尊儒术的格局。此时的博士,下有门生(即所谓弟子员);而博士的性质,也已经由帝王顾问,变成了经学教官[①]。自秦代以还,博士一职均隶属于太常,中央及地方各学都设博士、助教;这种中式"博士"的名称,一直延续到清代。

叔孙通当博士,还是刘邦执政的时候,去秦未远,所以他这个博士的主要职责,仍是备皇帝顾问。而正因这种顾问的身份,使他由一个儒生出身的猎头,一跃成为汉初政坛上一颗引人注目的明星。

汉五年,已并天下,诸侯共尊汉王为皇帝于定陶,叔孙通就其仪号。高帝悉去秦苛仪法,为简易。群臣饮酒争功,醉或妄呼,拔剑击柱,高帝患之。叔孙通知上益厌之也,说上曰:"夫儒者难与进取,可

---

① 参见王国维《汉魏博士考》,载《观堂集林》卷四。

与守成。臣愿征鲁诸生,与臣弟子共起朝仪。"高帝曰:"得无难乎?"叔孙通曰:"五帝异乐,三王不同礼。礼者,因时世人情为之节文者也。故夏、殷、周之礼所因损益可知者,谓不相复也。臣愿颇采古礼,与秦仪杂就之。"上曰:"可试为之,令易知,度吾所能行为之。"

于是叔孙通使,征鲁诸生三十馀人。鲁有两生不肯行,曰:"公所事者且十主,皆面谀以得亲贵。今天下初定,死者未葬,伤者未起,又欲起礼乐。礼乐所由起,积德百年而后可兴也。吾不忍为公所为。公所为不合古,吾不行。公往矣,无污我!"叔孙通笑曰:"若真鄙儒也,不知时变。"

[讲解] 叔孙通一生最重要的业绩,是在刘邦登上皇帝宝座之后,率领一帮儒生,设计了一套新的适合汉代君臣的朝会仪礼制度。正是这套新的礼制,既约束了在新生的汉朝廷里任职而尚不知规矩的众大臣,又让汉高祖切实地体验了做万人之上的帝王的尊贵。

不过新礼制的诞生,不无周折。早在汉王五年——《资治通鉴》说是六年——高祖在定陶初即皇帝位时,叔孙通就曾"就其仪号"。这里的"就",是"成"的意思;"仪号"是礼仪和名号,后者包括承秦制称刘邦为"皇帝"之类。但因为此时的叔孙通还没啥说话的份,所以可干的,只是按照刘邦的旨意,"悉去秦苛仪法,为简易",即把秦代通行的那一套苛刻繁琐的礼仪统统取消,一切从简。结果一帮靠打仗夺取天下的汉臣,没了规矩,闹腾得连一向豪放的汉高祖也看不下去。此时叔孙通觉得时机已到,主动提出,希望征召一批山东籍的儒生,加上他的一班弟子,共同创制一套新的朝会礼仪制度。自然,这个礼制起草与预演小组的负责人,就是他叔孙通了。

这一建议要付诸实施,首先得获汉高祖的批准,为此叔孙通颇费了一番口舌。他先把仪礼重新界定为"因时世人情为之节文者也",就是按照时代和人的感情的变化,来节制人们言行的一种方式。继节引《论语·为政》里那段著名的话:"殷因于夏礼,所损益可知也;周因于殷礼,所损益可知也。"而把孔子原本对于三代史实的陈述,巧妙地改换成了三代之礼"不相复"也就是不相重复的论断。最后提出了一个现实可行的方案——"颇采古礼,与秦仪杂就之"。这方案的关键,不是其中古代仪礼与秦代礼仪的比重多寡与逻辑联系,而是那个"杂"字。因为说好了是"杂就",那么看着哪儿的合适,用哪儿的就成啦。尽管如此,刘邦还是将信将疑,再三关照,要简单易行,尤其要"度吾所能行为之",即考虑我能做的情况来设计。

这一创制新礼制的设想,也遭到了部分儒生的强烈反对。当叔孙通为选拔合适的制礼工作人员,专程前往(即所谓"使")孔孟的故乡——鲁国旧地时,有两位当地儒生断然拒绝应征,当面痛斥他前后换了将近十位主子,都是靠当面奉承主子而得富贵,并指出目前匆忙改制礼乐,既无现实条件,也不合古制。这"鲁两生"显然是想要以这种直截了当的方式,对风头正健的叔孙通以严重的羞辱,并把他从正统的儒生系统中清除出去。不想叔孙氏早就与时俱进,反过来嘲笑两位真是"鄙儒",也就是没见过大世面的读书人。

有意思的是,汉代以后的传统文学中,颇有以"鲁两生"为题创作的诗歌。这些诗中的一部分,承叔孙通当年之意,贬斥鲁两生不识时务。而另一部分,则反叔孙氏之说而行,赞颂鲁两生的不失气节,如明代诗人高攀龙的如下一首:

> 吾爱鲁两生,面折叔孙子。洒然挥之去,身隐名不纪。是时风云际,岂不愿胾仕?董道吾所闻,追曲有深耻。鸿鹄摩苍天,兰杜媚清沚。从此谢世人,聊以保厥美①。

按"胾"本是祭祀时所用的切成大块的肉,所以后世用"胾仕"一词来指称高官厚禄;"董道"的"董",是"正"的意思;"厥美"的"厥",则与"其"同义,是个指示代词。通观此诗,鲁两生其实已经不单是不赴叔孙通征召的那两位儒生,而寓指传统社会中,一切不与世俗潮流相起伏的知识分子。也只有在这样的诗里,鲁两生才恢复了他们在儒家文化传统中的尊严,而"鄙儒"的恶谥,则被扔还给了叔孙通一类的与时俱进者。

---

① 高攀龙《鲁两生》,载所著《高忠宪公诗集》卷三,清雍正十二年高氏养和堂刻本。

遂与所征三十人西，及上左右为学者与其弟子百余人为绵蕞野外。习之月余，叔孙通曰："上可试观。"上既观，使行礼，曰："吾能为此。"乃令群臣习肄，会十月。

汉七年，长乐宫成，诸侯群臣皆朝十月。仪：先平明，谒者治礼，引以次入殿门，廷中陈车骑步卒卫宫，设兵张旗志。传言"趋"。殿下郎中侠陛，陛数百人。功臣列侯诸将军军吏以次陈西方，东乡；文官丞相以下陈东方，西乡。大行设九宾，胪传。于是皇帝辇出房，百官执职传警，引诸侯王以下至吏六百石以次奉贺。自诸侯王以下莫不振恐肃敬。至礼毕，复置法酒。诸侍坐殿上皆伏抑首，以尊卑次起上寿。觞九行，谒者言"罢酒"。御史执法举不如仪者辄引去。竟朝置酒，无敢欢哗失礼者。于是高帝曰："吾乃今日知为皇帝之贵也。"乃拜叔孙通为太常，赐金五百斤。

叔孙通因进曰："诸弟子儒生随臣久矣，与臣共为仪，愿陛下官之。"高帝悉以为郎。叔孙通出，皆以五百斤金赐诸生。诸生乃皆喜，曰："叔孙生诚圣人也，知当世之要务。"

[讲解] 尽管有鲁两生的插曲，叔孙通还是从齐鲁礼仪之邦征召到了三十位儒生。这样加上刘邦身边的有学问的智囊，以及叔孙氏自己的弟子，总共一百多人，在野外空地上开始了以"绵蕞"为特征的仪礼演练。这里的"绵"，是指演练仪礼时用以环围场地的绳索；"蕞"音 zuì，是用茅、竹制成的表记位置，以示参与仪式者地位的尊卑。

演练延续了一个多月，此后的汇报演出得到刘邦的首肯，并于高祖七年十月，在新建成的长乐宫，正式举行了第一次依新礼制而行的朝会。

大约是由于档案保存完好，司马迁在本篇中详细地记录了这次新式朝会的全过程：那天，天还没亮，掌管礼宾事务的谒者就主持仪式，引导参加朝会的官员顺次进入宫殿大门。但见宫中广场里，已经排布着车骑、步兵和守备宫廷的卫兵，到处陈设兵器，竖起旗帜。这时就听见远远地有一个声音传过来："赶快走。"走到宫殿下面，见郎中们夹着台阶而立，每个台阶旁都站着几百人。这时功臣、列侯和各位将军、军吏按官阶被安排站在西侧,面朝东;文官丞相以下则站在东侧,面朝西。主管交际礼仪的大行令,派置了九位接待宾客的礼宾人员,以便把同一句礼仪用语,高声地从第一位传到第九位,这也就是所谓的"胪传"。在这样的庄严气氛下,皇帝陛下终于坐着轿子出了宫房,众官员手执旗帜传唤警备。接着诸侯王以下直到官阶六百石的,按次序被接引到皇帝面前,向一代君主致贺。如此正规的仪式,令诸侯王以下的众位大臣没有一个不感到震撼、恐惧,而又肃然起敬。等到仪式结束,又安排了一场"法酒"亦即举止正规的高级酒宴。席间各位有幸侍奉皇帝陛下在殿上喝酒的,全都低着头,按尊卑次序起立为皇上祝福。酒斟了九回以后,谒者宣布:"酒宴到此结束。"其间平时负责监察官员的御史和执法官,还扮演了仪式与宴会纠风者的角色,凡举止不合乎规范的马上就撵出去。① 这样这次朝会虽然一直有酒喝,却没人敢喧哗失礼了。

刘邦对于由叔孙通主导设计的这一套全新的汉代朝会礼制,是非常满意的,因为他从中真实地享受到了作为帝王的快乐与尊严。事实上从儒家礼教之说诞生之日起,礼仪设置的根本用意,也就是要在本来生而平等的人之间,人为地设置一些可以目见的等级规范,以使一部分人,成为另一部分人的当然从属。儒家在中国传统社会中具有强大的生命力,深为统治者所珍视,其故在此;而它在更广阔的现代世界中失去生存的土壤,并极易被人诟病,其故亦在此。

汉九年,高帝徙叔孙通为太子太傅。汉十二年,高祖欲以赵王如意易太子,叔孙通谏上曰:"昔者晋献公以骊姬之故废太子,立奚齐,晋国乱者数十年,为天下笑。秦以不早定扶苏,令赵高得以诈立胡亥,自使灭祀,此陛下所亲见。今太子仁孝,天下皆闻之;吕后与陛下攻苦食啖,其可背哉!陛下必欲废適而立少,臣愿先伏诛,以颈血污地。"高帝曰:"公罢矣,吾直戏耳。"叔孙通曰:"太子天下本,本

---

① "御史执法"二官如此并用,当源自《史记·滑稽列传》。该传记齐威王召淳于髡饮酒,淳于髡有"赐酒大王之前,执法在旁,御史在后,髡恐惧俯伏而饮,不过一斗径醉矣"的说辞。

一摇天下振动,奈何以天下为戏!"高帝曰:"吾听公言。"及上置酒,见留侯所招客从太子入见,上乃遂无易太子志矣。

[讲解] 高祖七年的那次新式朝会,使叔孙通一跃成为汉代礼制专家、帝王亲信。汉高祖刘邦在给予叔孙氏以太常的职位时,也同意了他的请求,使其弟子皆得为郎。两年以后,刘邦又让叔孙通升至更高的位置,做起了太子太傅,也就是未来皇帝的老师。

这时节发生了高祖打算废除现太子,而立赵王如意为太子的事件。

按高祖的现任太子,就是后来成为汉惠帝的刘盈。据《史记·吕太后本纪》,此人乃刘邦原配夫人吕雉的嫡长子,"为人仁弱",被高祖视为"不类我",故常有几乎被废的危难。赵王如意,是刘邦当了汉王后,得定陶美女戚姬所生,在高祖看来是"类我"的儿子,加上戚姬总是哭哭啼啼地吹枕边风,所以刘邦也有了以如意代刘盈为太子的念想。

叔孙通自然看出了高祖的心思,但这回他没有阿谀奉承,而是坚决地站在太子一边,以春秋晋献公时的骊姬之难,和秦国因赵高诈立二世胡亥而灭亡,这两个显见的例子,劝谏刘邦。他甚至激烈地说,如果陛下一定要"废適而立少"(这里的"適",通"嫡",就是正室所生之子),那么我希望您先杀了我,让我头颈的血污染大地。这一招果然灵验,刘邦只得退步说,你算啦,我只是开个玩笑罢了。

不过叔孙通这回的坚持正义,似乎也不无别的缘由。我们注意到,在他劝谏高祖的一席话里,有一句是"吕后与陛下攻苦食啖,其可背哉"。所谓"攻苦食啖","攻"就是"冒","啖"音dàn,据旧说,"食无菜茹为啖"①;则此四字合解,乃是备尝困苦、总吃粗茶淡饭的意思;而全句的表面要旨,在结发夫妻不可背弃。而更深一层的考虑,则是提醒刘邦,太子的择选,直接关系到与吕后的夫妻关系。

那么,叔孙通何以会想到吕后这一层呢?这实在是件很耐人寻味的事情。当时的情形,我们无法妄测,但高祖驾崩,惠帝也就是刘盈继位之后,吕

---

① 《史记》本篇《集解》引如淳说。

后——此时已经叫做吕太后——的一系列作为,如毒杀赵王,断戚夫人手足并蔑称之为"人彘"也就是人猪,乃至大权独揽几乎做了女皇,实在令我们难以想象,前此当她儿子的太子地位受到严重挑战时,这位如此心狠手辣的女人会完全不闻不问。换言之,世故圆通的叔孙通之所以一反常态,坚决地把赌注押在"仁弱"的太子身上,也许是已经看出了吕氏日后可能嚣张的形势,抑或是当时背后就有吕后的指使,都不无可能。

其实在中国古代的许多王朝中,选择哪个儿子做接班人,一直是困扰在位皇帝的一件十分棘手的事。虽说既定的原则"从长从嫡",早在周代就已经形成,但日后的历史表明,总有说不尽道不完的例外,在等待那些子嗣众多的父皇们的决断。

　　高帝崩,孝惠即位,乃谓叔孙生曰:"先帝园陵寝庙,群臣莫(能)习。"徙为太常,定宗庙仪法。及稍定汉诸仪法,皆叔孙生为太常所论箸也。
　　孝惠帝为东朝长乐宫,及间往,数跸烦人,乃作复道。方筑武库南,叔孙生奏事,因请间曰:"陛下何自筑复道？高寝衣冠月出游高庙。高庙,汉太祖,奈何令后世子孙乘宗庙道上行哉？"孝惠帝大惧,曰:"急坏之。"叔孙生曰:"人主无过举。今已作,百姓皆知之,今坏此,则示有过举。愿陛下为原庙渭北,衣冠月出游之,益广多宗庙,大孝之本也。"上乃诏有司立原庙。原庙起,以复道故。
　　孝惠帝曾春出游离宫,叔孙生曰:"古者有春尝果,方今樱桃孰,可献,愿陛下出,因取樱桃献宗庙。"上乃许之。诸果献由此兴。

　　[讲解]　以生命的代价力保刘盈为太子的叔孙通,果然赌赢了一把。他的太子门生在刘邦死后继位为皇帝,是为汉孝惠帝,后世简称汉惠帝。惠帝给予叔孙通的回报,是让他重新回到熟悉的太常职位,做他既擅长又喜欢的制礼工作——这回首先是"定宗庙仪法"。宗庙仪法之所以要厘定,按惠帝的说法,是因为"先帝园陵寝庙,群臣莫习"。"习"在这里作"熟悉"解;而"园陵寝庙"各是何义,则有必要稍微详细地解释一下。

如所周知,"园陵"或者倒过来叫"陵园",是埋葬死者的墓地。"寝"是日常起居的房间,而"庙"则是祭祀的场所。"陵"的称呼,本来在中国古代是专指君王的坟墓。"陵"又常和"寝"相联,合称"陵寝",指称帝王陵墓及其附属的被唤作"寝"的建筑;而这时的"寝",特指模仿帝王生前起居场所,内置帝王生前所用衣冠、物品的那间屋子。至于"庙",当它和"陵寝"一起被提及时,也不是一般的宗教祭祀场所,而特指模仿帝王生前处理政务的朝廷宫殿,其功能则已转换为祭祀祖先与先君的宗庙。①

汉高祖刘邦死于公元前 195 年,其所葬园陵名长陵,地在今天的咸阳市东北,渭水北边。而与长陵相配套的高祖寝和高祖庙,在惠帝初尚是各自为政,而并非建在一处:寝在未央宫以北的桂宫北面,庙则在长安城里的西安门内、东太常街南。按照当时的礼制,放在高祖寝中的高祖生前所穿戴的衣服、帽子,到了每个月祭祀高祖庙的时候,都要拿出来,依既定的路线游行一番,而后送入高祖庙。就是这么个奇特的仪式,引出了如下一番不小的礼制更动。

原来刘盈虽然做了皇帝,但汉朝实际的权力,却是被他老妈吕后控制着的;他又是个孝子,也就时不时地要到吕后那里,既请示工作,也给老妈请安。吕后这时已住在长乐宫,离惠帝所居有一段路。惠帝每次去看老妈,"数跸烦人",就是总要清道,打扰百姓,所以就自作主张,下令修建一条架空在宫殿建筑之间的"复道"。这空中阁道刚修到武库南边,就被叔孙通看出了大问题:复道正好架在高祖衣冠每月出游,由寝到高祖庙的那条道路上。精通礼仪的叔孙通责怪自己的皇帝门生:"奈何令后世子孙乘宗庙道上行哉!"

这令惠帝大惊失色,没想到为了方便拜见老妈,无意中却亵渎了已故的老爸。忙乱之中,想到的只有"急坏之",也就是赶紧拆了复道。倒还是一向圆通的叔孙通聪明,给老实的惠帝出了个主意:在渭水的北岸再新建一座高祖庙,即所谓"原庙"("原"在此是"再"的意思),让每个月的衣冠游游到那个新庙里去;此外再扩建、多建些宗庙。那样既可保全皇帝永远不会做错事的光辉形象,又显示了当今帝王的大孝之心。

---

① 参见杨宽《中国古代陵寝制度史研究》,上海人民出版社,2003 年。

惠帝自然照办。而汉代的宗庙,就此逐渐远离长安都城,而和城外的陵寝,合为一体。到了东汉明帝时,又把原来每一祖先均有一庙的制度,变革为所有神主都归入一个宗庙加以合祭的方式,宗庙的地位,由此一落千丈。

那么,后来的继位者如何对他们的先人尤其是他们已故的父皇表示纪念呢?说起来也简单,就是采用自春秋战国之际已经流行在民间的墓祭方法。所谓墓祭,也就是流传至今的扫墓。东汉时的帝王墓祭,也始于汉明帝,时在永平十七年(58)正月。因为是到祖先陵寝去祭祀,所以叫做"上陵礼"。①

太史公曰:语曰"千金之裘,非一狐之腋也;台榭之榱,非一木之枝也;三代之际,非一士之智也"。信哉!夫高祖起微细,定海内,谋计用兵,可谓尽之矣。然而刘敬脱鞔辂一说,建万世之安,智岂可专邪!叔孙通希世度务,制礼进退,与时变化,卒为汉家儒宗。"大直若诎,道固委蛇",盖谓是乎?

[讲解] 司马迁对于个人在现实政治中的作用,是十分看重的。所以他在本篇最后的"太史公曰"里,首先节引了意思出自《慎子》的一段话:"千金之裘,非一狐之腋也;台榭之榱,非一木之枝也;三代之际,非一士之智也。"②以此表达任何历史性事件的出现,都会有个人尤其是知识分子个体智慧的参与,这一颇易被人忽略的事实。按句中"一狐之腋"的"腋",本指腋下,这里专指狐狸腋下的皮毛,据说那是制作高档裘皮大衣的最好材料;"台榭之榱"的"榱",则是建筑上的椽子。

不过同样传写同时代的知识分子,司马迁对待刘敬与叔孙通,还是有一些微妙的差异:刘敬的事功,尤其是建议定都关中,在司马迁看来,无疑是"建万世之安"。而叔孙通的"希世度务",也就是迎合潮流,审度时务,从司

---

① 据《后汉书》卷十《皇后纪》上。另参见清顾炎武《日知录》卷十五"墓祭",黄汝城《日知录集释》本,上海古籍出版社影印清道光十四年西谿草庐重刊本,1985年。
② 《慎子·知忠》原文为:"廊庙之材,盖非一木之枝也。粹白之裘,盖非一狐之皮也。治乱安危,存亡荣辱之施,非一人之力也。"

马迁看去,其个人的业绩自然辉煌——最后成了汉代儒学的一代宗师,但取得这一业绩的方式,似乎难免有点让人觉得不堪。但他最后用了《老子》里的"大直若诎,道固委蛇"八个字,为叔孙氏的行为化解了一点内在的紧张与道德压力。所谓"诎",音义皆同"屈";而"委蛇"("蛇"读作 yí)的意思,也是弯弯曲曲。所以老子的话译成现代汉语,就是最正直刚强的人,做事总好像是胆小屈服的,而实际上万物之道,本来就是那么曲曲折折的。不过说实话,司马迁引此语,到底是在赞赏叔孙通,还是借题发挥,为自己的忍辱著述张本,那是谁也说不清的事了。

第八讲

太史公自序

《太史公自序》是《史记》七十列传的最后一篇，在某些较早的《史记》版本里，它的篇名题作《太史公自序传》[①]，据此可见司马迁的列传贯通古今，而其中的"今"，也包括他本人及其家族的历史。后来班固撰《汉书》，其中《司马迁传》的大半，就是取《太史公自序》略加删节而成的。

《太史公自序》又是《史记》全书的最后一篇，所谓"自序"，一是自道身世与撰述缘由，一是序说《史记》全书的梗概。以此后世的研究者，又径认为这其实便是《史记》一书的目录[②]——自然，是古书早期的目录样式：置于全书最后，各篇目下有叙录。而篇目罗列之前，还有作者的绪言。

昔在颛顼，命南正重以司天，北正黎以司地。唐虞之际，绍重黎之后，使复典之，至于夏商，故重黎氏世序天地。其在周，程伯休甫其后也。当周宣王时，失其守而为司马氏。司马氏世典周史。惠襄之间，司马氏去周适晋。晋中军随会奔秦，而司马氏入少梁。

自司马氏去周适晋，分散，或在卫，或在赵，或在秦。其在卫者，相中山。在赵者，以传剑论显，蒯聩其后也。在秦者名错，与张仪争论，于是惠王使错将伐蜀，遂拔，因而守之。错孙靳，事武安君白起。而少梁更名曰夏阳。靳与武安君坑赵长平军，还而与之俱赐死杜邮，葬于华池。靳孙昌，昌为秦主铁官，当始皇之时。蒯聩玄孙卬为武信君将而徇朝歌。诸侯之相王，王卬于殷。汉之伐楚，卬归汉，以其地为河内郡。昌生无泽，无泽为汉市长。无泽生喜，喜为五大夫，

[①] 按《史记索隐》本的《太史公自序》，篇题作《太史公自序传》，见明汲古阁刻本《史记索隐》卷二十八。
[②] 清卢文弨《钟山札记》卷四《史汉目录》云："夫《太史公自序》，即《史记》之目录也。"《续修四库全书》第1149册所收影印本，上海古籍出版社。又，现在通行的《史记》卷首的目录，是后人为方便阅读而添加的。

卒，皆葬高门。喜生谈，谈为太史公。

[讲解]《太史公自序》开始，司马迁就追溯了他的家族史。

他的追溯，大致可以依照叙事的远近，分为以下三个部分——

上古三代为第一部分。在这一部分里，司马迁强调的有两点：一是他乃重黎氏的后裔。这重黎氏的先人，是黄帝之孙颛顼的时代分管天地事务的"南正"重和"北正"黎（"正"是长官的意思，重、黎则是两个人的名字）；而直到夏商时代，重黎氏仍世代做着"序天地"也就是沟通人间与天地消息的工作。二是"司马"一姓，起源于周宣王时代重黎氏后代的失去官守，故氏姓随新的官守而改，而这新的官守，则是负责掌管周朝的国史。

春秋战国时代为第二部分。这一部分始于周惠王、襄王时代，司马氏因周王朝内乱而出奔晋国，止于秦统一六国前，跟白起一同在长平坑死赵军的司马靳被赐死。值得注意的是，这中间司马迁点出司马氏"去周适晋"不久即又移居少梁后，在叙述司马靳追随白起时，又补叙少梁此时已经改名为夏阳。何以少梁一地，值得他如此关注？根据《史记正义》的地望叙述，我们发现原来那便是司马迁的出生地，今天的陕西韩城。

秦汉以来为第三部分。这一部分乃司马迁可以考实的先祖的准确世系，而家族的声名与地位，显然不如前述两部分：司马靳之孙司马昌生活在秦始皇时代，做的是管理铁器事务的铁官；司马昌之子司马无泽，也就是司马迁的高祖，做的是"市长"，只不过这"市"，不是城市的"市"，而是集市的"市"；到了祖父司马喜，好像那样的市长也没得做了，只顶了个五大夫的虚名；直到司马迁的父亲司马谈，才算稍有翻身，做起了掌管天象的太史公——正式的官名，应当叫太史令。

太史公学天官于唐都，受《易》于杨何，习道论于黄子。太史公仕于建元元封之间，愍学者之不达其意而师悖，乃论六家之要指曰：

《易大传》："天下一致而百虑，同归而殊涂。"夫阴阳、儒、墨、名、法、道德，此务为治者也，直所从言之异路，有省不省耳。尝窃观阴阳之术，大祥而众忌讳，使人拘而多所畏；然其序四时之大顺，不可失也。儒者博而寡要，劳而少功，是以其事难尽从；然其序君臣父子之礼，列夫妇长幼之别，不可易也。墨者俭而难遵，是以其事不可遍循；然其强本节用，不可废也。法家严而少恩；然其正君臣上下之分，不可改矣。名家使人俭而善失真；然其正名实，不可不察也。道家使人精神专一，动合无形，赡足万物。其为术也，因阴阳之大顺，采儒墨之善，撮名法之要，与时迁移，应物变化，立俗施事，无所不宜，指约而易操，事少而功多。儒者则不然。以为人主天下之仪表也，主倡而臣和，主先而臣随。如此则主劳而臣逸。至于大道之要，去健羡，绌聪明，释此而任术。夫神大用则竭，形大劳则敝。形神骚动，欲与天地长久，非所闻也。

夫阴阳四时、八位、十二度、二十四节各有教令，顺之者昌，逆之者不死则亡，未必然也，故曰"使人拘而多畏"。夫春生夏长，秋收冬藏，此天道之大经也，弗顺则无以为天下纲纪，故曰"四时之大顺，不可失也"。

夫儒者以六艺为法。六艺经传以千万数，累世不能通其学，当年不能究其礼，故曰"博而寡要，劳而少功"。若夫列君臣父子之礼，序夫妇长幼之别，虽百家弗能易也。

墨者亦尚尧舜道，言其德行曰："堂高三尺，土阶三等，茅茨不剪，采椽不刮。食土簋，啜土刑，粝粱之食，藜藿之羹。夏日葛衣，冬日鹿裘。"其送死，桐棺三寸，举音不尽其哀。教丧礼，必以此为万民之率。使天下法若此，则尊卑无别也。夫世异时移，事业不必同，故曰"俭而难遵"。要曰强本节用，则人给家足之道也。此墨子之所长，虽百家弗能废也。

法家不别亲疏，不殊贵贱，一断于法，则亲亲尊尊之恩绝矣。可以行一时之计，而不可长用也，故曰"严而少恩"。若尊主卑臣，明分职不得相逾越，虽百家弗能改也。

名家苛察缴绕,使人不得反其意,专决于名而失人情,故曰"使人俭而善失真"。若夫控名责实,参伍不失,此不可不察也。

道家无为,又曰无不为,其实易行,其辞难知。其术以虚无为本,以因循为用。无成埶,无常形,故能究万物之情。不为物先,不为物后,故能为万物主。有法无法,因时为业;有度无度,因物与合。故曰"圣人不朽,时变是守。虚者道之常也,因者君之纲也"。群臣并至,使各自明也。其实中其声者谓之端,实不中其声者谓之窾。窾言不听,奸乃不生,贤不肖自分,白黑乃形。在所欲用耳,何事不成。乃合大道,混混冥冥。光耀天下,复反无名。凡人所生者神也,所托者形也。神大用则竭,形大劳则敝,形神离则死。死者不可复生,离者不可复反,故圣人重之。由是观之,神者生之本也,形者生之具也。不先定其神〔形〕,而曰"我有以治天下",何由哉?

[讲解] 太史公司马谈可是个有学问的人。他的学问主要源于三位导师:唐都、杨何与黄子。唐都在《史记》的《天官书》里留有大名,所谓"自汉之为天数者,星则唐都,气则王朔,占岁则魏鲜",分明道出唐氏乃汉代一流的星象学家。杨何字叔元,菑川人,《史记·儒林列传》说他靠了《易》学,在元光元年被征召,官至中大夫,并称汉代"要言《易》者本于杨何之家",可见其学术地位非同一般。只有黄子,连名字都不清楚,仅知道他是位道家。但据研究,此公乃汉景帝时期黄老学派的领袖人物,很可能为司马谈的本师,《史记》提及此人,或曰"黄子",或曰"黄生",皆不直书其名,乃是尊称①。而我们再看保留在《太史公自序》里的司马谈论述阴阳、儒、墨、名、法、道六家要旨的文字,也的确可以发现,道家学说在司马谈的心中,占据着崇高的地位。

被后人径题为《论六家要指》的这一篇论说文字,据说是司马谈在"愍学者之不达其意而师悖"的情境下撰写的。"愍"的本义,是悲哀之中带着怜

---

① 参见朱维铮《司马迁》。

悯,故其姿态是俯视的,而俯视的立足点,则在道德家或者叫道家;"师悖"据《史记正义》的解释,是"各习师书,惑于所见",也就是各人研习本门的师说,而被一己的所见所迷惑。《论六家要指》的本意,自然是破"惑"。不过司马谈既以悲悯之意为破惑之文的底色,其对于道家之外的五家的述论,也就有了一份难得的圆通情致——诚然,这圆通也是由道家的视角出发而形成的。

比如说对阴阳家,司马谈说它的不足是"大祥而众忌讳,使人拘而多所畏",而优点在"序四时之大顺"。"大祥"的"祥",《说文》释为"福",段注进一步解释说"凡统言则灾亦谓之祥"。"大"字联系同一句里"众忌讳"的"众"字的语法性质,应当也是一个动词,这里可以作"重视"讲。所以"大祥而众忌讳",意思便是重视祸福灾祥而颇多忌讳①。"序四时之大顺"中的"四时",指春夏秋冬,而"序"是按次序排列,"顺"是顺次,所以"序四时之大顺",大意就是发现了春夏秋冬四季运转的基本规律。这之后相应地司马谈还提到了阴阳家常讲的"八位"、"十二度"和"二十四节"。"八位"就是传统的八卦方位,相传有二说,其一所谓"伏羲八卦方位"作:乾南,坤北,离东,坎西,震东北,兑东南,巽西南,艮西北;而另一所谓"文王八卦方位"则作:震东、离南、兑西、坎北、乾西北、坤西南、巽东南、艮东北②。单就形式而言,似乎"伏羲"的相对合理,而"文王"的比较怪异。不过无论是前者还是后者,都可能是后人的造作,今天看来都是够八卦的东西。相比之下,讲天文的"十二度"和述节气的"二十四节",倒是比较科学的总结。"十二度"即中国传统天文学上的"十二次",是一种把一周天(此处的"一周",是指环绕一周)分成十二等份的制度,其作用是测量日、月、行星的位置与运动;"二十四节"即农历上始于立春、终于大寒的二十四节气,至今仍在我们的生活中发挥效用。需要指出的是,司马谈拈出"八位"、"十二度"、"二十四节"与"四时"并举,并不是对它们本身有何批评意见,而是认为阴阳家凡涉及上述事象,即"各有教令",也就是给人定下很多宜忌规矩,那是没有道理的。

---

① 《汉书·司马迁传》引此句中的"大祥"作"大详","详"恐是误字。《史记索隐》据《汉书》而释"大详"句为"言我观阴阳之术大详",则是将原文"尝窃观阴阳之术,大祥而众忌讳"句,断作了"尝窃观阴阳之术大祥,而众忌讳"。衡之上下文,显然不妥。
② 参见宋朱熹《周易本义》卷首所附"伏羲八卦方位图"、"文王八卦方位图",影印《文渊阁四库全书》本。

又比如说对墨家,司马谈不满的,是它的过度俭朴,以致尊卑不分。他称墨家也崇尚尧舜之道,曾这样描述尧舜的节俭美德:"堂高三尺,土阶三等,茅茨不剪,采椽不刮。食土簋,啜土刑,粝粱之食,藜藿之羹。夏日葛衣,冬日鹿裘。"这段话译成现代汉语,就是:尧舜住的房子,厅堂的高度只有三尺,土垒的台阶只有三级,屋顶上覆盖的茅草不加修剪,屋里的椽木也是采自天然而未经修整。他们的饭锅是土制的,汤盆也是土制的,吃的是糙米饭,喝的是野菜汤。夏天穿的是葛布做的单衣,冬天穿的是鹿皮做的袍子。关于这段话,前人一般认为不是墨家之言,而出自法家系统的《韩非子》。因为在今本《墨子》里找不到类似的段落,而《韩非子》的《五蠹》篇里,则有"尧之王天下也,茅茨不翦,采椽不斲。粝粢之食,藜藿之羹。冬日麑裘,夏日葛衣"诸语。同时在《史记》的《李斯列传》里,我们发现秦二世也引述过类似的一段话①,并称"闻于韩子"。司马谈大概也不是误引,只是想借此显现墨家极端重视俭朴的基本价值观而已。在司马谈看来,这种墨守成规甚至过于矫情的做法,是无法让人遵循的。但即便如此,他还是指出墨家不无长处,所谓"强本节用,则人给家足之道也","本"即农业,则其推崇的,乃是墨家重农节约的一面。

此外对于今人颇为熟悉的儒家、法家以及不太熟悉的名家,作者也各有类似的一分为二式的辩证看法。

但司马谈唯独对道家一片赞叹,毫无异辞。他归纳的道家基本特征,就是今天我们已经很熟悉的"无为"又"无不为"。而"大道之要",他以为是"去健羡,绌聪明,释此而任术"。"去健羡"的"健羡",前一字指雄健,后一字指欲望,所以"去健羡"便可与《老子》说的"圣人去甚去奢去泰"互相发明;"绌聪明"的"绌",是贬斥的意思,如此则此三字又可以用《老子》的"绝圣弃知"来诠释。在"去健羡,绌聪明"后又说"释此而任术",则所"释"(也就是放掉的意思)的"此",自然就是"健羡"和"聪明";而所任心施行的"术",当是同一

---

① 《史记·李斯列传》所载秦二世所引韩子语为:"尧之有天下也,堂高三尺,采椽不斲,茅茨不剪,虽逆旅之宿不勤于此矣。冬日鹿裘,夏日葛衣,粢粝之食,藜藿之羹,饭土匦,啜土铏,虽监门之养不觳于此矣。"取《韩非子》、司马谈《论六家要指》所引与此本比较,三本基本内容与所用语汇十分接近,而文本繁简、句子次序与文字差异,所在多有。此乃是先秦古书口传手录、辗转流传所致。

段上面提到的综合阴阳、儒、墨、名、法各家之长,"与时迁移,应物变化"。有意味的是,在揭示道家的这诸多优点时,司马谈经常拿儒家做比较,如称赞道家"指约而易操,事少而功多",紧接着就说"儒者则不然。以为人主天下之仪表也,主倡而臣和,主先而臣随。如此则主劳而臣逸"。而在此节文字的上下,又两次贬称儒家"博而寡要,劳而少功",而其从句式到内涵隐然相对的正面形象,正是道家的"指约而易操,事少而功多"。之所以会出现这样比较明显的对立场景,一般认为司马谈崇奉的道家,其实就是西汉前期非常流行的黄老思想,而此时能与黄老思想相抗衡,并且也已渐露其锋芒的,便是汉代的儒生之说。如此说来,则司马谈的论六家,圆通之中也不无执着。至于这篇《论六家要指》较早系统完整地述论春秋以来诸子百家中的重要派别,为后人研究中国学术史提供了宝贵的资料与独到的见解,又是不言而喻的。

司马迁在《史记》中,对道家与黄老思想的推崇,虽然没有像他父亲那么明显,而书中的不少篇章,其立意推考起来,多本自黄老一派,和乃父的学说当不无关联[①]。而司马迁的文章做法,也似乎从父亲那里学得不少。比如多层次排比推进,渐次呈现论述观点的写法,在本篇下面的答壶遂问中,即颇有显露;而上述暗引《韩非子》却明指为墨家之说,这种移花接木以凸现设定题旨的文学伎俩,在《殷本纪》末了的"太史公曰"里,也可以发现。

> 太史公既掌天官,不治民。有子曰迁。
>
> 迁生龙门,耕牧河山之阳。年十岁则诵古文。二十而南游江、淮,上会稽,探禹穴,窥九疑,浮于沅、湘;北涉汶、泗,讲业齐、鲁之都,观孔子之遗风,乡射邹、峄;厄困鄱、薛、彭城,过梁、楚以归。
>
> 于是迁仕为郎中,奉使西征巴、蜀以南,南略邛、笮、昆明,还报命。

[①] 章培恒先生在《中国文学史(新著)》中,认为司马迁写作《史记》的指导思想,主要是黄老思想,并举《曹参世家》、《货殖列传》等为例。见该书上卷第246—250页,上海文艺出版社。

[讲解]　在追溯了自己的家族史,传录了父亲的论说文后,司马迁开始回忆自身的经历。大概是为了显示史传的尊严,并与七十列传的其他各篇风格保持一致,他是以第三者的口吻来介绍自己的。

他说,太史公司马谈负责的,是与天文有关的一系列事务,不具体管理百姓。生有一子,取单名叫迁。司马迁的出生地,则是一个叫龙门的地方。

司马谈何以将爱子起名为"迁",旧注均无解说。现代学者以为,当取自《诗经·小雅》的《伐木》篇①。按《伐木》首章云:"伐木丁丁,鸟鸣嘤嘤。出自幽谷,迁于乔木。嘤其鸣矣,求其友声。"其意乃求朋友帮助,使自己能像飞鸟一样,由低谷迁往大树。司马谈取诗中的"迁"字为自己儿子命名,正表明他对司马迁的期待,非同一般。如果联系汉代以来《史记》、《汉书》之外的文献,多载司马迁字"子长"一点看②,这一解释应当是合乎实际的。

司马迁自述出生地为龙门,则与实际不无偏差。按龙门位于今黄河山西、陕西段南北向河道的偏北地带,俗传"鲤鱼跳龙门"即其地;而在《史记·河渠书》里,它是大禹"道河"也就是疏浚黄河的地点之一。司马迁的实际出生地,当是本篇前面其自述家世时提到的夏阳。而夏阳虽然也在黄河边上,离龙门却还有上百里的路程。那么司马迁何以要特意把自己的出生地改指为龙门呢?想来不外乎龙门比夏阳更多一份传奇的色彩,而司马迁正是一个特别好"奇"的人③。

不过司马迁的自我介绍中,没有提到他出生的具体年代。这成为民国以来《史记》研究界热烈讨论的一个话题。

司马迁究竟出生在哪一年?民国以前的学者似乎都不太关注此问题④。1923年,王国维发表了著名的《太史公行年考》,文中提出司马迁当生于汉景帝中元五年(前145)。

王国维的考证经过是这样的:《史记·太史公自序》的《索隐》和《正义》里,记载了两条相关的材料。《索隐》所引出自《博物志》,记的是:"太史令茂

----

① 此采朱维铮《司马迁》之说。
② 司马迁字子长,扬雄《法言》等书多有记载,见梁玉绳《史记志疑》卷三十六"太史公自序传第七十"引。
③ 扬雄《法言·君子》有"子长多爱,爱奇也"语。
④ 参见张新科、俞樟华等著《史记研究史与史记研究家》第215页。

陵显武里大夫司马迁,年二十八,三年六月乙卯除,六百石。"这里的"三年",联系《索隐》所注《太史公自序》的本文"(司马谈)卒三岁而迁为太史令",显然是指汉武帝元封三年(因司马谈卒于元封元年)。元封三年(前108)司马迁既为二十八岁,则他的生年应当在汉武帝建元六年(前135)。

但是且慢。王国维又指出,在《太史公自序》里,和"(司马谈)卒三岁而迁为太史令"句同一段,还有一句"五年而当太初元年",这句下《史记正义》的注是:"迁年四十二岁。"太初元年(前104)司马迁四十二岁,那么他的生年就该是汉景帝中元五年(前145)。

中元五年和建元六年,前后相差十年。何者为是? 王国维认为应当是中元五年。理由是:《正义》所谓太初元年"迁年四十二岁",当也本自《博物志》,只是张守节所见《博物志》,和司马贞《索隐》所引《博物志》版本不同,司马迁元封三年除太史令的年龄,在那里可能是作"年三十八"。他因此进一步推论,"三讹为二,乃事之常;三讹为四,则于理为远"。所以应以《正义》所记为是①。

王国维在1923年提出的这个司马迁生于中元五年说,虽然在1929年受到日本学者桑原骘藏的质疑,而相应地建元六年说也被提出②,但中国国内,相当长的时间里,几乎没有任何异辞。到1944年,李长之发表《司马迁生年为建元六年辨》一文,提出十条证据,以为王国维之说尚可商榷,而建元六年为司马迁生年似更合乎实际。他的十条证据中,最可重视的,是第一条和第十条的前半。前者指出,司马迁《报任安书》有"早失二亲"语,如其生在前145年,则司马谈死时已三十六岁,说不上早;若生在前135年,时二十六岁,那才说得过去。后者认为,既然王国维已说《索隐》所引文字的格式同于敦煌汉简,应"本于汉时簿书,为最可信之史料",则其中所记"二十八岁"也应信为实据③。

---

① 王国维《太史公行年考》,载《观堂集林》卷十一。
② 据藤田胜久《日本对〈史记〉的传承与研究》,桑原骘藏有《有关司马迁生年新说》,刊于1929年《史学研究》1卷1号,提倡司马迁生于建元六年说。见张新科、俞樟华等著《史记研究史与史记研究家》所收藤田文,第373页。
③ 《司马迁生年为建元六年辨》原载《中国文学》第1卷第2期,1944年。后收入李长之所著《司马迁之人格与风格》,见三联书店1984年重印本,第19—23页。

到了1955年，郭沫若依据李长之论文提供的思路与部分材料，广搜汉简证据，写成《〈太史公行年考〉有问题》一文，重申司马迁当生于建元六年说，引起全国性的反响。郭文最被人推崇的地方，是它根据《居延汉简》一书，列出了与《索隐》所引类似的十个例子，并指出：汉人写"二十"、"三十"、"四十"依次作"廿"、"卅"、"卌"，"就如廿与卅、卅与卌而言，都仅一笔之差，定不出谁容易，谁不容易来。"[1]

不过郭沫若发现的汉简中"廿"、"卅"、"卌"三个数字互易错写的情形，其实并不足以推翻王国维的结论。因为王氏所谓"三讹为二，乃事之常；三讹为四，则于理为远"，指的并非汉简本身发生的错讹，事实上无论如何，《索隐》所引那段司马迁"年二十八"的记录本身，都与"四"字无关。故所谓"三讹为四，则于理为远"，显然只是就唐代情形而立论。郭沫若与李长之同样作为重要证据提到的司马迁《报任安书》"早失二亲"语，其中的"早"字，由于在汉语里时间的界定颇有弹性，事实上也难以作为考订司马迁年龄的有力证据。因为我们从《报任安书》的上下文考察，完全可以将它视为司马迁因行文需要而作的一种略带夸张的文学表述。当然王国维也有疏忽，最明显的是，如果我们套用他自己的话"三讹为二，乃事之常"，张守节推算所据的那个《博物志》作"三十八"本身就错了，则张氏的"四十二岁"结论无论如何也不可能正确。

也正以此，郭沫若文章发表后，时间又过去了整整半个世纪，无论是王国维的中元五年说，还是李长之、郭沫若的建元六年说，都没有成为学界共同接受的定说。司马迁究竟生于哪一年，至今仍是个悬案。

不过根据司马迁的自述，我们可以切实地知道他十岁开始学习"古文"。这里的"古文"，指的是秦始皇焚书以前的流行的经籍文本，用和汉代通行的隶书不一样的古籀文字书写。而教年幼的司马迁学习这文字特殊的儒家经典的，据说就是大名鼎鼎的西汉经学家——孔安国[2]。

---

[1] 郭沫若《〈太史公行年考〉有问题》刊于《历史研究》1955年第6期。有意思的是，同期把李长之的《司马迁生年为建元六年辨》又重新发表，排在郭文之后，而作者署名成了"刘际铨"，且文后并无说明此乃旧作重刊。更有意思的是，郭沫若的文章里，既不提此新刊的"刘际铨"文，亦未及十一年前就已发表的李长之文。

[2] 参见王国维《太史公行年考》。

我们还知道司马迁自二十岁起,就开始了南北游学的多彩生涯。所谓"南游江、淮,上会稽,探禹穴,窥九疑,浮于沅、湘;北涉汶、泗,讲业齐、鲁之都,观孔子之遗风,乡射邹、峄;厄困鄱、薛、彭城,过梁、楚以归",南北对言,其中不少区间地理跨度过大,且有颠倒行程者——如由南方的沅、湘二水(属今湖南境内),忽然跨到遥远的北方汶、泗二水(属今山东境内),而汶水其实又在泗水之北——可见所述并非一次完整的旅行顺次,而是枚举亲身经历的各主要地点。这其中"探禹穴"、"窥九疑",分别指探访会稽山(在今浙江绍兴)和九嶷山(在今湖南宁远),前者有传为大禹死后所入的一个神秘山洞"禹穴",后者相传舜南巡而死即葬于九嶷。接下来的"讲业齐、鲁之都,观孔子之遗风",与"乡射邹、峄",地点均在今天的山东,并属孔孟的故乡,而"讲业"、"乡射",一指探讨儒家学问,一指演练古老的射礼。可见司马迁的这番游历,并非少年浪游,其主要目的,乃实地勘察南北地理,亲身体验传统文化。诚然这中间也免不了有点儿小插曲,比如"厄困鄱、薛、彭城"。鄱大概就是蕃县,位居今天山东藤县附近;薛在蕃县以南,微山湖的北边;彭城即今天的徐州。这三地距汉高祖刘邦的发迹地沛县都不太远。司马迁在这一带遭到了怎样的"厄困"(即比较大的麻烦),今天已不可考,但由后来《史记》描写楚汉之争,涉及彭城一带军事地理处颇为周详,可知这次可能惊险无比的"厄困"体验,倒也不无益处。

我们并可以知道这番游历以后,或者就在这中间,司马迁步入仕途,做了"郎中"——自然不是医生的那个郎中,而是汉武帝的低级侍卫官。他因此还曾奉使出征巴、蜀、邛、笮,往南一直到了昆明。邛(音 qióng)、笮(即"莋",音 zuó)都是当时的西南少数民族,前者又名"邛都夷",其分布的地区,大致在今天的四川西昌一带;后者就是"莋都夷",其活动的地域,则当今天的四川汉源一带。

是岁天子始建汉家之封,而太史公留滞周南,不得与从事,故发愤且卒。而子迁适使反,见父于河洛之间。太史公执迁手而泣曰:"余先周室之太史也。自上世尝显功名于虞夏,典天官事。后世中衰,绝于予乎?汝复为太史,则续吾祖矣。今天子接千岁之统,封泰山,而余不得从行,是命也夫,命也夫!余死,汝必为太史;为太史,无忘吾所欲论著矣。且夫孝始于事亲,中于事君,终于立身。扬名于后世,以显父母,此孝之大者。夫天下称诵周公,言其能论歌文、武之德,宣周、邵之风,达太王、王季之思虑,爰及公刘,以尊后稷也。幽厉之后,王道缺,礼乐衰,孔子修旧起废,论《诗》《书》,作《春秋》,则学者至今则之。自获麟以来四百有余岁,而诸侯相兼,史记放绝。今汉兴,海内一统,明主贤君忠臣死义之士,余为太史而弗论载,废天下之史文,余甚惧焉,汝其念哉!"迁俯首流涕曰:"小子不敏,请悉论先人所次旧闻,弗敢阙。"

卒三岁而迁为太史令,䌷史记石室金匮之书。五年而当太初元年,十一月甲子朔旦冬至,天历始改,建于明堂,诸神受纪。

太史公曰:"先人有言:'自周公卒五百岁而有孔子。孔子卒后至于今五百岁,有能绍明世,正《易传》,继《春秋》,本《诗》《书》、《礼》《乐》之际?'意在斯乎!意在斯乎!小子何敢让焉。"

[讲解]　在司马迁的心目中,第一次称得上刻骨铭心的记忆,无疑当数父亲司马谈的临终嘱托。所以在本篇自序的中心位置,他详细地描述了时在元封元年(前110)的那次诀别。

那是司马迁奉使西南返朝后不久的事情。这一年汉武帝忽然起兴要学周成王的样子,登泰山梁父行祭天地的"封禅"之仪①。司马谈作为太史令,执掌天官之事,自然要随皇帝同行,操办典礼;这又是汉代立国以后的第一次封禅,所以司马谈觉得特别重要。然而不幸的是,当随武帝东行至周南也就是洛阳一带,他病倒了。由于眼见得随驾封禅终成泡影,司马谈急火攻心,病情随之加重,竟至于生命垂危。这当口正好司马迁结束出使返回长安,得知武帝已经东巡,即将封禅泰山,他这负有侍卫之责的郎中,便随即也赶往东部。就这样在他乡的洛阳,父子俩意外地见面了。

---

① "封禅"的具体内容,参见本书第三讲《河渠书》后半部的有关讲解。

伤心至极的司马谈见到儿子,流下了眼泪。这眼泪除了为自己无缘参与汉代的首次封禅盛会而流,也为了自己计划中的另一项事业未能展开而流——到了生死大限的关头,司马谈更在乎的,显然是后者,这由他临终拉着司马迁的手所说一番话可以见出。

司马谈的这番话,大致可分为三个层次。第一层是回忆司马家族的先世曾典掌天官,为周太史,至他本人复任太史令,寓意司马氏一系由历史看负有崇高的文化使命;第二层是希望司马迁在他死后接任太史令,并且坚信司马迁肯定会被任命为太史令;第三层是要求司马迁在接任太史令之后,接续他未竟的"论著"工作,具体而言,就是整理《春秋》以后的历史文献。

这其中有一句"自获麟以来四百有余岁,而诸侯相兼,史记放绝",尚需稍作解释。按"获麟"是指传为孔子删次的编年体鲁国史书《春秋》的下限,在鲁哀公十四年(前481)。那年哀公狩猎,获得一头麒麟,而麒麟按照通常的说法是仁义之兽,它的出现本应是圣王出世的征兆,但据说孔子认为当时并无贤明君主,视之为反常之象,所以就把《春秋》纪事的下限断在此年此事之际。"四百有余岁"是从获麟的那年,算到眼前的汉元封元年,但公元前481年至前110年,实际不过三百七十一年,司马谈却说有四百多年,显然是夸大了。"史记放绝"的"史记",指诸国的历史记录文本,这时尚不是某种历史书籍的专名(司马迁后来撰成的《史记》,这《史记》的书名也是东汉末才出现的);而"放绝"则指散失。司马谈对司马迁说这句话,表面上是为之划定一个文献整理的范围,并强调这一段史料佚失严重,搜集困难,而深层的含义,则是暗示司马迁将接续的他所未竟的"论著"工作,乃是一项时限方面直接承续孔子笔削的《春秋》,并且价值上亦可与孔子删次《春秋》并论的名山事业。

司马迁显然对乃父临终嘱托的深切内涵心领神会,故而当场"俯首流涕"地承诺:"请悉论先人所次旧闻,弗敢阙。"根据这句话,研究者认为,我们现在所见的《史记》里,肯定有一些篇章是司马谈依据所见文献起草的,只是大部分司马谈所撰原稿,已经司马迁的整理、补充与润色,所以今天要具体指认何篇为司马谈原作,已非常困难了。

司马谈就这样去世了。他死后三年,司马迁果然当上了太史令,开始

"紬史记石室金匮之书"。"紬"按照《释名》的解释,是"抽也。抽引丝端出细绪也"。这用后来的话说,也就是抽绎;联系到读书,则其中自然包括查检、阅读,但也不能说就完全没有归纳整理的意思;"石室"与"金匮",本义是用石头雕凿的房屋,和用青铜或铁铸成的盒子,那都是古代密封宝藏档案文书的处所,到了汉代,就特指中央官府的藏书处了。据此司马迁撰述《史记》的准备工作,大约在元封三年(前108)已经启动。

不过太史令的主要职责,是主持与天文有关的事务;石室金匮虽亦为其所守,编撰《史记》却不是其职务工作。所以到了太初元年(前104),司马迁受命主持修订历法。当年冬至,新历修成,官方郑重其事地在明堂举行仪式,将改历的消息,通报给受祭的各位神主。由司马迁主持修订的这部新历,改秦以来的十月作岁首,为正月作岁首,在以后的历史中影响久远,中国、韩国等东亚国家的农历,至今仍以正月为岁首,追溯源头,即出自因成于太初元年而被习称为《太初历》的这部著名历法。

修完了《太初历》,司马迁就正式开始了《史记》的编撰。他自然牢记先父的教诲,以"继《春秋》"为职志。但不成想这样高远的宗旨,却招来了同僚的严刻质疑。

上大夫壶遂曰:"昔孔子何为而作《春秋》哉?"太史公曰:"余闻董生曰:'周道衰废,孔子为鲁司寇,诸侯害之,大夫壅之。孔子知言之不用,道之不行也,是非二百四十二年之中,以为天下仪表,贬天子,退诸侯,讨大夫,以达王事而已矣。'子曰:'我欲载之空言,不如见之于行事之深切著明也。'夫《春秋》,上明三王之道,下辨人事之纪,别嫌疑,明是非,定犹豫,善善恶恶,贤贤贱不肖,存亡国,继绝世,补敝起废,王道之大者也。《易》著天地阴阳四时五行,故长于变;《礼》经纪人伦,故长于行;《书》记先王之事,故长于政;《诗》记山川谿谷禽兽草木牝牡雌雄,故长于风;《乐》乐所以立,故长于和;《春秋》辩是非,故长于治人。是故《礼》以节人,《乐》以发和,《书》以道事,《诗》以达意,《易》以道化,《春秋》以道义。拨乱世反之正,莫近于《春秋》。《春秋》文成数万,其指数千。万物之散聚皆在《春秋》。

《春秋》之中,弑君三十六,亡国五十二,诸侯奔走不得保其社稷者不可胜数。察其所以,皆失其本已。故《易》曰'失之豪厘,差以千里'。故曰'臣弑君,子弑父,非一旦一夕之故也,其渐久矣'。故有国者不可以不知《春秋》,前有谗而弗见,后有贼而不知。为人臣者不可以不知《春秋》,守经事而不知其宜,遭变事而不知其权。为人君父而不通于《春秋》之义者,必蒙首恶之名。为人臣子而不通于《春秋》之义者,必陷篡弑之诛,死罪之名。其实皆以为善,为之不知其义,被之空言而不敢辞。夫不通礼义之旨,至于君不君,臣不臣,父不父,子不子。夫君不君则犯,臣不臣则诛,父不父则无道,子不子则不孝。此四行者,天下之大过也。以天下之大过予之,则受而弗敢辞。故《春秋》者,礼义之大宗也。夫礼禁未然之前,法施已然之后;法之所为用者易见,而礼之所为禁者难知。"

壶遂曰:"孔子之时,上无明君,下不得任用,故作《春秋》,垂空文以断礼义,当一王之法。今夫子上遇明天子,下得守职,万事既具,咸各序其宜,夫子所论,欲以何明?"

太史公曰:"唯唯,否否,不然。余闻之先人曰:'伏羲至纯厚,作《易》八卦。尧舜之盛,《尚书》载之,礼乐作焉。汤武之隆,诗人歌之。《春秋》采善贬恶,推三代之德,褒周室,非独刺讥而已也。'汉兴以来,至明天子,获符瑞,封禅,改正朔,易服色,受命于穆清,泽流罔极,海外殊俗,重译款塞,请来献见者,不可胜道。臣下百官力诵圣德,犹不能宣尽其意。且士贤能而不用,有国者之耻;主上明圣而德不布闻,有司之过也。且余尝掌其官,废明圣盛德不载,灭功臣世家贤大夫之业不述,堕先人所言,罪莫大焉。余所谓述故事,整齐其世传,非所谓作也,而君比之于《春秋》,谬矣。"

[讲解] 对司马迁撰述《史记》提出严刻质疑的,是上大夫壶遂。

壶遂之名,见于《史记·韩长孺列传》。韩长孺即汉武帝时代先后在梁孝王封国和中央政府担任高官的韩安国。据列传本文和传末的"太史公曰"，壶遂是韩安国从梁地提拔的，曾和司马迁一同参与制订《太初历》，官至詹事，如果不是突然死亡，很可能成为新一届的丞相。按司马迁的说法，他是一位"内廉行修"、"深中隐厚"的好人。

但是就是这位好人壶先生，却像设圈套般地对司马迁撰著《史记》的宗旨，进行了毫不留情的盘问。

所谓圈套，是因为壶遂发难的程序是这样的：他知道司马迁对孔子作《春秋》之说相当熟悉，所以故意选了个"孔子何为而作《春秋》"的题目，引司马迁入套。司马迁果然中计，大谈了一通孔子作《春秋》以明大义的道理。壶先生遂再问司马迁：孔子因当时上无明君，下不得任用，故作《春秋》以表微言大义。现在你司马迁上遇英明天子，下得太史令官位，什么都不缺，你却还要像《春秋》那般论列史事，你想借此来说明什么？这一问着实厉害，令司马迁猝不及防。而壶遂之所以要向司马迁如此发难，据研究与汉武帝时期独尊儒术，董仲舒一派的《春秋》公羊学在官方意识形态中地位独特有关。因为按照公羊学的说法，历史文本可以深藏复杂无比的微言大义，则司马迁写一部下限到了当朝皇帝统治时期的历史，自然会引起政治家的丰富联想和深刻猜疑①。

这一部分的问答之中，司马迁的第一段回答篇幅颇长而内涵丰富，有必要再加解析。

这一段回答，从文章组织上看，大致可分为前后相续、层次递进的三部分：第一、二部分是引"董生"和孔子的话，明孔子作《春秋》的缘由和大旨；第三部分则是司马迁对于《春秋》意旨的详细辨析。其中第三部分篇幅最大，又大致可分为两个先后关联又正反对比的小部分：一是用跟《易》、《礼》、《书》、《诗》、《乐》相类比的方式，凸现《春秋》的"道义"也就是解说是非大义的特征；二是从君臣父子伦理的角度，预告不通《春秋》可能出现的严重后果。若单就文章组织而言，这样严密的逻辑结构，如此清晰的述论条理，显然与司马谈的作文风格如出一辙——这我们只要取前面司马迁所引乃父《论六家要指》来稍作对照，就可以明了。

不过我们还必须注意，司马迁的回答是以引述"董生"的话作为开头的，

---

① 参见朱维铮《史学史三题》的相关述论，文载《复旦学报》2004年第3期。

下面的全部论述,又均可与"董生"之言互相发明。而这位"董生",不是别人,就是汉武帝时代大名鼎鼎的今文经学大师、以独特的《春秋》公羊学闻名的董仲舒。由司马迁在《史记》里一再提到"余闻董生曰"的情形推测,司马迁早年必然拜董仲舒为师;而到撰述《史记》的时候,对董仲舒的那套《春秋》微言褒贬之论,显然也已烂熟于心。

这一部分的问答之中,司马迁的第二段回答,不无冠冕堂皇的套话,但段末"余所谓述故事,整齐其世传,非所谓作也"诸语,却是关于《史记》撰述方式的真实表白。这表白中涉及的一对概念,"述"和"作",显然本自《论语·述而》的名句"述而不作"。"述故事"就是讲述陈年旧事,"整齐其世传"就是整理前代留下来的文献;相反地如果是"作",那就是一种可以不太考虑历史本来面目、主体意识很强的创作了。

至于这一段开头的"唯唯,否否,不然"六字,翻译成现代汉语,大概就是三个辞语紧密相联、意绪不免有些错乱的短句:"是是。""哎不是不是。""不是这样的。"其中第一句是被击中之初的直观反应,第二句是情绪化颇浓的反击,第三句则是神志稍清以后的狡辩开场白。① 这从表面上看似乎是不经意中窜入的闲笔,实际却正显现了司马迁撰述本篇《太史公自序》时的言说策略——直录当时的戏剧性道白,以消解相关话语的严肃性质,暗示下面的述说别有意绪。

此外在这第二段回答里,提到汉兴以来的大好形势,有"受命于穆清",和"海外殊俗,重译款塞,请来献见者,不可胜道"二语。其中"穆清"与"重译款塞",文辞古奥,也需略作疏通。按"穆清"中的"穆"是美好,"清"是清和,二字相联,而以形容词代名词,意指清朗美好的上天②。"重译款塞"里的"重译",字面意思就是经过多重翻译;"款塞"的"款",是"扣"的意思,所以"款塞"直译就是扣问边塞。联系上下文,"重译款塞"四字的实际意义,当是指海外与汉民族风俗相异地区的人们,也因向慕汉朝的伟大,而通过各种渠道联络汉朝,交通边关,其目的,则是下文的"请来献见",即实现献贡物见天子

---

① 钱钟书对此语亦有考释,可参阅,见《管锥编》第 1 册第 393—394 页,中华书局,1979 年。
② 按"受命于穆清"的"于"字,繁体本作"於"。《史记正义》引颜氏云:"於,叹辞也。"但衡之上下文,颜说恐不确。

的愿望。

于是论次其文。七年而太史公遭李陵之祸,幽于缧绁。乃喟然而叹曰:"是余之罪也夫!是余之罪也夫!身毁不用矣。"退而深惟曰:"夫《诗》、《书》隐约者,欲遂其志之思也。昔西伯拘羑里,演《周易》;孔子厄陈蔡,作《春秋》;屈原放逐,著《离骚》;左丘失明,厥有《国语》;孙子膑脚,而论兵法;不韦迁蜀,世传《吕览》;韩非囚秦,《说难》、《孤愤》;《诗》三百篇,大抵贤圣发愤之所为作也。此人皆意有所郁结,不得通其道也,故述往事,思来者。"于是卒述陶唐以来,至于麟止,自黄帝始。

[讲解] 司马迁没有顾忌壶遂的质疑,继续不懈地从事《史记》的撰述。但是到了七年以后的天汉三年(前98),由于卷入李陵一案,他遭遇到了有生以来最严酷的危机——"幽于缧绁"。"幽"就是幽闭,也就是关押;"缧绁"读作 léi xiè,本义是拘系犯人的绳索,这里代指牢狱。所以"幽于缧绁",也就是被关进了监狱。

李陵何许人也?他是汉代赫赫有名的飞将军李广的孙子。《史记》里有他的传记,附在乃祖传记《李将军列传》的后面。

据该传,李陵早年被选为建章监,后被汉武帝看中,受命为八百骑之将;到天汉年间,他官至骑都尉,率领着由南方的丹阳与楚地招募来的五千军兵,屯守在西北遥远的酒泉、张掖一带,以防备匈奴的入侵。天汉二年(前99)秋天,汉武帝最宠幸的女人李夫人的哥哥李广利,一位号称贰师将军的外戚,受命率三万骑进攻匈奴。李陵被命带着他的五千兵马作为侧应,以分散匈奴的兵力。李陵之部出居延北将近千里,结果陷入八万之众的匈奴军包围中。连战八天,虽然杀敌过万,终因既乏军粮、又无援兵,几乎全军覆没。李陵自感无面目回报汉武帝,绝望之中投降了匈奴。

李陵事件发生后,如何判断处理此事,汉武帝大概是召集了包括司马迁在内的一批臣僚咨询的。由于看不惯一班惯于自保的官员率意指责李陵,本与李陵毫无私交的司马迁,此时站出来为李陵说了几句公道话,但结果给自己带来了无限的屈辱。

在后来写给友人的一封信,就是文学史上非常著名的《报任安书》里,司马迁对此事的经过,有详细而沉痛的回忆,不妨节录在此——

> 夫仆与李陵俱居门下,素非相善也,趣舍异路,未尝衔杯酒接殷勤之欢。然仆观其为人自奇士,事亲孝,与士信,临财廉,取予义,分别有让,恭俭下人,常思奋不顾身,以徇国家之急。其素所畜积也,仆以为有国士之风。
>
> 夫人臣出万死不顾一生之计,赴公家之难,斯已奇矣。今举事壹不当,而全躯保妻子之臣随而媒孽其短,仆诚私心痛之。……
>
> 陵未没时,使有来报,汉公卿王侯皆奉觞上寿。后数日,陵败书闻,主上为之食不甘味,听朝不怡。大臣忧惧,不知所出。仆窃不自料其卑贱,见主上惨凄怛悼,诚欲效其款款之愚,以为李陵素与士大夫绝甘分少,能得人之死力,虽古名将不过也。身虽陷败,彼观其意,且欲得其当而报汉。事已无可奈何,其所摧败,功亦足以暴于天下。
>
> 仆怀欲陈之,而未有路。适会召问,即以此指推言陵功,欲以广主上之意,塞睚眦之辞。未能尽明,明主不深晓,以为仆沮贰师,而为李陵游说,遂下于理。拳拳之忠,终不能自列。因为诬上,卒从吏议。
>
> 家贫,财赂不足以自赎,交游莫救,左右亲近不为壹言。身非木石,独与法吏为伍,深幽囹圄之中,谁可告愬者!……李陵既生降,隤其家声,而仆又茸以蚕室,重为天下观笑。悲夫!悲夫!①

据此信,司马迁当时为李陵辩护,所说不过是三点:一,李陵平素为人不错;二,现在他虽然投降了匈奴,看样子可能是想找合适的机会再回报汉朝;三,事件既已产生,也是无可奈何,不过就李陵攻杀了大量匈奴而论,他的功勋也足可以昭告天下了。

司马迁所说并没什么错,错的是他忘记了李陵出兵只是为贰师将军作陪衬的。而贰师将军在此次战役中,损兵折将,无功而返。汉武帝既要保全

---

① 《报任安书》全文收录于《汉书》卷六十二《司马迁传》。

他派无能妻舅出征失败的颜面,则李陵自然就是个合适的替罪羊。司马迁此时再为李陵辩护,那结果自然是进牢房了。

进牢房也罢。更让司马迁不堪的,是他被判处的是"诬上"之罪,罪当腰斩;虽然当时有自赎免死的规定,而他因为家贫,根本没有可能交付高额的赎金,结果只能选择另一条也是唯一一条求生之路——"茸以蚕室"。"茸"本作"佴",这里当读作"耻"①。"蚕室"的本义,是指养蚕的屋子,这里借指一种特殊的刑罚——宫刑(也叫腐刑,即割除男性犯人的生殖器);因为养蚕的屋子比较温暖,而受宫刑者畏风须暖,汉代就用"蚕室"喻指宫刑②。《太史公自序》在"幽于缧绁"下又自谓"身毁不用矣",指的就是他惨遭宫刑的不幸境遇。

司马迁是位极端重视人的尊严的学者,在《报任安书》里,他就明确地表示,"太上不辱先,其次不辱身,其次不辱理色,其次不辱辞令,其次诎体受辱,其次易服受辱,其次关木索被箠楚受辱,其次剔毛发婴金铁受辱,其次毁肌肤断支体受辱,最下腐刑,极矣。"那么,他何以为了求生,而不惜选择"最下"等的腐刑呢?

也是在《报任安书》里,他自揭了答案:"所以隐忍苟活,函粪土之中而不辞者,恨私心有所不尽,鄙没世而文采不表于后也。"而他所谓"不尽"的"私心",与假如选择腰斩便"不表于后"的"文采",联系《太史公自序》,就是指他意欲传世的《史记》。

已经有许多研究者考证,在《太史公自序》的如下这段著名的发愤著书说里,有不少的例子不合史实,未可尽信:"昔西伯拘羑里,演《周易》;孔子厄陈蔡,作《春秋》;屈原放逐,著《离骚》;左丘失明,厥有《国语》;孙子膑脚,而论兵法;不韦迁蜀,世传《吕览》;韩非囚秦,《说难》、《孤愤》;《诗》三百篇,大抵贤圣发愤之所为作也。"③但是谁也无法否认,正是通过这种"六经注我"而非"我注六经"式的充满感情的表述,司马迁将自己的撰述《史记》,一下子提升到了前所未有的历史高度。换言之,他把自己和那些他列举的"贤圣",放

---

① 参见裘锡圭《考古发现的秦汉文字资料对于校读古籍的重要性》一文中的有关考释,载所著《中国出土文献十讲》第129—130页。
② 参见《后汉书·光武帝本纪》下"诏死罪系囚皆一切募下蚕室"之注。
③ 参见《史记会注考证》卷一百三十引梁玉绳、崔述、张文虎等的辨证。

到了同一个层次上。

在这一部分的末尾,还有一句"于是卒述陶唐以来,至于麟止,自黄帝始"。这是指《史记》的大致断限,上起陶唐,下讫汉武帝。"陶唐"就是尧,尧号陶唐。但何以又说"自黄帝始"呢?那是因为《史记》以《五帝本纪》开篇,而《五帝本纪》又首述黄帝事。不过司马迁在《五帝本纪》的"太史公曰"里,已经留了话:"学者多称五帝,尚矣。然《尚书》独载尧以来;而百家言黄帝,其文不雅驯,荐绅先生难言之。"意思是把黄帝放在书首,实在是随俗之举,真正的信史,恐怕还是从尧开始的。

"至于麟止",一般认为指的是《史记》的下限在元狩元年(前122),这年汉武帝在雍地捕获了一头白麟。但由下文明说"余述历黄帝以来至太初而讫"看,太初当公元前104—101年,二者显然有矛盾。这一矛盾如何解释?一种说法是"至于麟止"乃司马谈发凡起例时定下的,后来司马迁加以修正,将下限延迟至太初①。但《自序》是在叙述了著名的发愤之说后,提出此一断限的,且特意标明"于是卒述"四字,可见前后关系颇为紧密。所以把确定"至于麟止"为下限,仅指为司马谈的言辞,似乎逻辑上不够圆通。其实在我们看来,司马迁此处的意图,不过是想借此"麟"字,唤起人们对《春秋》"止于获麟"的回忆,以此暗示他的《史记》,可以上接《春秋》并与《春秋》配成双璧。至于《史记》实际的下限,在这里只是指一个概数,即汉武帝时期。

这一部分以下,《太史公自序》开始叙录《史记》各篇的大旨。

维昔黄帝,法天则地,四圣遵序,各成法度;唐尧逊位,虞舜不台;厥美帝功,万世载之。作《五帝本纪》第一。

维禹之功,九州攸同,光唐虞际,德流苗裔;夏桀淫骄,乃放鸣条。作《夏本纪》第二。

维契作商,爰及成汤;太甲居桐,德盛阿衡;武丁得说,乃称高宗;帝辛湛湎,诸侯不享。作《殷本纪》第三。

维弃作稷,德盛西伯;武王牧野,实抚天下;幽厉昏乱,既丧酆

---

① 参见张大可《史记选评》第212页,上海古籍出版社,2003年。

镐；陵迟至赧,洛邑不祀。作《周本纪》第四。

维秦之先,伯翳佐禹；穆公思义,悼豪之旅；以人为殉,诗歌《黄鸟》；昭襄业帝。作《秦本纪》第五。

始皇既立,并兼六国,销锋铸镰,维偃干革,尊号称帝,矜武任力；二世受运,子婴降虏。作《始皇本纪》第六。

秦失其道,豪桀并扰；项梁业之,子羽接之；杀庆救赵,诸侯立之；诛婴背怀,天下非之。作《项羽本纪》第七。

子羽暴虐,汉行功德；愤发蜀汉,还定三秦；诛籍业帝,天下惟宁,改制易俗。作《高祖本纪》第八。

惠之早霣,诸吕不台；崇强禄、产,诸侯谋之；杀隐幽友,大臣洞疑,遂及宗祸。作《吕太后本纪》第九。

汉既初兴,继嗣不明,迎王践祚,天下归心；蠲除肉刑,开通关梁,广恩博施,厥称太宗。作《孝文本纪》第十。

诸侯骄恣,吴首为乱,京师行诛,七国伏辜,天下翕然,大安殷富。作《孝景本纪》第十一。

汉兴五世,隆在建元,外攘夷狄,内修法度,封禅,改正朔,易服色。作《今上本纪》第十二。

[讲解]《太史公自序》叙录《史记》各篇的大旨,是按五体先后排序的；各体下所列各篇的顺次,则与今本《史记》相同。叙录每一条解说一篇,总共一百三十条。其格式,则除最后一条外,大致都是先述篇章大概（中多以四字为句）,继用"作某篇第几"为结。

由于相传《史记》成书后不久,即遭被汉武帝削除篇章的厄运；在流传后世的过程中,又出现过篇章亡佚、补作等各种情形,所以《太史公自序》的这份乍看不免冗长枯燥的《史记》提要目录,其实具有很高的史料价值。我们既可以通过它一窥《史记》的基本架构,又能够通过比勘这些叙录和《史记》的正文,发现司马迁所撰各篇的本来面目。

我们先来看上面的这一部分,那是《史记》十二本纪的叙录。

只要翻一下今本《史记》，就可以知道，现有的《孝武本纪》与《封禅书》如出一辙，记的全是汉武帝求神仙、封泰山一类的破事儿。而我们看叙录的《今上本纪》（"今上"就是"当今皇上"，司马迁指称当时还健在的汉武帝）条，说的是：

> 汉兴五世，隆在建元，外攘夷狄，内修法度，封禅，改正朔，易服色。作《今上本纪》第十二。

其中"外攘夷狄"指的自然是攻打匈奴，"内修法度"，说的大概要包括崇儒术等政治措施。而这些在现在的《孝武本纪》里只字不提，可见前人以为它是后人取《封禅书》文字来充数，绝非司马迁原文，是颇有道理的。

那么，司马迁原本写的《今上本纪》到哪里去了呢？据《三国志》卷十三王肃传的说法，汉武帝听说司马迁著《史记》，特意抽取书中的汉景帝本纪和那篇写自己的本纪看阅，结果勃然大怒，"削而投之"，所以流传到当时的《史记》，已经没有了这两篇本纪。（现在我们看到的《史记》中存留的《孝景本纪》，其实也是后人补写或补编的。）不过照上引叙录的说法，《今上本纪》写的，似乎完全是一篇歌功颂德的大文章。歌功颂德怎么还会让汉武帝勃然大怒呢？想象起来，出自司马迁亲笔的那篇写当今皇上的本纪，一定是非常的奇特：它应该有一个花团锦簇的外观，并且这外观靠着宏大叙事的文本结构而热闹非凡；但它内面隐含的，却是对于一代专制帝王的深切入骨的嘲讽，这种嘲讽似空气一般无处不在，却又难以把握，最终它解构了本纪本身的宏大叙事，并以此形成了文本形式与其寓意间的一种亦庄亦谐的姿态。这表里不一的真实涵义，大概也只有活着的传主汉武帝最清楚了吧。

又这一部分的《五帝本纪》叙录里，有"虞舜不台"句；《吕太后本纪》叙录中，又云"诸吕不台"。此处的"台"，音义均同"怡"，所以所谓"不台"，就是不高兴的意思。

> 维三代尚矣，年纪不可考，盖取之谱牒旧闻，本于兹，于是略推，作《三代世表》第一。

幽、厉之后，周室衰微，诸侯专政，《春秋》有所不纪；而谱牒经略，五霸更盛衰，欲睹周世相先后之意，作《十二诸侯年表》第二。

春秋之后，陪臣秉政，强国相王；以至于秦，卒并诸夏，灭封地，擅其号。作《六国年表》第三。

秦既暴虐，楚人发难，项氏遂乱，汉乃扶义征伐；八年之间，天下三嬗，事繁变众，故详著《秦楚之际月表》第四。

汉兴已来，至于太初百年，诸侯废立分削，谱纪不明，有司靡踵，强弱之原云以世。作《汉兴已来诸侯年表》第五。

维高祖元功，辅臣股肱，剖符而爵，泽流苗裔，忘其昭穆，或杀身陨国。作《高祖功臣侯者年表》第六。

惠景之间，维申功臣宗属爵邑，作《惠景间侯者年表》第七。

北讨强胡，南诛劲越，征伐夷蛮，武功爰列。作《建元以来侯者年表》第八。

诸侯既强，七国为从，子弟众多，无爵封邑，推恩行义，其埶销弱，德归京师。作《王子侯者年表》第九。

国有贤相良将，民之师表也。维见汉兴以来将相名臣年表，贤者记其治，不贤者彰其事。作《汉兴以来将相名臣年表》第十。

[讲解]《史记》十表的形式来源，我们在第二讲《六国年表》的开头，已经作过讨论。《太史公自序》这一部分的十表叙录，综合来看，则更多地显现了司马迁制十表的整体意图。

首先值得注意的，是第四表的叙录末，有"事繁变众，故详著《秦楚之际月表》"的话，这显然是指表格便于在纷繁复杂的历史记录中理清头绪而言的。其次可以指出的，是《十二诸侯年表》的撰述，据叙录乃意在"五霸更盛衰，欲睹周世相先后之意"。春秋五霸的盛衰更替中，夹一"周世"且云"相先后"，想象起来，就仿佛是太史公眼见周王朝逐步失去威仪，无可奈何地随着强悍的诸侯起起伏伏。就此也可以看出十表的用意，确乎是在以一种不动声色的方式，宏观地揭示历史的"强弱之原"——"强弱之原"的说法，出自

《汉兴已来诸侯年表》叙录,其完整的句子是"强弱之原云以世"。按"云以世"三字在此处不易说通,《史记》的《集解》和《索隐》均认为当是"云已也"的讹写。

说到《史记》十表,另有一个问题也不得不提。那就是今本《史记》正文中,前九表都各有一篇序,而唯独第十表《汉兴以来将相名臣年表》无序。何以如此,前人曾有讨论。如清人吴见思认为,汉高祖对待功臣十分薄情,到了武帝时,丞相常自杀,将帅因犯法抵罪而失去爵位的也颇多,"史公生于此时,目击心慨,未免言之过甚,故后人削之,而序论之所以阙乎"①。按吴氏这里所说的"后人削之",不仅指《汉兴以来将相名臣年表》的序被"削",更指该表全篇被"削",因为根据三国魏人张晏的说法,司马迁死后,《史记》全书即有十篇亡佚,其中就包括《汉兴以来将相名臣年表》②。而我们看《太史公自序》里司马迁自己写的该表叙录,是:"国有贤相良将,民之师表也。维见汉兴以来将相名臣年表,贤者记其治,不贤者彰其事。作《汉兴以来将相名臣年表》第十。"但我们拿这个叙录,去对照今本《史记》里所收的该表,那里面所记都是些国家大事,但凡涉及将相大臣的地方,则又都是升迁、罢免或死去的流水账,既没有对贤者事迹的表扬,也没有对不贤者劣迹的揭露,因此根本看不出什么贤不贤、良不良,即便单论事实,也颇多错讹,可见确非司马迁原稿。③ 而吴见思推测原稿因"言之过甚"而被削除,似也不无道理。

维三代之礼,所损益各殊务,然要以近性情,通王道,故礼因人质为之节文,略协古今之变。作《礼书》第一。

乐者,所以移风易俗也。自《雅》《颂》声兴,则已好《郑》《卫》之音,《郑》《卫》之音所从来久矣。人情之所感,远俗则怀。比《乐书》以述来古,作《乐书》第二。

非兵不强,非德不昌,黄帝、汤、武以兴,桀、纣、二世以崩,可不

---

① 见吴见思《史记论文》卷二十二。
② 参见本书《导论》的相关述论。
③ 参见余嘉锡《太史公书亡篇考》有关考证,余氏并考今本《汉兴以来将相名臣年表》乃汉成帝时人冯商所补撰。《太史公书亡篇考》收入《余嘉锡论学杂著》。

慎欤？《司马法》所从来尚矣，太公、孙、吴、王子能绍而明之，切近世，极人变。作《律书》第三。

律居阴而治阳，历居阳而治阴，律历更相治，间不容翲忽。五家之文怫异，维太初之元论。作《历书》第四。

星气之书，多杂机祥，不经；推其文，考其应，不殊。比集论其行事，验于轨度以次，作《天官书》第五。

受命而王，封禅之符罕用，用则万灵罔不禋祀。追本诸神名山大川礼，作《封禅书》第六。

维禹浚川，九州攸宁；爰及宣防，决渎通沟。作《河渠书》第七。

维币之行，以通农商；其极则玩巧，并兼兹殖，争于机利，去本趋末。作《平准书》以观事变，第八。

[讲解] 如果说由十表的叙录，可知司马迁制表的图意，在宏观地揭示历史的"强弱之原"，那么从接下来的这八书叙录，可以发现司马迁在《史记》里特辟"书"这一体裁，目的是要凸现以制度史为中心的特殊事象的"古今之变"。

不必他求，我们单从上述叙录中，已能很容易地找出谈"变"之辞。比如"礼因人质为之节文，略协古今之变"，比如"《司马法》所从来尚矣，太公、孙、吴、王子能绍而明之，切近世，极人变"，又比如"作《平准书》以观事变"。为什么在这些叙录里，司马迁尤其强调"变"？考究起来，缘由其实还在"书"这一体裁本身。

如所周知，《史记》的整体目标之一便是"通古今之变"。但从单一篇章而论，五体中真正能直观地实现这一目标的，还是书。这是因为书体的叙述对象，是以制度史为中心的特殊事象的变迁。制度史的厘清，关键便是辨析源流，源流不清，或者无源流可辨，也就无所谓制度史。而辨析源流，就必然要涉及历史事象的前后变迁问题。

《史记》八书在探讨特殊事象的"古今之变"方面，无疑是颇为成功的。至其如何真正地实现了其不仅溯古而且通今的目标，又颇费心思。兹以八书中的最后一篇《平准书》为例。"平准"一词，源出汉代大司农属官里的平准令丞,其职守是"均天下郡国转贩,贵则卖之,贱则买之"①。《平准书》重点描述的,便是汉代内政外交风云中不断变化的经济形势,和官方对商业交易的控制。清人李晚芳评该篇云:

> 此谤书也。当时弊政甚多,将尽没之,则不足为信史;若直书之,又无以为君相地。太史于是以敏妙之笔,敷绚烂之辞,若吞若吐,运含讥冷,刺于有意无意之间,使人赏其绚烂,而不觉其含讥;赞其敏妙,而不觉其冷刺。②

李氏的说法,与我们前面对《今上本纪》原稿面貌所作的推测,正可互相发明。而事实上由于汉武帝时期的政治情势,与司马迁个人的历史观多有冲突,八书中的《封禅书》、《河渠书》等,也或多或少存在类似的皮里阳秋式写法。但是这几篇书传了下来,而《今上本纪》则因武帝"削而投之"永远亡佚,可见本纪与书同为"冷刺",程度还是颇为不同的。

需要指出的是,一般认为,今本《史记》八书中的《礼书》、《乐书》和《律书》,已非司马迁原作。三篇之中,《律书》原名《兵书》,因为后来补撰者截取了原本《史记·历书》中的论律部分,与所补论兵部分相掺和,故有此名。至于今本《太史公自序》也称为《律书》,当是后人为与今本《史记》相合而追改的。证据是《太史公自序》的《律书》叙录,前面的"非兵不强,非德不昌,黄帝、汤、武以兴,桀、纣、二世以崩,可不慎欤?《司马法》所从来尚矣,太公、孙、吴、王子能绍而明之,切近世,极人变",说的全都是"兵",毫不提"律",直到最后才忽然冒出句"作《律书》第三",前后矛盾如此,完全不合司马迁作叙录的体式,可见这叙录的末句,原本必然是"作《兵书》第三"。③

太伯避历,江蛮是适;文武攸兴,古公王迹。阖庐弑僚,宾服荆楚;夫差克齐,子胥鸱夷;信嚭亲越,吴国既灭。嘉伯之让,作《吴世

---

① 《史记·平准书》题下《索隐》语。
② 李晚芳《读史管见》卷二,转引自杨燕起等《历代名家评史记》第453页。
③ 参见余嘉锡《太史公书亡篇考》。

家》第一。

申、吕肖矣,尚父侧微,卒归西伯,文武是师;功冠群公,缪权于幽;番番黄发,爰飨营丘。不背柯盟,桓公以昌,九合诸侯,霸功显彰。田阚争宠,姜姓解亡。嘉父之谋,作《齐太公世家》第二。

依之违之,周公绥之;愤发文德,天下和之;辅翼成王,诸侯宗周。隐、桓之际,是独何哉?三桓争强,鲁乃不昌。嘉旦《金縢》,作《周公世家》第三。

武王克纣,天下未协而崩。成王既幼,管蔡疑之,淮夷叛之,于是召公率德,安集王室,以宁东土。燕(易)[哙]之禅,乃成祸乱。嘉《甘棠》之诗,作《燕世家》第四。

管、蔡相武庚,将宁旧商;及旦摄政,二叔不飨;杀鲜放度,周公为盟;大任十子,周以宗强。嘉仲悔过,作《管蔡世家》第五。

王后不绝,舜禹是说;维德休明,苗裔蒙烈。百世享祀,爰周陈杞,楚实灭之。齐田既起,舜何人哉?作《陈杞世家》第六。

收殷馀民,叔封始邑,申以商乱,《酒》、《材》是告,及朔之生,卫顷不宁;南子恶蒯聩,子父易名。周德卑微,战国既强,卫以小弱,角独后亡。嘉彼《康诰》,作《卫世家》第七。

嗟箕子乎!嗟箕子乎!正言不用,乃反为奴。武庚既死,周封微子。襄公伤于泓,君子孰称。景公谦德,荧惑退行。剔成暴虐,宋乃灭亡。嘉微子问太师,作《宋世家》第八。

武王既崩,叔虞邑唐。君子讥名,卒灭武公。骊姬之爱,乱者五世;重耳不得意,乃能成霸。六卿专权,晋国以秏。嘉文公锡珪鬯,作《晋世家》第九。

重黎业之,吴回接之;殷之季世,粥子牒之。周用熊绎,熊渠是续。庄王之贤,乃复国陈;既赦郑伯,班师华元。怀王客死,兰咎屈原;好谀信谗,楚并于秦。嘉庄王之义,作《楚世家》第十。

少康之子,实宾南海,文身断发,鼋鳝与处,既守封禺,奉禹之祀。句践困彼,乃用种、蠡。嘉句践夷蛮能修其德,灭强吴以尊周室,作《越王句践世家》第十一。

桓公之东,太史是庸。及侵周禾,王人是议。祭仲要盟,郑久不昌。子产之仁,绍世称贤。三晋侵伐,郑纳于韩。嘉厉公纳惠王,作《郑世家》第十二。

维骥𫘦耳,乃章造父。赵夙事献,衰续厥绪。佐文尊王,卒为晋辅。襄子困辱,乃禽智伯。主父生缚,饿死探爵。王迁辟淫,良将是斥。嘉鞅讨周乱,作《赵世家》第十三。

毕万爵魏,卜人知之。及绛戮干,戎翟和之。文侯慕义,子夏师之。惠王自矜,齐秦攻之。既疑信陵,诸侯罢之。卒亡大梁,王假厮之。嘉武佐晋文申霸道,作《魏世家》第十四。

韩厥阴德,赵武攸兴。绍绝立废,晋人宗之。昭侯显列,申子庸之。疑非不信,秦人袭之。嘉厥辅晋匡周天子之赋,作《韩世家》第十五。

完子避难,适齐为援,阴施五世,齐人歌之。成子得政,田和为侯。王建动心,乃迁于共。嘉威、宣能拨浊世而独宗周,作《田敬仲完世家》第十六。

周室既衰,诸侯恣行。仲尼悼礼废乐崩,追修经术,以达王道,匡乱世反之于正,见其文辞,为天下制仪法,垂六艺之统纪于后世。作《孔子世家》第十七。

桀、纣失其道而汤、武作,周失其道而春秋作。秦失其政,而陈涉发迹,诸侯作难,风起云蒸,卒亡秦族。天下之端,自涉发难。作《陈涉世家》第十八。

成皋之台,薄氏始基。诎意适代,厥崇诸窦。栗姬偩贵,王氏乃遂。陈后太骄,卒尊子夫。嘉夫德若斯,作《外戚世家》第十九。

汉既谲谋,禽信于陈;越荆剽轻,乃封弟交为楚王,爰都彭城,以强淮泗,为汉宗藩。戊溺于邪,礼复绍之。嘉游辅祖,作《楚元王世家》第二十。

　　维祖师旅，刘贾是与；为布所袭，丧其荆、吴。营陵激吕，乃王琅邪；怵午信齐，往而不归，遂西入关，遭立孝文，获复王燕。天下未集，贾、泽以族，为汉藩辅。作《荆燕世家》第二十一。

　　天下已平，亲属既寡；悼惠先壮，实镇东土。哀王擅兴，发怒诸吕，驷钧暴戾，京师弗许。厉之内淫，祸成主父。嘉肥股肱，作《齐悼惠王世家》第二十二。

　　楚人围我荥阳，相守三年；萧何填抚山西，推计踵兵，给粮食不绝，使百姓爱汉，不乐为楚。作《萧相国世家》第二十三。

　　与信定魏，破赵拔齐，遂弱楚人。续何相国，不变不革，黎庶攸宁。嘉参不伐功矜能，作《曹相国世家》第二十四。

　　运筹帷幄之中，制胜于无形，子房计谋其事，无知名，无勇功，图难于易，为大于细。作《留侯世家》第二十五。

　　六奇既用，诸侯宾从于汉；吕氏之事，平为本谋，终安宗庙，定社稷。作《陈丞相世家》第二十六。

　　诸吕为从，谋弱京师，而勃反经合于权；吴楚之兵，亚夫驻于昌邑，以厄齐赵，而出委以梁。作《绛侯世家》第二十七。

　　七国叛逆，蕃屏京师，唯梁为扞；偾爱矜功，几获于祸。嘉其能距吴楚，作《梁孝王世家》第二十八。

　　五宗既王，亲属洽和，诸侯大小为藩，爰得其宜，僭拟之事稍衰贬矣。作《五宗世家》第二十九。

　　三子之王，文辞可观。作《三王世家》第三十。

[讲解] 世家一体，在传世的中国文史著述中，堪称前无古人。因了司马迁的富于创造性的组织，脱胎于大家族谱牒的这一新颖的传记体裁，为历史与文学都增添了不少别样的光彩。

　　但也因为基本上都是一姓一氏的家族史，头绪繁复，而相对来说又不太为人熟悉，所以上面这一段《史记》三十世家的叙录，大部分条目的文字，都比前此的本纪、表、书的叙录要多;甚至也比下面的绝大部分列传的叙录要多。

文字多,从提要目录的角度看,除了叙解更具体,并不必然显示更多的内涵。然而这三十条世家叙录中,却有一个十分独特的现象耐人寻味,那就是在三分之二叙录后半的总结陈辞里,都有一以"嘉"字为起首的特定句式(相反在其他四体的叙录里,则未见此象)——

  嘉伯之让,作《吴世家》第一;
  嘉父之谋,作《齐太公世家》第二;
  嘉旦《金縢》,作《周公世家》第三;
  嘉《甘棠》之诗,作《燕世家》第四;
  嘉仲悔过,作《管蔡世家》第五;
  嘉彼《康诰》,作《卫世家》第七;
  嘉微子问太师,作《宋世家》第八;
  嘉文公锡珪鬯,作《晋世家》第九;
  嘉庄王之义,作《楚世家》第十;
  嘉句践夷蛮能修其德,灭强吴以尊周室,作《越王句践世家》第十一;
  嘉厉公纳惠王,作《郑世家》第十二;
  嘉鞅讨周乱,作《赵世家》第十三;
  嘉武佐晋文申霸道,作《魏世家》第十四;
  嘉厥辅晋匡周天子之赋,作《韩世家》第十五;
  嘉威、宣能拨浊世而独宗周,作《田敬仲完世家》第十六;
  嘉夫德若斯,作《外戚世家》第十九;
  嘉游辅祖,作《楚元王世家》第二十;
  嘉肥股肱,作《齐悼惠王世家》第二十二;
  嘉参不伐功矜能,作《曹相国世家》第二十四;
  嘉其能距吴楚,作《梁孝王世家》第二十八。

"嘉"自然是赞赏的意思。但司马迁为何单选择在世家叙录部分，提出如此明晰的褒贬之辞？这实在是个值得探究的问题。

一种假设的答案，是《史记》虽是一个整体，但当日太史公父子纂述篇章时，却是依体分撰的，也许上述的二十篇世家，是《太史公书》世家部分的初定篇目，其文本与叙录都成文较早，故叙录采用了相对一致的句式；而叙录里未出现"嘉"字句的世家，其正文是后来司马迁补写的篇章，故叙录也成于较晚而体式不同——事实上后者的传主大部分为汉代人，而汉以前的如《孔子世家》、《陈涉世家》等，则多是作为特例收入世家的。

但也可以作另一种假设。如果我们把《太史公自序》开首即追溯自己的家族史，与这里的"嘉"字句联系起来考察，也许可以这样说，司马谈、司马迁父子都是非常重视家族血统的人，但血缘的历史延续到汉代，族与姓的繁多，令高明的史家也难以措手——列传写某人不写某人，关涉终究只在一人；而世家凡有取舍，即涉及整个族群和姓氏——因此太史公需要提出明确的择取理由，来向时人与后人解释，何以仅作此三十篇（或许原本更少）的世家。特以"嘉"字句式表彰某一世家的特异处，或即以此。而他所"嘉"的，几乎全是世家大姓中的有德者及其德行，则又可与《太史公自序》末对世家宗旨的解说（详本篇最后一部分的讲解），相互映照，显现出饱受君威之苦的司马迁，内心深处对于君臣关系仍抱持着一份天真的幻想。

末世争利，维彼奔义；让国饿死，天下称之。作《伯夷列传》第一。

晏子俭矣，夷吾则奢；齐桓以霸，景公以治。作《管晏列传》第二。

李耳无为自化，清净自正；韩非揣事情，循势理。作《老子韩非列传》第三。

自古王者而有《司马法》，穰苴能申明之。作《司马穰苴列传》第四。

非信廉仁勇不能传兵论剑，与道同符，内可以治身，外可以应变，君子比德焉。作《孙子吴起列传》第五。

维建遇谗,爰及子奢,尚既匡父,伍员奔吴。作《伍子胥列传》第六。

孔氏述文,弟子兴业,咸为师傅,崇仁厉义。作《仲尼弟子列传》第七。

鞅去卫适秦,能明其术,强霸孝公,后世遵其法。作《商君列传》第八。

天下患衡秦毋餍,而苏子能存诸侯,约从以抑贪强。作《苏秦列传》第九。

六国既从亲,而张仪能明其说,复散解诸侯。作《张仪列传》第十。

秦所以东攘雄诸侯,樗里、甘茂之策。作《樗里甘茂列传》第十一。

苞河山,围大梁,使诸侯敛手而事秦者,魏冉之功。作《穰侯列传》第十二。

南拔鄢郢,北摧长平,遂围邯郸,武安为率;破荆灭赵,王翦之计。作《白起王翦列传》第十三。

猎儒墨之遗文,明礼义之统纪,绝惠王利端,列往世兴衰。作《孟子荀卿列传》第十四。

好客喜士,士归于薛,为齐扞楚、魏。作《孟尝君列传》第十五。

争冯亭以权,如楚以救邯郸之围,使其君复称于诸侯。作《平原君虞卿列传》第十六。

能以富贵下贫贱,贤能诎于不肖,唯信陵君为能行之。作《魏公子列传》第十七。

以身徇君,遂脱强秦,使驰说之士南乡走楚者,黄歇之义。作《春申君列传》第十八。

能忍诟于魏齐,而信威于强秦,推贤让位,二子有之。作《范雎蔡泽列传》第十九。

率行其谋,连五国兵,为弱燕报强齐之雠,雪其先君之耻。作《乐毅列传》第二十。

能信意强秦,而屈体廉子,用徇其君,俱重于诸侯。作《廉颇蔺相如列传》第二十一。

湣王既失临淄而奔莒,唯田单用即墨破走骑劫,遂存齐社稷。作《田单列传》第二十二。

能设诡说解患于围城,轻爵禄,乐肆志。作《鲁仲连邹阳列传》第二十三。

作辞以讽谏,连类以争义,《离骚》有之。作《屈原贾生列传》第二十四。

结子楚亲,使诸侯之士斐然争入事秦。作《吕不韦列传》第二十五。

曹子匕首,鲁获其田,齐明其信;豫让义不为二心。作《刺客列传》第二十六。

能明其画,因时推秦,遂得意于海内,斯为谋首。作《李斯列传》第二十七。

为秦开地益众,北靡匈奴,据河为塞,因山为固,建榆中。作《蒙恬列传》第二十八。

填赵塞常山以广河内,弱楚权,明汉王之信于天下。作《张耳陈馀列传》第二十九。

收西河、上党之兵,从至彭城;越之侵掠梁地以苦项羽。作《魏豹彭越列传》第三十。

以淮南叛楚归汉,汉用得大司马殷,卒破子羽于垓下。作《黥布列传》第三十一。

楚人迫我京、索,而信拔魏赵,定燕齐,使汉二分天下有其二,以灭项籍。作《淮阴侯列传》第三十二。

楚汉相距巩洛,而韩信为填颍川,卢绾绝籍粮饷。作《韩信卢绾列传》第三十三。

诸侯畔项王,唯齐连子羽城阳,汉得以间遂入彭城。作《田儋列传》第三十四。

攻城野战,获功归报,哙、商有力焉,非独鞭策,又与之脱难。作《樊郦列传》第三十五。

汉既初定,文理未明,苍为主计,整齐度量,序律历。作《张丞相列传》第三十六。

结言通使,约怀诸侯;诸侯咸亲,归汉为藩辅。作《郦生陆贾列传》第三十七。

欲详知秦楚之事,维周绁常从高祖,平定诸侯。作《傅靳蒯成列传》第三十八。

徙强族,都关中,和约匈奴;明朝廷礼,次宗庙仪法。作《刘敬叔孙通列传》第三十九。

能摧刚作柔,卒为列臣;栾公不劫于势而倍死。作《季布栾布列传》第四十。

敢犯颜色以达主义,不顾其身,为国家树长画。作《袁盎晁错列传》第四十一。

守法不失大理,言古贤人,增主之明。作《张释之冯唐列传》第四十二。

敦厚慈孝,讷于言,敏于行,务在鞠躬,君子长者。作《万石张叔列传》第四十三。

守节切直,义足以言廉,行足以厉贤,任重权不可以非理挠。作《田叔列传》第四十四。

扁鹊言医,为方者宗,守数精明;后世(修)[循]序,弗能易也,而仓公可谓近之矣。作《扁鹊仓公列传》第四十五。

维仲之省,厥濞王吴,遭汉初定,以填抚江、淮之间。作《吴王濞列传》第四十六。

吴楚为乱，宗属唯婴贤而喜士，士乡之，率师抗山东荥阳。作《魏其武安列传》第四十七。

智足以应近世之变，宽足用得人。作《韩长孺列传》第四十八。

勇于当敌，仁爱士卒，号令不烦，师徒乡之。作《李将军列传》第四十九。

自三代以来，匈奴常为中国患害；欲知强弱之时，设备征讨，作《匈奴列传》第五十。

直曲塞，广河南，破祁连，通西国，靡北胡。作《卫将军骠骑列传》第五十一。

大臣宗室以侈靡相高，唯弘用节衣食为百吏先。作《平津侯列传》第五十二。

汉既平中国，而佗能集杨越以保南藩，纳贡职。作《南越列传》第五十三。

吴之叛逆，瓯人斩濞，葆守封禺为臣。作《东越列传》第五十四。

燕丹散乱辽间，满收其亡民，厥聚海东，以集真藩，葆塞为外臣。作《朝鲜列传》第五十五。

唐蒙使略通夜郎，而邛、笮之君请为内臣受吏。作《西南夷列传》第五十六。

《子虚》之事，《大人》赋说，靡丽多夸，然其指风谏，归于无为。作《司马相如列传》第五十七。

黥布叛逆，子长国之，以填江淮之南，安剽楚庶民。作《淮南衡山列传》第五十八。

奉法循理之吏，不伐功矜能，百姓无称，亦无过行。作《循吏列传》第五十九。

正衣冠立于朝廷，而群臣莫敢言浮说，长孺矜焉；好荐人，称长者，壮有溉。作《汲郑列传》第六十。

自孔子卒，京师莫崇庠序，唯建元、元狩之间，文辞粲如也。作

《儒林列传》第六十一。

民倍本多巧,奸轨弄法,善人不能化,唯一切严削为能齐之。作《酷吏列传》第六十二。

汉既通使大夏,而西极远蛮,引领内乡,欲观中国。作《大宛列传》第六十三。

救人于厄,振人不赡,仁者有乎;不既信,不倍言,义者有取焉。作《游侠列传》第六十四。

夫事人君能说主耳目,和主颜色,而获亲近,非独色爱,能亦各有所长。作《佞幸列传》第六十五。

不流世俗,不争势利,上下无所凝滞,人莫之害,以道之用。作《滑稽列传》第六十六。

齐、楚、秦、赵为日者,各有俗所用。欲循观其大旨,作《日者列传》第六十七。

三王不同龟,四夷各异卜,然各以决吉凶。略窥其要,作《龟策列传》第六十八。

布衣匹夫之人,不害于政,不妨百姓,取与以时而息财富,智者有采焉。作《货殖列传》第六十九。

[讲解] 上述这一大段文字,是《史记》七十列传的前六十九篇的叙录。

七十列传上起伯夷,下讫太史公自身,中间又有以民族相类聚的《匈奴列传》、《西南夷列传》、《朝鲜列传》等,和以社会事象为分野的《货殖列传》等,如果再联系本纪、表、书和世家,可见司马迁写的,既不是汉朝通史,也不单是中国通史,而近乎于一部当时的世界通史。这是我们读《太史公自序》的叙录至此,很容易获得的第一印象。

然而单就这六十九篇叙录而言,我们还是发现一些令人困惑的现象。其中最明显的,就是它的次序。

叙录前面大半的次序,并无问题。但是到了第四十九篇《李将军列传》以下,我们就看不懂了:忽然冒出的《匈奴列传》,插在了《卫将军骠骑列传》

的前面。在接下来的《平津侯列传》后,又连续排了《南越列传》、《东越列传》、《朝鲜列传》、《西南夷列传》等四篇少数民族或外国的列传。当我们以为这是列传类型改变的标志时,却不料《西南夷列传》后面跟着的,竟是《司马相如列传》等汉武帝时名人的传记。而另一篇本该与《西南夷列传》等并列的《大宛列传》,则被远远地甩在后面,做了《酷吏列传》和《游侠列传》之间的夹心。

由于列传叙录的这一次序,与今本《史记》的编次是完全对应的,所以《史记》列传部分的篇章次序,也就同样存在这种不免离奇的情形。对此历代研究者颇有解释,而解释的结论,大致可分为两种意见。

一种意见以赵翼为代表。赵氏以为:"《史记》列传次序,盖成一篇即编入一篇,不待撰成全书后,重为排比。"①

另一种意见可举吴承志为典型。吴氏详考今本《史记》列传第四十五《扁鹊仓公列传》以下次第,以为"正传盖至《田叔》而止,《扁鹊仓公》已是杂传"。为此对现存次序的用意曲加解说,如谓《儒林》《酷吏》两传后,《游侠》、《佞幸》诸传前,"间"以《大宛列传》,"犹《唐书》《忠义》、《卓行》、《孝友》、《隐逸》、《循吏》、《儒学》、《文艺》、《方技》八传,与后《外戚》、《宦者》、《酷吏》、《藩镇》四传中间,别以《列女》间之",以此得出"寻审界划,史公条理本是秩然"的结论②。

其实在我们看来,无论是赵说还是吴说,都不免武断或牵强。相比起来,倒是现代学者朱东润的一番见解,更为圆通,因而也似乎更近史实——

> 曲解篇次,诚为不可,然遽谓其随得随编,亦未尽当。大要自四十九篇(引者按:即《李将军列传》)以上,诸篇次第皆有意义可寻,自五十篇(即《匈奴列传》)以下,中经窜乱,始不可解。愚意史迁作传,共分五组,先秦以上一也,秦二也,楚汉之间三也,高、惠、文、景四也,今上五也。其间段落,略与诸表相当③。

---

① 赵翼《廿二史劄记》卷一"史记编次",王树民《廿二史劄记校证》本,中华书局,1984年。
② 见吴承志《横阳札记》卷八"列传次第",转引自杨燕起等编《历代名家评史记》第168—170页。
③ 朱东润《史记考索》第21—22页,华东师范大学出版社,1996年。

维我汉继五帝末流,接三代(统)[绝]业。周道废,秦拨去古文,焚灭诗书,故明堂石室金匮玉版图籍散乱。于是汉兴,萧何次律令,韩信申军法,张苍为章程,叔孙通定礼仪,则文学彬彬稍进,《诗》《书》往往间出矣。自曹参荐盖公言黄老,而贾生、晁错明申、商,公孙弘以儒显,百年之间,天下遗文古事靡不毕集太史公。太史公仍父子相续纂其职。曰:"於戏!余维先人尝掌斯事,显于唐虞,至于周,复典之,故司马氏世主天官。至于余乎,钦念哉!钦念哉!"罔罗天下放失旧闻,王迹所兴,原始察终,见盛观衰,论考之行事,略推三代,录秦汉,上记轩辕,下至于兹,著十二本纪,既科条之矣。并时异世,年差不明,作十表。礼乐损益,律历改易,兵权山川鬼神,天人之际,承敝通变,作八书。二十八宿环北辰,三十辐共一毂,运行无穷,辅拂股肱之臣配焉,忠信行道,以奉主上,作三十世家。扶义俶傥,不令己失时,立功名于天下,作七十列传。凡百三十篇,五十二万六千五百字,为《太史公书》。序略,以拾遗补艺,成一家之言,厥协六经异传,整齐百家杂语,藏之名山,副在京师,俟后世圣人君子。第七十。

太史公曰:余述历黄帝以来至太初而讫,百三十篇。

[讲解] 这是《太史公自序》的最后一部分,也是《史记》全书的最后一部分。由两段组成,第一段是《史记》七十列传的第七十篇也就是本篇《太史公自序》的叙录。第二段是全书的一个简短的结语。其重心,则自然在前面一段。

这前一段从性质上说,也是一条叙录,本应和上一部分各条叙录的文体、篇幅相当,但因为被叙录的篇章其实又包含了上述各条叙录,在形式上造就了一种复杂的环套格式,所以文字上不得不有所扩张。

这其中最有价值的,是司马迁把《史记》全书五体的撰述宗旨,以扼要的文字揭示了出来。

关于本纪的撰述目标,他指出是"王迹所兴,原始察终,见盛观衰";关于表的编制缘由,他说是为了避免"并时异世,年差不明";而书之所以作,除了为彰显"礼乐损益"、"律历改易"和军事、水利与宗教的源流,也欲究"天人之际",考"承敝通变"——前者着眼于星空天象,而后者关注的是尘世经济。最后的列传,其旨意"扶义俶傥,不令己失时,立功名于天下",我们在《刺客列传》末的讲解里也已经作过解说。算下来只有世家一体的宗旨,所谓"二十八宿环北辰,三十辐共一毂,运行无穷,辅拂股肱之臣配焉,忠信行道,以奉主上",语涉比喻,有必要略加解释。

按"二十八宿环北辰"中的"北辰",就是北极星。"二十八宿",即中国古代天文学上的"二十八星",它们分布于黄道、赤道带附近,在传统知识系统中常被与四方及四种动物相配,而成四组,每组包含七宿,全体则组成所谓的"四象二十八宿",其名分别为——

东方苍龙,角、亢、氐、房、心、尾、箕;
南方朱雀,井、鬼、柳、星、张、翼、轸;
西方白虎,奎、娄、胃、昴、毕、觜、参;
北方玄武,斗、牛、女、虚、危、室、壁。

司马迁释世家,开头就用"二十八宿环北辰"为喻,当是本自《论语·为政》的如下说法:"为政以德,譬如北辰,据其所,而众星共之。"(这里的"共"通"拱")不同的是把《论语》原本从执政者角度出发而作的比喻,改成了自辅佐者考虑的角度。

"三十辐共一毂"句里的"辐",是车轮里连接车轴和轮圈的直木条,相当于今天自行车轮中的钢丝;"毂"音 gǔ,是车轮中间内插车轴、外连车辐的圆木。"三十辐共一毂"语出《老子》,但司马迁去掉了《老子》该句后的"当其无,有车之用"诸语,改接以"运行无穷"四字,其指向也和上述活用《论语》相似,不再是追随老子强调车轮中的"无"处,而恰恰是以实际存在的支撑车轮飞转无穷的"辐",来拟指为人臣者的职责,所以接下来他点明被喻之体,便有"辅拂股肱之臣配焉"的话。"辅拂"的"拂",在这里音义均通"弼","辅弼"也就是辅佐的意思;"股肱"的"肱",读作 gōng,"股肱"本指腿臂,此处则形容地位的关键与重要。说这些地位关键的辅佐大臣"配焉"也就是与某事物相匹配,显然那被取来作比配的,便是前述的二十八宿和三十辐了。

司马迁不仅打比方,他还直截了当地点明,他择取的世家,大都有"忠信行道,以奉主上"的道德优势。至其具体的表现,在上面的世家叙录里,他已经用独特的"嘉"字句式凸显无遗了。

也是在这一段中,司马迁第一次提出了他的书名是《太史公书》,他著述的终极目标是要"成一家之言"。

按所谓"成一家之言",我们在本书的导论里已经指出,它经常容易被误解为是司马迁企图借《史记》发表他个人的独一无二的见解,而事实上更合乎逻辑的解释,是这里的"一家",不是司马迁个人,而是指与本篇前引司马谈《论六家要旨》所论诸家可以抗衡的别一家。因为司马氏家族乃天官世家,近世又执掌太史令之职,负有沟通天人关系的崇高使命,而职守所及,又熟悉并掌握了相对完整的历史文献——所谓"天下遗文古事靡不毕集太史公"即是其证——所以他们有资格也有可能,以神情遥接的方式,共同在历史撰述的领域里"成一家之言"。

值得注意的是,司马迁在《太史公自序》里,以不同的方式多次提到其天官世家的光荣史,到最后还忍不住慨叹:

> 於戏!余维先人尝掌斯事,显于唐虞,至于周,复典之,故司马氏世主天官。至于余乎,钦念哉!钦念哉!

重复出现的自我告诫"钦念哉!钦念哉",是千万要记得的意思。而所"念"不是别的,正是"司马氏世主天官"的家族特征。可见"一家之言"的重心,在司马迁的心目中,确在家族而不在个人。而《史记》最初由司马迁本人所起的书名,是与其家族官守密切相关的《太史公书》,同样也透露着类似的消息。

由这一段,我们还发现《史记》给后人留下了一个永远的谜。这谜的由来,便是这一段所记《史记》全书有"五十二万六千五百字"。今本《史记》跟这个数字不合,历史上曾经流传的《史记》有"七十万言"的说法也与此相异①。由于司马迁完成《史记》后,虽然作了"藏之名山,副在京师"的双重准备,但其身后的传播实际,还是无论名山本抑或京师本,都不免遭遇删补缺失的厄运,所以我们也许永远也不可能知道,司马迁当年以生命铸就的这"五十二万六千五百字",全体究竟是怎样的真实面貌了。

最后附带说一下,除了《史记》和《报任安书》,传为司马迁的著述,还有唐人所编类书《艺文类聚》卷三十所载的《悲士不遇赋》,和见收于晋皇甫谧《高士传》的《与挚伯陵书》,前者王国维以为"辞义殊未足与公他文相称"②,而后者研究者已经认定其为伪作。有意思的是,清人所辑丛书《学海类编》中,收录了一卷托名宋代大作家洪遵所辑《史记真本凡例》,"于原书臆为刊削,称即迁藏在名山之旧稿"③,事虽可笑,却从另一个侧面显现了《史记》的不朽魅力。

---

① 马端临《文献通考》卷一百九十一引宋李廌《师友谈记》,有"太史公《史记》,上自黄帝,下至汉武,三千馀年,止七十万言"诸语。
② 见《太史公行年考》。
③ 《四库全书总目》卷四十五史部正史类"史记"条语,中华书局1965年影印本。

参考文献

B

班固《汉书》 中华书局标点本 1962

C

陈建华《"革命"的现代性——中国革命话语考论》 上海古籍出版社 2000
陈宁《"夏商周断代工程"争议难平》 国学网（www.guoxue.com）"文史聚焦"
陈正祥《中国文化地理》 北京三联书店 1983
陈直《史记新证》 天津人民出版社 1979
陈子展《诗经直解》 复旦大学出版社 1983
程金造《史记管窥》 陕西人民出版社 1985
程颢、程颐《二程遗书》 台湾商务印书馆影印《文渊阁四库全书》本
《春秋公羊传》 中华书局影印《十三经注疏》本 1980
《春秋穀梁传》 中华书局影印《十三经注疏》本 1980
崔墨林《河南辉县发现吴王夫差铜剑》 《文物》1976年第11期
崔适《史记探源》 中华书局标点本 1986

D

杜金鹏《偃师商城初探》 中国社会科学出版社 2003

F

范文澜《文心雕龙注》 人民文学出版社 1958
范晔《后汉书》 中华书局标点本 1965
方苞《方望溪先生全集》 《四部丛刊》本
方孝孺《逊志斋集》 《四部丛刊》本
费正清、崔瑞德《剑桥中国秦汉史》 中国社会科学出版社 1992
冯好《关于商代车制的几个问题》 《考古与文物》2003年第5期
傅斯年《民族与古代中国史》 河北教育出版社 2002

G

高攀龙《高忠宪公诗集》 清雍正十二年高氏养和堂刻本
《古写本史记残卷》 清光绪二十年罗振玉据日本神田文库藏本影印本
顾颉刚《史林杂识初编》 中华书局 1963
顾炎武《日知录》 上海古籍出版社影印清道光十四年清豁草堂重刊黄汝成
　《日知录集释》本 1985
郭茂倩《乐府诗集》 中华书局标点本 1979
郭沫若《〈太史公行年考〉有问题》 《历史研究》1955年第6期

H

《韩非子》 陈奇猷《韩非子集释》本 上海人民出版社 1974
韩愈《昌黎先生文集》 《四部丛刊》本

河北省文物研究所定州汉墓竹简整理小组《论语》 文物出版社 1997

河南省文物研究所《河南温县东周盟誓遗址一号坎发掘简报》《文物》1983
年第 3 期

何焯《义门读书记》 中华书局标点本 1987

贺次君《史记书录》 商务印书馆 1958

胡渐逵《范睢理应作范雎》《书屋》2001 年第 2 期

黄生《义府》 清歙浦黄氏刻江州黎氏重修本

黄盛璋《历史地理与考古论丛》 齐鲁书社 1982

皇甫谧《高士传》《丛书集成初编》本

J

纪昀等《四库全书总目》 中华书局影印本 1965

金圣叹《贯华堂第五才子书水浒传》 江苏古籍出版社刊《金圣叹全集》本
　　 1985

L

《老子》《诸子集成》本 中华书局 1954

李长之《司马迁之人格与风格》 三联书店 1984

李慈铭《越缦堂读史札记全编》 北京图书馆出版社 2003

李零《简帛古书与学术源流》 北京三联书店 2004

李学勤《比较考古学随笔》 广西师范大学出版社 1997

梁启超《要籍解题及其读法》 中华书局影印《饮冰室合集》本 1989

梁玉绳《史记志疑》 中华书局标点本 1981

凌稚隆《史记评林》 明万历刻本

刘向《说苑》《四部丛刊》本

刘昫《旧唐书》 中华书局标点本 1975

刘知几《史通》 浦起龙《史通通释》本 上海古籍出版社 1978

卢文弨《钟山札记》 《续修四库全书》所收影印本 上海古籍出版社
鲁唯一《中国古代典籍导读》 李学勤等译本 辽宁教育出版社 1997
鲁迅《故事新编》 《鲁迅全集》本 人民文学出版社 1981
鲁迅《汉文学史纲要》 《鲁迅全集》本 人民文学出版社 1981
罗大经《鹤林玉露》 中华书局标点本 1983
罗根泽《中国文学批评史》 上海书店出版社 2003
罗琨《殷墟卜辞中的亳——兼说汤始居亳》 《九州》第3辑 商务印书馆 2003
《吕氏春秋》 陈奇猷《吕氏春秋校释》本 学林出版社 1984
吕思勉《吕思勉读史札记》 上海古籍出版社 1982
吕思勉、童书业《古史辨》第七册 上海古籍出版社 1982
《论语》 中华书局影印《十三经注疏》本 1980

M

马端临《文献通考》 浙江古籍出版社 1988
毛泽东《毛泽东选集》 人民出版社 1991
《孟子》 中华书局影印《十三经注疏》本 1980
《墨子》 《诸子集成》本 中华书局 1954

O

欧阳修《欧阳文忠公文集》 《四部丛刊》本

Q

钱大昕《廿二史考异》 上海古籍出版社标点本 2004
钱大昕《潜研堂文集》 《四部丛刊》本
钱钟书《管锥编》 中华书局 1979

乔淑芝《"蒲反田官"器考》《文物》1987年第4期
裘锡圭《中国出土文献十讲》 复旦大学出版社 2004
《全相平话武王伐纣书》 上海古籍出版社《古本小说集成》影印本

S

泷川资言《史记会注考证》 上海古籍出版社 1986
山西省文物工作委员会编《侯马盟书》 文物出版社 1976
《慎子》《诸子集成》本 中华书局 1954
《诗经注疏》 中华书局影印《十三经注疏》本 1980
司马光《资治通鉴》 中华书局标点本 1963
司马迁《史记》 中华书局标点本 1982
司马迁《史记》 商务印书馆影印《百衲本二十四史》本
司马迁《史记》 明葛鼎、金蟠辑评 清初昆山九松里刻本
司马贞《史记索隐》 明汲古阁刻本
沈家本《诸史琐言》 中华书局用《沈寄簃先生丛书》原版重印本 1963
《松江广富林遗址发现五座良渚文化墓葬 珍贵古陶引人注目》《文汇报》
　2002年2月5日第1版
苏轼《苏轼文集》 中华书局标点本 1986
苏辙《古史》 明万历二十九年南京国子监刻本
《睡虎地秦墓竹简》 文物出版社 1990
孙忠祖《科学技术是抗洪抢险胜利的保证》《人民日报》1998年9月12日
　第6版

T

谭其骧《长水集》 人民出版社 1987
谭维四《奇宝渊源——越王勾践剑与吴王夫差矛琐记》《文物天地》1986年
　第5期

唐兰《司马迁所没有见过的珍贵史料——长沙马王堆帛书〈战国纵横家书〉》
　　收入《战国纵横家书》　文物出版社　1976

W

汪越、徐克范《读史记十表》　收入《史记汉书诸表订补十种》　中华书局
　　1982
汪涌豪、陈广宏《侠的人格与世界》　复旦大学出版社　2005
王伯祥《史记选》　人民文学出版社　1982
王国维《古本竹书记年辑证》　上海古籍书店影印《王国维遗书》本　1983
王国维《观堂集林》　中华书局影印本　1959
王利器《史记注译》　三秦出版社　1988
王鸣盛《十七史商榷》　中国书店1987
王念孙《读书杂志》　江苏古籍出版社影印清王氏家刻本　2000
王先谦《汉书补注》　中华书局　1983
王学理《秦始皇陵研究》　上海人民出版社　1994
王应麟《困学纪闻》　辽宁教育出版社标点本　1998
王子初《中国音乐考古学》　福建教育出版社　2003
魏元旷《述古录》　民国间辛录轩刊《潜园二十四种》本
《尉缭子》《尉缭子注释》本　上海古籍出版社　1978
《无锡越国墓展示越王勾践时代文化风采》　华夏网(www.huaxia.com)消
　　息　2005年4月22日
吴承洛《中国度量衡史》　上海书店影印1934年商务印书馆排印本　1984
吴见思《史记论文》　清康熙二十六年尺木堂刻本
《吴越春秋》　周生春《吴越春秋辑校汇考》本　上海古籍出版社　1997
《吴越青铜剑之谜破解》《文汇报》　2002年2月22日　第7版

X

《夏商周断代工程1996—2000年阶段成果报告(简本)》　世界图书出版公司

2000

夏僎《夏氏尚书详解》 台湾商务印书馆影印《文渊阁四库全书》本

萧海扬《关于匕首的一点考察》 未刊稿

《孝经》 中华书局影印《十三经注疏》所收《孝经注疏》本 1980

襄阳首届亦工亦农考古训练班《襄阳蔡坡12号墓出土吴王夫差剑等文物》 《文物》1976年第11期

徐坚《初学记》 中华书局标点本 2004

徐朔方《史汉论稿》 江苏古籍出版社 1984

许大龄《明清史论集》 北京大学出版社 2000

许慎、段玉裁《说文解字注》 上海古籍出版社影印清经韵楼刻本 1988

《荀子》《诸子集成》本 中华书局 1954

Y

《燕丹子》 中华书局标点本 1985

严文明《〈鹳鱼石斧图〉跋》《文物》1981年第12期

杨宽《中国古代陵寝制度史研究》 上海人民出版社 2003

杨联陞《中国制度史研究》 江苏人民出版社 1998

杨燕起、陈可青、赖长扬《历代名家评〈史记〉》 北京师范大学出版社 1986

扬雄《法言》 汪荣宝《法言义疏》本 中华书局 1987

姚大力《追溯匈奴的前史——兼论司马迁对"史道"的突破》《复旦学报》 2004年第4期

姚汉源《中国水利史纲要》 水利电力出版社 1987

姚思廉《梁书》 中华书局标点本 1973

叶适《习学纪言序目》 中华书局 1977

余嘉锡《余嘉锡论学杂著》 中华书局 1963

俞樟华、邓瑞全《史记论著提要与论文索引》 华文出版社 2005

袁仲一《秦兵马俑坑》 文物出版社 2003

《越绝书》 上海古籍出版社标点本 1985

Z

《战国策》 诸祖耿《战国策集注汇考》本 江苏古籍出版社 1985

张大可《史记选评》 上海古籍出版社 2003

张光直《美术、神话与祭祀》 辽宁教育出版社 2002

张光直《商文明》 辽宁教育出版社 2002

张光直《中国青铜时代》 北京三联书店 1999

张鹏一《太史公年谱》 民国间在山学堂刊本

张新科、俞樟华等《史记研究史与史记研究家》 华文出版社 2005

张政烺《利簋释文》《考古》1978年第1期

章培恒《从游侠到武侠——中国侠文化的历史考察》《复旦学报》1994年第3期

章培恒、骆玉明《中国文学史(新著)》 上海文艺出版社

章太炎《国学概论》 上海古籍出版社 1997

章学诚《文史通义》 叶瑛《文史通义校注》本 中华书局 1985

赵彦卫《云麓漫钞》 古典文学出版社标点本 1957

赵翼《廿二史劄记》 王树民《廿二史劄记校证》本 中华书局 1984

浙江省文物考古研究所、绍兴县文物保护管理局编著《印山越王陵》 文物出版社 2002

郑樵《通志》 浙江古籍出版社影印本 1988

中国社科院考古所河南第二工作队《河南偃师商城东北隅发掘简报》《考古》1998年第6期

《周易》 中华书局影印《十三经注疏》所收《周易正义》本 1980

邹逸麟《汉书沟洫志笺释(上)》《九州学林》2004年夏季(2卷2期) 复旦大学出版社 2004

朱东润《史记考索》 华东师范大学出版社 1996

朱维铮《史学史三题》《复旦学报》2004年第3期

朱维铮《司马迁》 收入《十大史学家》 上海古籍出版社 1989

朱熹《周易本义》 台湾商务印书馆影印《文渊阁四库全书》本
朱熹《朱子语类》 中华书局标点本 1986
朱希祖《中国史学通论》 《民国丛书》影印独立出版社1944年排印本 上海书店 1989
祝穆《古今事文类聚》 台湾商务印书馆影印《文渊阁四库全书》本
《庄子》 郭庆藩《庄子集释》本 中华书局 1961
《左传》 中华书局影印《十三经注疏》所收《春秋左传正义》本 1980

图书在版编目(CIP)数据

史记精读/陈正宏著. —2版. —上海：复旦大学出版社，2016.8（2023.4重印）
（汉语言文学原典精读系列）
ISBN 978-7-309-12366-1

Ⅰ.史… Ⅱ.陈… Ⅲ.①中国历史-古代史-纪传体②《史记》-研究　Ⅳ.K204.2

中国版本图书馆 CIP 数据核字（2016）第 141061 号

史记精读
陈正宏　著
出　品　人/严　　峰
责任编辑/郑越文

复旦大学出版社有限公司出版发行
上海市国权路 579 号　邮编：200433
网址：fupnet@fudanpress.com　http：//www.fudanpress.com
门市零售：86-21-65102580　　团体订购：86-21-65104505
出版部电话：86-21-65642845
常熟市华顺印刷有限公司

开本 787×1092　1/16　印张 16.75　字数 236 千
2016 年 8 月第 2 版
2023 年 4 月第 2 版第 4 次印刷

ISBN 978-7-309-12366-1/K·574
定价：32.00 元

如有印装质量问题，请向复旦大学出版社有限公司出版部调换。
版权所有　　侵权必究